FALSO BRILHANTE, DIAMANTE VERDADEIRO

Américo Simões Garrido Filho
Ditado por Clara

FALSO BRILHANTE, DIAMANTE VERDADEIRO

Barbara

Revisão
Sumico Yamada Okada & Mônica Maria Granja Silva

Capa e diagramação
Meco Simões

Foto capa: Janusphoto/Getty Images

ISBN 978-85-99039-47-2

Dados Internacionais de Catalogação na Publicação (CIP)
(Câmara Brasileira do Livro, SP, Brasil)

Garrido Filho, Américo Simões
Falso brilhante, diamante verdadeiro / Américo Simões - São Paulo:
Barbara Editora, 2012.

1. Espiritismo 2. Romance espírita I.Título.

12-6219   CDD-133.93

Índices para catálogo sistemático:
1. Romances espíritas: Espiritismo   133.93

BARBARA EDITORA
Rua Primeiro de Janeiro, 396 – 81
Vila Clementino – São Paulo – SP – CEP 04044-060
Tel.: (11) 5594 5385
E-mail: barbara_ed@2me.com.br
www.barbaraeditora.com.br

Proibida a reprodução total ou parcial desta obra, de qualquer forma ou por qualquer meio eletrônico, mecânico, inclusive através de processos xerográficos, sem permissão expressa do editor (lei n° 5.988, de 14/12/73).

"Só o riso, o amor e o prazer merecem revanche. O resto, mais que perda de tempo... é perda de vida."
Chico Xavier

Para Maria Helena Nascimento Hessel
(pela arte, pela música, pelo incentivo desde quando eu era um garoto desenhista);
Lau e Dona Cecília Wolska Hessel,
queridos por mim e por minha mãe...

A felicidade não entra em portas trancadas.
Chico Xavier

Introdução

Estava ouvindo uma música que traduzia o que fora a minha vida até então. Dizia:
Nós dois, eu sei, guardamos dor no coração
Mas não queremos nos ver livres dela não, por uma boa razão
Assim, nos lembraremos de nos proteger, caso o velho amor queira de novo nos convencer a amar sem razão
Por isso mantemos uma foto daquele alguém que nos feriu como ninguém.
Para não esquecer da sua fisionomia.
E desviar, caso o encontre um dia, pelas esquinas da vida...
Mudar de calçada, fingir que não viu
inventar para si uma desculpa do porquê o coração sorriu.
Pra fugir o mais rápido que puder e se não der, fechar o corpo e se apegar a fé...

Tudo começou quando eu atingia o ápice da adolescência e eu era linda, linda como um brilhante, só não sabia, até então, que existiam falsos brilhantes...

Capítulo 1

Minha história começa quando fui convidada para concorrer ao concurso de Miss Brasil.
Mamãe sentiu-se envaidecida pelo convite que me fizeram. Papai, por sua vez, temeu que um concurso desse nível levasse as jovens para o mau caminho. Foi preciso o organizador do evento conversar com ele para tranquilizá-lo de que nada de mau me aconteceria.
Mamãe, para incentivá-lo a me deixar participar, lembrou-lhe que um concurso desse tipo poderia abrir muitas oportunidades para mim. Assim, ele acabou consentido que eu participasse.
O Palácio das Convenções do Anhembi, em São Paulo, lotou para assistir à final do concurso de Miss Brasil daquele ano de 1995. Familiares das misses de cada estado do país se misturavam a curiosos e repórteres de TV, revistas e jornais.
O mestre da cerimônia, trajando um *Black Tie* finíssimo se posicionou novamente no centro do palco e se preparou para anunciar a vencedora do concurso de Miss Brasil do qual eu fazia parte.
Nesse momento, senti novamente as minhas pernas bambearem. O coração batia tão acelerado que parecia que iria se estilhaçar em mil pedaços como faz um vidro temperado ao cair no chão.
Todos os presentes estavam com os olhos voltados para mim. Os telespectadores também. Minha torcida era tão forte quanto a da representante do Estado de Goiás. A segunda favorita.

O apresentador fez o que pôde para manter o suspense e o clímax do concurso. Finalmente, chegara o momento de anunciar:
— A vencedora do concurso de Miss Brasil deste ano é...
Os tambores rufaram.
— A vencedora é... Miss Paraná! Marina Mendes Arcanjo.
A plateia foi ao delírio. Os telespectadores também, pois vencera quem todos mais queriam.
Levei alguns segundos para me dar conta de que eu fora eleita a mais nova Miss Brasil. A emoção era evidente, rompia-me em lágrimas apesar de não querer. Quando o buquê de flores foi posto em minhas mãos por um galã da TV, eu, por pouco, não fui ao chão.
— Linda! — gritavam uns enquanto outros urravam e assoviavam.
Eu ganhara, surpreendentemente, eu ganhara. Mas não havia nada de surpreendente, afinal, eu era de longe, sem modéstia alguma, a moça mais linda do concurso, dona de um rosto raro, tal como um brilhante iluminado, valioso e estupendamente lindo.
O apresentador veio até a mim, fez uma ligeira mesura com a cabeça e perguntou:
— Marina Mendes Arcanjo, como está se sentindo ao ser eleita a mais nova Miss Brasil?
Não respondi de pronto. Olhava fixamente para o par de olhos castanho-claros do apresentador que sustentava o meu olhar com firmeza.
Abri a boca e soltei apenas uma exclamação de euforia, a seguir perdi a voz. Baixei a cabeça, temporariamente, depois voltei a encará-lo, desculpando-me com uma careta. Olhei para a plateia e quando falei, minha voz parecia outra, feita apenas de emoção.
— Eu não sei o que dizer... Isso tudo me parece um sonho.
— Diga apenas se está feliz.
— Feliz? — murmurei, com voz sonhadora — Sim, eu estou muito feliz.
— É uma grande responsabilidade e um grande privilégio representar o Brasil no concurso de Miss Universo, você sabe...

– Eu sei e isso me orgulha muito. Muito mesmo. Espero não decepcionar o meu país.

– Com sua beleza, com sua graça, com seu carisma você vai conquistar o mundo todo, minha querida. O mundo todo.

Desfilei novamente pelo palco, com o lindo e gigante buquê de flores preso num braço e o outro se agitando no ar. Andava como se estivesse sonhando. Uma chuva de pétalas de rosas caía do teto perfumando o ar enquanto a plateia continuava me aplaudindo, emocionada.

"Marina! Marina! Marina!", gritavam todos, em uníssono. Só mesmo quem foi Miss Brasil pode compreender a emoção da vitória, o que senti naquela noite única e inesquecível para mim.

Minha cidade estava em polvorosa, aguardando a minha chegada. Não era para menos, sentiam orgulho de mim por ter vencido o concurso. Nunca haviam se sentido tão importantes como agora, éramos destaque em todos os jornais, revistas e noticiários de TV do país.

E todos sentiam muito orgulho por ter sido eu, Marina Mendes Arcanjo, quem voltou os olhos do Brasil para lá. E em muito breve, se tudo desse certo, voltaria os olhos do mundo. Sim, porque se eu ganhasse o concurso de Miss Universo, todos iriam querer saber de onde viera a linda criatura eleita a mulher mais bonita do mundo.

E eu repito, sem modéstia, eu era linda, realmente linda. E de uma delicadeza singular. Um primor da natureza. Tal como uma orquídea, um brilhante raro.

Meu rosto era sempre bonito, pintado ou não. Era uma daquelas jovens que mesmo na fase adulta seria bonita sem precisar se maquiar.

Meus olhos eram num tom castanho esverdeado, os cílios longos, e eu falava com delicadeza, com voz baixa e atraente e uma dicção muito clara. Como se eu fosse, propriamente falando uma "Lady de Macbeth".

"Lady... Quem?" Uma das personagens de Shakespeare. Eu adorava Shakespeare. A essas alturas já havia lido quase tudo que ele escreveu. As frases dele que mais me marcaram foram:
"Nossas dúvidas são traidoras e nos fazem perder o que, com frequência, poderíamos ganhar, por simples medo de arriscar."
"Os homens de poucas palavras são os melhores."
"Todo mundo é capaz de dominar uma dor, exceto quem a sente."
"Lutar pelo amor é bom, mas alcançá-lo sem luta é melhor."
"A suspeita sempre persegue a consciência culpada; o ladrão vê em cada sombra um policial."
"É mais fácil obter o que se deseja com um sorriso do que à ponta da espada."
"Sofremos muito com o pouco que nos falta e gozamos pouco o muito que temos."
"O amor não se vê com os olhos mas com o coração."
As frases de Shakespeare que mais me tocaram foram:
"A paixão aumenta em função dos obstáculos que se lhe opõem." e "Lamentar uma dor passada, no presente, é criar outra dor e sofrer novamente."
Por que me marcaram tanto? Bem, você logo irá saber.

Vestia um bem talhado costume branco e uma blusa lilás muito clara, delicadamente preguada, com um decote alto fechado por um pequeno camafeu quando voltei para a minha cidade. Meus cabelos castanhos caíam pelos dois lados do meu rosto. Como os da Monalisa.

Estava bem arrumada porque sabia de antemão que a prefeitura preparara uma recepção para minha chegada, no clube da cidade.

Nem bem desci do carro que o prefeito mandou para me buscar em São Paulo, fui levada pela primeira dama para perto das autoridades da cidade de quem recebi cumprimentos, elogios e condecorações e, logicamente, posei para fotos ao lado de cada um deles.

    O máximo de tempo que consegui para minha família formada por meu pai, minha mãe e minha irmã foi para beijá-los, abraçá-los, inclusive o Luciano, meu namorado, apenas consegui dar e receber um beijo no rosto. Nada mais. Acho que ele não se preocupou com o fato, pois sabia que aquilo raramente acontecia e depois teríamos o tempo todo do mundo para curtir um ao outro.

    O salão do clube reservado pela prefeitura para o evento estava abarrotado de gente. Os mais importantes da cidade, logicamente, e filiados ao partido que estava no poder na ocasião estavam presentes.

    Garçons serviam champanhe e guaraná e, também, salgadinhos.

    Mostrava-me bem-humorada, respondendo com entusiasmo as observações de todos.

    Para me desinibir um pouco, bebi um golinho de champanhe. Onde quer que eu fosse todos me acompanhavam com o olhar. O fato de eu ser o centro das atenções não me deixou mais envaidecida, não. Nada me envaidecia mais do que ter os olhos do meu namorado, Luciano Segabinassi, meu primeiro namorado, paixão da minha vida, voltados para mim, transparecendo paixão e admiração, enchendo o meu peito de alegria e satisfação.

    Depois de toda badalação, discursos e elogios a minha pessoa e o meu próprio discurso em que agradeci a presença e o apoio de todos, lancei um último e brilhante sorriso para os presentes e parti na companhia de Luciano que se sentia tão importante quanto eu.

    Ele me levou de carro para a casa e antes de eu entrar, conversamos um pouco do lado de fora do carro.

    Ele, então, segurou meu rosto com as mãos fortes e firmes e depois muito lentamente, me beijou. Neste carinhoso toque dos lábios senti mais uma vez que seu amor por mim era profundo e duradouro. Depois, afagou meus cabelos, fazendo-me sentir feliz como um cão que adora ser acariciado por seu dono.

Passou os braços ao redor da minha cintura e fitou-me com seus olhos bonitos, mágicos e luminescentes. Fiquei na ponta dos pés e o beijei novamente com ímpeto.

Ele, mirando bem minhas pupilas castanho-esverdeadas, declarou:

– Você é linda, Marina. A mais linda das mulheres.

– Para de me jogar confete, Lu, vai! Daqui a pouco o sucesso me sobe à cabeça e eu vou me tornar insuportável.

– Que nada. O que é bonito é para ser visto e elogiado. Ao menos é o que meu pai acha, e eu concordo com ele. Sinto orgulho por ter a garota mais bonita da cidade, epa, e do país como minha namorada...

Fiquei novamente na ponta dos pés e o beijei com ímpeto.

– Eu queria tanto ficar com você pelo resto do dia, mas... preciso dar também atenção a mamãe e ao papai. Mal conversamos durante a recepção. Além do mais a viagem me deixou exausta.

– Não se preocupe, Marina. Descanse. Amanhã a gente se vê. E tenha bons sonhos.

Foi difícil para mim me despedir do Lu, pois estava morta de saudade.

Assim que entrei em casa, mamãe veio até a mim e me abraçou.

– Não deu nem para falar direito com você, minha linda – comentou, prendendo os meus cabelos atrás das minhas orelhas para me ver melhor.

Sorri.

– Foi tão emocionante, filha, quando o apresentador do concurso falou o seu nome. Meu coração por pouco não parou.

– Não exagere, mamãe.

– Falo sério. Para uma mãe ver sua filha coroada Miss Brasil, é muita emoção. Algo de muito orgulho.

Mamãe era uma senhora magra, de estatura baixa, tinha o pescoço cheinho, os cabelos penteados de forma discreta... tudo nela, enfim, era discreto.

Papai foi o próximo a me cumprimentar. Beijou-me na testa e falou:
— Parabéns, filha!
Não disse muito, mas o que disse teve, para mim, o significado de mil palavras.
Ele era o homem mais humilde que eu já conhecera até então. Como diria a minha geração: uma pessoa simples pra chuchu. Trabalhador árduo. Tudo o que conquistara na vida até aquela data, após longos anos de trabalho, fora a casa em que vivíamos, uma casa do BNH*. Seu amor por nós e seu carinho supria qualquer falta de dinheiro.
Tinha um aspecto um tanto solene. Um sorriso largo e franco. Cabelos castanhos e lisos como os meus.
Havia também Beatriz, minha irmã. Tínhamos quase a mesma idade. Éramos muito amigas. Conversávamos muito e trocávamos confidências.
Todos enfatizavam tanto a minha beleza que se esperava que Beatriz também fosse bonita. Ninguém nunca estava preparado para encontrar a imperfeição de seus traços, o nariz anguloso, o queixo e a testa quadrada protuberantes. Somente os cabelos lembravam os meus, com uma única diferença, os meus eram jogados para trás, os de Beatriz para frente com o propósito de esconder o rosto que lhe desagradava tanto.
Ela se achegou a mim e me abraçou:
— Mana, você se tornou uma celebridade, não é incrível?
Sorri e a abracei, calorosamente.
Beatriz era uma jovem inteiramente comum. Não era uma aluna brilhante, mas eficiente. Sua voz era baixa e inexpressiva, de uma

---

*O Banco Nacional da Habitação (BNH) foi um banco público brasileiro voltado ao financiamento e à produção de empreendimentos imobiliários. O banco foi extinto em 1986, através do Decreto-Lei nº 2.291, de 21.11.1986, o qual o repassou à Caixa Econômica Federal. (Nota do autor).

pessoa determinada a todo o custo a não chamar a atenção de ninguém sobre a sua pessoa.

Era pequena, morena, parecia tímida – seus olhos escuros passavam a maior parte do tempo modestamente voltados para o chão, não gostava de encarar ninguém e se sentir julgada.

Ela era, em todos os sentidos, uma pessoa reprimida. Fora uma criança com um quê de tristeza infindável por se achar feia desde a infância. Sempre se considerou muito feia desde que se lembrava por gente. Por isso se refugiou no mundo dos livros para fugir da realidade que tanto a feria.

Pelo menos uma vez no dia ela mirava-se no grande espelho da penteadeira e criticava sua aparência. Às vezes, pensava que pelo menos os olhos fossem bonitos, hipótese que lhe dava grande satisfação.

Infelizmente, a profunda ferida por se julgar feia sempre impregnou sua atitude perante a vida.

Mas eu amava Beatriz, sempre, desde meninota. E queria que ela fosse feliz, tão feliz quanto eu. Que se libertasse do preconceito que tinha contra si mesma para poder gozar a vida de uma forma mais leve, livre e solta como deveria ser, como penso que deveria ser, na época.

Acordei cedo no dia seguinte e rolei silenciosamente da cama, tomando o cuidado para não despertar Beatriz que parecia dormir profundamente.

– De pé tão cedo? – perguntou ela, assim que comecei a me vestir.

Aproximei-me da cama com um sorriso amável.

– Perdi o sono.

Ela sentou-se na cama e apoiou as costas no travesseiro contra a cabeceira.

– Você tem tanto para me contar, Marina.

– Não há muito o que contar, maninha. Tudo o que vivi, você pôde ver pela TV.

– Ah, mas não é o mesmo que estar lá, ao vivo.
– Bem, isso é verdade.
– E o galã de novela que te entregou a faixa? Ele é lindo mesmo como aparece na TV?
– É. Um sonho. Um pão.
– Poxa! Estou tão feliz por você. Tenho a certeza de que vai ganhar o concurso de Miss Universo.
– Eu não contaria com tanto. Só o fato de participar, para mim já é uma grande conquista.
– Você vai ganhar, Marina. Tenho certeza, assim como dois e dois são quatro.

A ideia de vencer o concurso de Miss Universo me fez palpitar mais uma vez. Beatriz, empolgada falou a seguir:

– O Luciano ontem estava que mais parecia estar nas nuvens.
– Você achou, é?
– Todos achamos. Não é para menos, qual rapaz tem uma namorada que vence o concurso de Miss Brasil?
– É... você tem razão.

Beatriz abraçou os joelhos e divagou:
– Ah, quem me dera ter um cara apaixonado por mim como o Luciano é por você.
– E vai me dizer que você não tem?
– Apaixonado por mim? Nenhum!
– E você apaixonada por um?

Beatriz avermelhou-se.
Sentei-me na beiradinha da cama e, fitando minha irmã com ansiedade, perguntei:
– Quem é ele, Beatriz? Vamos, diga.

Beatriz num rodopio levantou-se com agilidade e fugiu do assunto.
– Ah, maninha, por que isso, agora? Sempre fomos confidentes. Diga-me, quem é ele.

O sorriso dela ampliou-se. Ela agora parecia ver o rapaz muito além do que via em sua mente.

– Estuda na mesma escola estadual que eu. Seu nome é Danilo Lacerda.

As palavras saíam arrastadas dos seus lábios.

– Tem os olhos notáveis. Seu olhar desperta em mim uma deliciosa curiosidade de desvendar seus mistérios.

Eu olhava para ela de maneira aprovadora.

– Conte-me mais, vamos – pedi, verdadeiramente interessada no que ela tinha a contar.

– Ah... – suspirou Beatriz – Que lindo par nós faríamos! No entanto, acho que ele nunca me notou na escola.

– Será mesmo? Como pode ter certeza?

– Só sei, minha irmã, que desde que o vi meu coração se entregou irrevogavelmente à possibilidade de namorá-lo.

– Que maravilha!

– Que nada. Isso nunca vai acontecer. Tenho de encarar a realidade.

– Ora, ora, ora, Beatriz... Não se precipite nas conclusões.

– De que me serve alimentar ilusões?

– Epa! Você não é vidente para saber...

Ela me cortou com delicadeza:

– Posso não ser vidente, mas sou sensata. Sei muito bem que menino algum gosta das feias. Nem menino, nem menina, nem ninguém.

– Ah, que exagero, Beatriz.

– Não é exagero algum.

– É, sim!

– Não é, Marina.

Perguntei-me em silêncio se o tal Danilo realmente a ignorava como ela pensava ou se tudo não passava de uma opinião da sua mente em baixa estima.

Talvez ele a tratasse com indiferença por não ter notado o rosto fascinado de Beatriz perdida de amor por ele.

– Comenta-se na escola que o Danilo gosta da Vera Lúcia, a garota mais bonita do colégio depois de você.

– Mas você não tem certeza.
– Mas comentam. Onde há fumaça, há fogo.
Após uma breve pausa, Beatriz retornou ao assunto:
– Eu acho que ele vai ao baile a semana que vem.
– Maravilha! – exclamei, empolgada. – Assim você terá a oportunidade de se aproximar dele.
– Como? O baile é só para os sócios do clube. O ingresso, para quem não é, custa uma fortuna.
– Maninha, querida. Eu fui convidada para o baile pelo diretor do clube. Ele me deu uma mesa de graça. Tenho quatro ingressos.
– Jura?
Assenti.
– Poxa! Você é mesmo uma moça de sorte, Marina.
– Agora! Que sou, digamos, famosa por causa do concurso.
– Que nada Marina... Você sempre foi sortuda. Começando por sua beleza. A natureza a privilegiou. Se eu fosse bonita como você...
– A beleza não é tudo, Beatriz.
– Sei não. No mundo em que vivemos é, sim!

Quando eu e o Luciano nos encontramos naquela tarde, ele percebeu de imediato que algo me preocupava.
– O que foi? – perguntou, olhando para mim de viés. – Você me parece aborrecida.
– Você conhece um tal de Danilo Lacerda?
– Já ouvi falar dele. Mas não somos amigos se é isso que quer saber. Por que pergunta? Já estou com ciúmes.
– Não seja bobo, Luciano. Pergunto por causa da Beatriz. Ela está paquerando o rapaz.
– É... E daí?
Sua frieza me espantou.
– E daí que eu gostaria de saber se ele também está a fim dela, ora.

– Pra quê?...
– Ora...
Ele me deu um beijo relâmpago e falou, meloso:
– Vamos falar de nós dois, Marina. Esqueça sua irmã, cada um com os seus problemas...
Ele tornou a me beijar e dessa vez, demorado. Um daqueles beijos que nos levam ao céu e nos fazem perder a fala. Que despertam em nós uma onda de afeição profunda. Sim, era exatamente isso que eu sentia agora, uma onda de afeição profunda por Luciano.
– Eu gostaria de não gostar tanto de você – confessei com voz distante, hipnotizada de paixão. – Tenho medo de que me torne dependente de você.
– Como um vício?
– É... Como um vício...
Ele riu.
– Relaxa, Marina. Gostar é bom...
– Eu sei... Só que, às vezes, me dá um medinho, sabe? Algo que eu mesma não sei explicar o porquê.
– Mulheres... – zombou ele num tom maroto.
Apertei as duas bochechas do Luciano e confessei:
– É tão duro para mim ter de me distanciar de você, Luciano.
– Mas estamos sempre tão unidos!
– Eu sei, mas o concurso de Miss Brasil nos afastou um bocado.
– Eu disse para você não se preocupar com isso.
– Temi que a distância imposta pelo concurso afastasse você de mim.
– Estou aqui, não estou?
– Está. Acho que me preocupei à toa.
– Como sempre...
Fiz beicinho, sorri e continuei:
– Você sabe que teremos de ficar longe novamente por um ou dois meses durante a minha participação no concurso de Miss Universo, não sabe?

– Sei.
– E isso não o preocupa?
– É lógico que, não!
– Pois a mim me preocupa.
– Por quê?
– Por quê?! Porque dói demais em mim ficar longe de você, Luciano.
– Mas é só por um mês ou dois...
– Só por um mês você diz? Para mim é quase uma eternidade.
– Já ouvi dizer que as mulheres exageram, mas assim já é demais.
– É que o amo tanto, Luciano.
– Acalme-se, Marina. Tudo isso passa rápido, quando vir já terminou. Concentre-se nesse concurso, dê o melhor de si, oportunidade como essa é rara, aproveite. Você pode ganhar muito dinheiro com isso, dinheiro que pode ser muito útil para você.
– E para a minha família – completei. – Sim, eu sei. É isso que mais me estimula a participar do concurso, quanto mais dinheiro eu conseguir, melhor será para nós, digo, para a minha família. Não temos sequer uma casa própria paga integralmente, você sabe.
– Eu acho que... Opinião minha, tá?! Que você deveria guardar o dinheiro para você, para o seu futuro.
– Não sou assim, Lu. Não sei pensar só em mim.
– Pois deveria.

Luciano coçou a nuca em meio a uma careta gozada e completou.

– Bem, você sabe o que faz. Na hora H você decide o que é melhor para você. O importante é que ganhe o concurso de Miss Universo, pois portas e mais portas se abrirão para você se isso acontecer.

– Você não vai sentir ciúme se eu for eleita a mulher mais bonita do mundo?

– Ciúme, eu?! Vou é sentir muito orgulho, isso sim. Será uma grande honra para mim ter como namorada uma Miss Universo.

Olhei-o com interesse súbito e impassível afirmei:
— Eu vou conseguir esse título, meu amor. Vou, sim. Por você e por minha família. Você verá!
Nos beijamos mais uma vez, dessa vez, porém, mais demorado. Nosso encontro daquele dia terminou com as mesmas frases de sempre:
— Amanhã a gente se vê? – perguntei, ansiosa pelo sim.
E o Lu me respondeu com um de seus sorrisos deslumbrantes.
— Tenha bons sonhos.
Suspirei, encantada.

Dias depois...

Eu estava sentada numa cadeira velha, lendo uma revista de fofoca tão velha quanto a cadeira, no minúsculo quintal da casa onde eu morava, para apanhar um pouco de sol agradável do outono, quando Beatriz e Sônia, sua melhor amiga, apareceram.

Sorri para as duas e as convidei para se sentarem ao meu lado. Beatriz puxou um banquinho para a amiga e outro para ela, esticou as pernas e suspirou como quando nos espreguiçamos pela manhã:
— Finalmente – disse com certa euforia –, falta apenas um dia para o baile.
— E por que, posso saber, anseia tanto a chegada desse dia? – questionou Sônia, lançando um olhar maroto sobre a amiga.
A resposta soou com indisfarçável alegria.
— Para ver o rapaz que me tira do sério.
— O tal do Danilo, aposto! – comentou Sônia com certa ironia.
Beatriz concordou, balançando a cabeça satisfeita.
— Você o conhece, Sônia? – eu quis saber.
— Sim.
— E o que acha dele?
— Um gato, um dos mais gatos da escola. Tem um jeito de ser, um sorriso, tudo nele é encantador.
— E o que ele pensa da Beatriz?

21

– Bem, segundo soube, por intermédio da Débora e da Patrícia da nossa classe, ele também está interessado na Beatriz, mas é muito tímido para falar com ela.

– É mesmo?! Quando soube disso?

– Essa semana depois que a Beatriz contou a todos que vai ao baile.

Beatriz ficou rubra de contentamento. Voltei-me para ela e falei:

– Isso você não tinha me contado, maninha.

Beatriz toda sorriso me respondeu:

– É que a Sônia me contou isso, agorinha, há pouco, Marina.

Sônia continuou, empolgada:

– A Débora me disse também que ouviu falar que ele, o Danilo, pretende tirar a Beatriz para dançar no baile.

– Que maravilha!

– Agora – comentou Beatriz – mal me contenho de ansiedade.

– Relaxe, Beatriz, que tudo vai dar certo.

– Estou tão feliz, Marina. Tão feliz que, quando ando, meus pés mal parecem tocar o chão.

– Eu sei, já me senti assim antes. Quando percebi que estava apaixonada pelo Luciano.

– É tão bom, não é?

– É maravilhoso.

– Você está realmente a fim desse moço, hein?

– Estou. Tanto que se ele não vier me tirar para dançar por causa da sua timidez, estou disposta e decidida a ir tirá-lo.

– Nossa!

– É isso mesmo! Não aguento mais essa distância entre nós dois imposta pela timidez.

Beatriz ficou ali um minuto mais, com o olhar voltado para o mundo dourado que parecia nadar e se dissolver em si mesmo, indistinto e embaçado pela própria beleza. O mundo da paixão, que só as adolescentes conseguem ver ao primeiro tilintar do amor em seu peito.

Capítulo 2

O baile começou pontualmente. A nata da sociedade estava presente. Eu, confesso, estava mais amável do que o normal, encantadora e envolvente como sabia ser quando o desejava.

Moças lindas, louras, morenas, elegantemente vestidas, passavam de lá para cá, sorrindo e falando, sendo seguidas por rapazes bem apanhados, com os cabelos alisados com gel, com a beleza única e efêmera do auge da adolescência.

Nas mesas, viam-se as louras e morenas, que há dez, vinte, trinta anos atrás haviam abrilhantado o salão e hoje, estavam enrugadas e obesas. O que me levou a perceber que a beleza para a maioria é mesmo efêmera.

Na mesa que a diretoria do clube fez questão de me dar como cortesia, estávamos sentados eu, Luciano, Beatriz e Sônia, sua amiga.

Beatriz estava impecavelmente arrumada. Nunca tivera tanta preocupação em parecer bonita como na ocasião. Sobre a mesa estavam seus óculos que raramente usava devido à vaidade, preferindo andar às cegas, pois mal enxergava sem eles.

Ao avistar Danilo Lacerda, por quem Beatriz estava interessada, Sônia fez um sinal discreto para a amiga. Foi então que pude ver o rapaz e, mesmo de longe, perceber que era mesmo um gato.

– Ele está olhando para mim? – perguntou ela, aflita. – Está? Vamos, diga-me. Estou ansiosa. Não vê?

— Calma, Beatriz — acudi. — Sua ansiedade vai acabar estragando tudo. Ponha os óculos e poderá ver todo mundo com nitidez.
— Eu de óculos? Se já sou feia sem, com um ficarei medonha.
— Não diga tolices. Você é adorável.
— Você diz isso porque é minha irmã e tem pena de mim. Nem eu mesma aguento me encarar no espelho por muito tempo.
— Não exagere.
— Você sabe que não é exagero algum.

Ao voltar os olhos na direção em que vira o Danilo, Sônia não mais o encontrou.
— Perdi o Danilo de vista — falou com certo desapontamento.
— Que droga — bufou Beatriz, irritada.
— Calma, Beatriz... — acudi. — A noite está apenas começando.

Nisso, Sônia insistiu mais uma vez para que a amiga a acompanhasse até o banheiro. Depois de muita insistência, Beatriz acabou atendendo ao pedido.

Era evidente, para mim que não havia necessidade fisiológica alguma para Sônia ir ao toalete, o que ela queria mesmo era uma boa desculpa para desfilar pelo clube para se mostrar para os rapazes.

E nada podia chamar mais atenção sobre ela do que desfilar ao lado de uma jovem como Beatriz, de rosto e corpo considerado fora dos padrões de beleza pela maioria das pessoas, especialmente, os rapazes.

Caminhar ao seu lado, servia para realçar a sua beleza deve ter percebido Sônia. Era o mesmo procedimento que deveria ser adotado, caso uma mulher quisesse parecer mais alta. Bastava apenas dar um giro ao lado de amigas mais baixas.

Hollywood usava desse subterfúgio antigamente nos filmes de cowboy. Para fazer com que os atores parecessem mais altos construíam as portas das casas mais baixas.

Pensei em proibir Beatriz de acompanhar a amiga para não ser usada por ela, mas acabei mudando de ideia. Não queria conflito entre as duas, Sônia era a única amiga de Beatriz, ainda que fosse falsinha, era melhor ter uma assim do que nenhuma. Ninguém vive sem amigos.

Após um giro pelo salão as duas jovens voltaram para a mesa. Foi quando regressavam que Beatriz e Danilo se cruzaram e ela aproveitou para cumprimentá-lo.

– Olá – falou em tom amigável.

Ele pareceu não ouvi-la, pois continuou caminhando, exibido, jogando charme para as outras garotas.

– Ele não ouviu você... – comentou Sônia.

– Também, com essa música alta.

Assim que chegou à mesa, Beatriz me contou os últimos detalhes.

Minutos depois, Danilo novamente parou a poucos metros da mesa onde nos encontrávamos e seu olhar, impessoal e sem a menor curiosidade, cruzou com o de Beatriz. Ainda assim, ela suspirou como se ele a tivesse olhado com interesse.

Cogitei a hipótese de ir falar com ele, fazer uma ponte entre os dois. Não custava nada, todavia, minha atenção foi dispersada novamente com a chegada de gente influente da cidade, para me congratular pelo título, de miss, conquistado.

Quando pensei novamente em me servir de ponte entre Danilo e Beatriz, o Luciano voltou à mesa e me tomou nos braços. E um garçom apareceu a seguir, trazendo um champanhe de cortesia para nós.

– Bebamos ao grande acontecimento – ordenou o Lu depois que tínhamos nas mãos uma taça cheia de espumante.

Vagarosa, muito vagarosamente, com meus olhos fixos nos dele, levei minha taça até os lábios.

– Ao seu sucesso – disse ele – e ao seu grandioso futuro como Miss... Universo.

Sorri, apaixonada e bebi. Em seguida fomos para o salão dançar.

– Como está se sentindo dançando com a mais nova Miss Brasil? – perguntei-lhe com a habitual entonação dos jovens.
– Saber que a mulher mais linda do Brasil é só minha, não há coisa melhor.
Um beijo completou sua resposta.

Só vim a saber o que relato a seguir, depois, por intermédio da Beatriz, mas conto agora porque essa é a ordem correta dos fatos.
Cansada de ficar esperando na mesa pelo Danilo, para que ele desse o ar de sua graça, Beatriz resolveu dar um giro pelo salão em sua busca. Logo o encontrou numa roda de amigos.
É lógico que ela teve dúvidas, caso chegasse para entabular uma conversa agradável, o moço lhe responderia com a mesma cordialidade? Todavia, não havia por que temer, pensou; uma das colegas de classe deixara bem claro que ele estava há tempos a fim dela e só não se aproximava por timidez.
"Bem", pensou ela, "aí vou eu! Em nome do amor!".
Assim que se aproximou, Beatriz descobriu que os rapazes falavam de mim, Marina.
Era o próprio Danilo quem monopolizava a conversa:
– Como pode uma ser tão linda e a outra tão feia?
– Cara, *cê* tem razão. O que tem a Marina de linda, tem a Beatriz de feia.
– Meu, a diferença entre as duas é gritante.
– É. Se é, *véio*.
– É de ficar *bolado*.
E tomaram mais um pouco de cerveja no gargalo.
Beatriz, em choque pelo que ouviu, entristecida, voltou para a mesa, apanhou seus óculos e sua bolsa de festa e partiu do baile sem se despedir de ninguém. Voltou a pé para a casa, querendo não chorar, mas logo rompendo-se em lágrimas.

Naquele momento eu dançava com o Luciano, por isso não vi o que aconteceu, tampouco tive oportunidade de acalmá-la e impedi-la de sumir dali como fez. Somente quando voltei à mesa e dei por falta dela é que uma senhora que estava sentada na mesa ao lado me informou o que ela tinha feito.

Na mesma hora meu semblante mudou.

– O que foi? – quis saber Luciano, estranhando o meu jeito.

– É a Beatriz.

– Ela, de novo, Marina?!

– Ela foi embora!

– E daí? Se não estava gostando do baile... tinha mesmo de ir, não?

– Algo aconteceu. Algo de ruim. Estou preocupada.

– Sua irmãzinha não é mais criancinha, baby.

– Sei que não, mas é tão indefesa quanto.

– Que exagero...

– Não é não, Luciano.

– Se eu fosse você esquecia a Beatriz e aproveitava o baile. Não é sempre que...

Luciano foi interrompido pelo diretor do clube que naquele instante subiu ao palco onde estava a banda que alegrava o baile para fazer um breve discurso agradecendo pela presença de todos, por estarem prestigiando o grande evento e pela minha presença.

– É com muita honra que temos esta noite, aqui, em nossa companhia: Marina Mendes Arcanjo. A mais nova Miss Brasil e, futura, Miss Universo.

O clube todo aplaudiu.

Eu, sem graça, sorri.

– Marina, por favor. Venha ao palco.

Atendi ao pedido. Nova salva de palmas. Ao chegar lá, mais uma. Fui presenteada então pela diretoria do clube com uma linda gargantilha banhada a ouro.

– Eu não tenho palavras para agradecer – falei, porque era mesmo verdade – Obrigada. Mais uma vez, muito obrigada.

O diretor falou mais algumas palavras e a banda recomeçou a tocar. Luciano, um tanto "alto" foi ao meu encontro e me levou para o salão para dançar uma música romântica.

Acabei me esquecendo de Beatriz. Só fui me lembrar dela quando voltei para casa. O dia já raiava e ela dormia, aparentemente, tranquila. Assim, deixei a conversa para o outro dia.

Despertei quando ela acordou. Quando seus olhos cruzaram com os meus, ela estremeceu. Estavam borrados, sinal de que havia chorado muito.

– O que houve, Beatriz? – perguntei com delicadeza. – Por que foi embora do baile se estava tão empolgada com ele? Deveria ter pelo menos me avisado. Fiquei preocupada. Por sorte uma senhora que estava sentada à mesa ao lado me falou de você.

Beatriz continuava parada, em pé, com os olhos tristes voltados para o chão. Meio minuto depois, logo após eu repetir minha pergunta, ela me contou a verdade.

– As palavras do Danilo foram:

"Como pode uma ser tão linda e a outra tão feia?"

E do amigo dele foi:

"Cara, cê tem razão. O que tem a Marina de linda, tem a Beatriz de feia."

Ao que Danilo respondeu:

"Meu, a diferença entre as duas é gritante."

– E você deu bola pra isso? – explodi, sentando-me na cama.

A voz de Beatriz se elevou.

– Mas é verdade, Marina. É a mais pura verdade.

– Eles não sabem o que dizem.

Ela me cortou bruscamente:

– Sabem, sim! Eu sou feia mesmo!

– Não, querida...

– Você sabe, Marina, que é verdade. Só insiste no contrário porque é minha irmã. Porque tem pena de mim.

Emudeci. Voltando-se para o pequeno espelho dependurado na parede, Beatriz desabafou:

– Veja só quanta imperfeição há no meu rosto. Quantos traços mal acabados. Esse nariz anguloso, esse queixo e essa testa quadrada protuberantes. Esse meu cabelo que mais parece uma espiga de milho.

– Você deveria mudar o corte, fazer um penteado para trás. Que realçasse seu rosto.

– Penteá-lo para trás?! Não, Marina, isso é para você. Para realçar seu rosto bonito. Os meus cabelos têm de permanecer do jeito que estão. Para frente, para esconder o meu rosto feio e sem graça.

Tentei defendê-la mais uma vez, mas sua voz se sobrepôs a minha:

– Como se não bastasse a minha feiúra, tenho essa voz baixa e inexpressiva, sou uma das piores alunas da escola, nem em educação artística eu sou boa o que é vergonhoso para uma pessoa. A única coisa que presta em mim são meus olhos, neles há certa beleza.

Levantei-me, fui até ela, acariciei seu rosto e disse em tom maternal.

– Haverá um dia um rapaz, Beatriz, que se interessará por você e que a fará muito feliz. Como diz um ditado: Há sempre uma tampa para toda panela.

Beatriz baixou os olhos e murmurou:

– Você só está dizendo isso para me consolar. Todo mundo (os rapazes, principalmente) só se interessam pela beleza. A sociedade é voltada a admirar a beleza. Se beleza não tenho, como posso conquistar um cara legal?!

Suspirei, envolta em certa tensão.

– Esqueça o Danilo – sugeri. – Ele não é para você.

Ela afastou-se e falou:

– Ele é para mim, sim, eu é que não sou para ele. E assim será com todos, posso gostar de um homem, e vou gostar, mas eles não se interessarão por mim. E depois dizem que a beleza não abre portas, abre, sim!

Tentei argumentar, mas ela me segurou e, mirando fundo meus olhos com seus olhos vermelhos de tristeza, me perguntou:

— Como é ser linda, minha irmã? Diga-me. Como é ter nascido bonita?

Fiquei sem graça.

— Eu só quero saber, irmãzinha, o gosto que tem a vida de uma pessoa que nasceu bela como você. Que onde quer que vá, chama a atenção de homens e mulheres. Arranca até suspiros.

Mordi os lábios ainda sem saber o que responder.

Admirando cada detalhe da minha face, Beatriz acrescentou, pensativa:

— O Danilo está certo. Certíssimo. O que tem a Marina de linda, tem a Beatriz de feia.

Um risinho, desconsolado escapou-lhe do peito.

— Somos a bela e a fera, Marina. Não é preciso nem dizer quem é a fera, não é mesmo?

— Por trás da fera há um lindo príncipe, lembra?

— Só nos contos de fada, minha irmã. Na vida real, não há nada além.

— Na alma, pelo menos.

— De que vale a alma neste mundo de aparências?

— Mas a aparência não é tudo.

— Você diz isso porque é bonita. Se tivesse nascido na minha condição, dentro desse físico mal feito, você concordaria comigo.

Após uma breve pausa, Beatriz falou algo que muito me fez pensar:

— Você, Marina, é um brilhante. E eu um diamante bruto.

Ela baixou os olhos, sentou-se em sua cama e mergulhou o rosto nas mãos. Sentei-me na minha e aguardei que se acalmasse. Ela então repetiu a pergunta pela qual parecia ansiar por resposta:

— Como é ser bonita, Marina? Você não me respondeu.

Então, subitamente, temi minha própria irmã. Da mesma forma que temia a inveja.

— Beatriz, você, por acaso tem inveja de mim?

A pergunta saiu de dentro de mim, com dificuldade. Foi como se eu a tivesse arrastado como um fardo para fora dos meus lábios. Ela me olhou com seus olhos tristes, lacrimejantes, mas não me respondeu.

– Você gostaria de ser como eu, não é mesmo? De estar no meu lugar, de ter sido você a coroada Miss Brasil?

Ela, em meio a um risinho amarelo, respondeu:

– Eu e todas as feias do planeta, não é, Marina? Pelo menos as do Brasil.

Fiquei novamente sem palavras, perdida em pensamentos. Então, Beatriz, voltando os olhos para o passado, comentou:

– Sabe, quando eu era menina e a mamãe lia para mim contos de fada, eu imaginava que um dia minha vida poderia se tornar um. Acontecer uma transformação positiva comigo como sempre acontece neles. A bruxa se transforma numa jovem linda e adorável. Mas a vida é cruel, Marina. Não tem nada de conto de fadas. Tortura algumas enquanto com outras, como você, engrandece, só lhes traz felicidade.

O que eu podia dizer diante daquela observação? Beatriz estava certa, a vida realmente parecia privilegiar umas mulheres mais do que as outras. Tudo o que disse, o que consegui dizer, a seguir, foi:

– Eu queria tanto que você fosse feliz, minha irmã.

– Feliz? – murmurou ela, com certa acidez.

– A felicidade para alguns neste planeta é coisa de outro mundo.

– Nunca se esqueça, irmãzinha, de que eu a amo.

– Eu também. E só queria que entendesse que eu a invejo sim, mas não aquele tipo de inveja que muitas pessoas têm. Que ao invés de quererem o mesmo para si, dado pela vida, preferem pedir a vida que tirem do outro o que não tem.

Assenti e sugeri:

– Bem, vamos lavar o rosto, escovar os dentes, passar perfume, nos arrumar, tomar café e comer o pãozinho fresco que o papai já deve ter trazido para o café da manhã.

31

Fui até Beatriz, estendi-lhe a mão e pedi:
– Vamos! Alegre-se! O dia está lindo!
Mas alegria era algo que parecia estar nos seus últimos suspiros dentro de Beatriz.

O café da manhã foi ótimo, ao lado do papai e da mamãe. Ainda que fosse apenas pão francês com manteiga, leite, café e queijo, pareceu-me um café do hotel em que fiquei hospedada em São Paulo.

Mamãe quis saber detalhes do baile, contei com grande entusiasmo tudo, especialmente a parte em que a direção do clube me homenageou.

Assim que Beatriz deixou a cozinha, Mamãe baixou a voz e me perguntou:
– O que houve com ela?
Expliquei.
– Pobrezinha – murmurou minha mãe, penalizada.
– Tentei alegrá-la. Lembrá-la de que o rapaz não é o único do planeta, mas quando se está apaixonada fica difícil pensar em outro, não é mesmo?
Mamãe concordou.

Aproveitei, então, para saber sua opinião a respeito de algo que vinha bicando a minha cabeça feito um pica-pau.
– Mamãe?
– Sim?
– A senhora acha que inveja pega?
– Eu não sei, filha. Uns dizem que sim, outros dizem que não passa de superstição tola que só serve para deixar as pessoas preocupadas em vão. Só sei de uma coisa, Marina. Ninguém sofre mais do que um invejoso. Pois, por mais que ele tenha inveja, nada muda para ele, se ele não mudar.

Assenti, pensativa.

Assim que terminou de tirar a mesa do café da manhã, mamãe foi tentar consolar Beatriz. Encontrou-a, olhando com muita atenção

para as modelos e atrizes que estampavam as capas das revistas femininas.
— O que está lendo? — perguntou mamãe só por perguntar.
Ela sabia que ela não lia nada e sim, se imaginava sendo uma daquelas moças bonitas, lindamente maquiadas e vestidas, das revistas.
— Estou imaginando em como a minha vida seria se eu tivesse o perfil e o físico dessas moças.
— Filha...
— Não diga nada, mamãe. Deixe-me sonhar um pouco. Eu mereço.
A mãe sentou-se ao lado da filha e procurou dizer algo que a alegrasse.
— A beleza não é tudo, Beatriz.
A jovem não respondeu.
— Existe gosto para tudo sabia? Tem muita mulher considerada feia e bem casada. E com maridos lindíssimos. Da mesma forma que existem muitos homens não tão bonitos casados com mulheres lindas.

Enquanto as duas estavam no quarto, eu saí de casa de fininho com o objetivo de ir tirar satisfação do Danilo pelo que havia falado de minha irmã durante o baile. Demorei um pouco para localizá-lo, mas consegui com a ajuda do Luciano. Assim que o encontrei numa roda de amigos em frente a sua casa, fui direto ao assunto:
— Danilo!
Ao me reconhecer, sorriu.
— Que honra ter a nova Missa Brasil, conversando comigo.
— Eu preciso lhe falar, seriamente.
— Pois não?
— Não aqui. Em particular.
— Ah!
Voltando-se para os amigos, o rapaz falou:
— Volto já, galera.

E fez um gesto malicioso com as mãos, como quem diz "Tô feito!" que fez todos rirem.

Assim que nos afastamos, ele apoiou a mão direita na parede, no alto da minha cabeça e mirou meus olhos.

– De perto você é ainda mais linda, Marina. Não me conformo como pode ter escolhido aquele palerma do Luciano, aquele filhinho de papai para namorar. É só porque ele tem dinheiro, né? Eu sei, todos sabem, é evidente.

– Não é nada disso. Eu gosto mesmo do Luciano.
– Bah!!!
– Juro.
– Conta outra!

Bufei, irritada.

– Mas eu não vim aqui para falar disso.
– Veio falar então do quê? Poderia ir direto ao assunto?
– Como você é *grosso,* hein?
– Diz logo o que quer.
– É sobre a minha irmã.

Ele fez ar de quem puxa pela memória.

– A Beatriz.
– Ah!!!!
– Lembrou?

Dando uma palmadinha no meu ombro, perguntou, em tom confidencial:

– Diz aí, ela foi pega pra criar, né?
– A Beatriz?! É lógico que, não!
– É óbvio que é! Você é que não sabe. Aposto que, quando ela foi levada para casa, você era ainda bebêzinha.
– Ela nasceu antes de mim, Danilo. Não *viaja*.
– Então foi mais fácil para seus pais esconderem de você que ela é adotada.
– Ela não é adotada.
– Você tem 100% de certeza do que diz?

Bufei.

– Por que acha que ela foi pega para criar?
– Ora, Marina, é preciso mesmo que eu responda? Vocês duas são completamente diferentes uma da outra. Opostas como a luz e a escuridão. O doce e o amargo. A beleza e a feiura. Não. Sério mesmo, Marina. Tua irmã é muito feia.
– É exatamente por isso que estou aqui. Ela ouviu você falando dela assim no baile ontem à noite.
– E falei alguma mentira?
– Você a feriu demais com esse comentário.
– Mas ela é feia mesmo, ora! Que posso fazer?
– Você não se importa com os sentimentos dos outros?
– Olha, Marina, desculpa por eu ser sincero e franco. Hipócrita não sou mesmo. Digo o que penso na lata. Fingido não sou, por isso você nunca vai ficar com um pé atrás comigo, porque sou um cara, como se diz por aí, transparente.

Agora, se me fizer o favor, larga daquele cretino do Luciano Segabinassi e namora comigo, vai. Eu sou bem mais sincero do que ele.

– Você não tem jeito mesmo, Danilo.

Passando o dedo delicadamente no meu queixo, murmurou:

– Só você *pra* me dar jeito, Marina.

A vontade que eu senti naquela hora foi de esbofeteá-lo.

– Ouça bem, Danilo. Não fale mais que minha irmã é isso ou aquilo; se você feri-la novamente, nem sei o que sou capaz de fazer.

Ele riu, descarado. Assim que lhe dei as costas, voltou a falar:

– Pode perguntar para a sua mãe e para o seu pai sobre o lance da adoção. Você vai ter uma surpresa! Depois vem me falar, tá?

Deixei o local pisando duro, sentindo-me pior do que quando chegara ali. Aquele rapaz conseguira me tirar do sério.

Tão fora de mim fiquei, idem Beatriz, que esquecemos de averiguar a história que Débora contou a respeito do Danilo. Que ele não se aproximava de Beatriz por timidez. É lógico que foi uma brincadeira de muito mau gosto pregada pela moça.

...
Naquela tarde, ao conversar com o Lu a respeito do que acontecera a Beatriz, fiquei surpresa quando ele defendeu os rapazes.

– Mas ele não falou nada demais, Marina.
– Como não? Não vai me dizer que você também concorda com ele?
– Marina, verdade seja dita: a tua irmã é...
– Diga, Luciano, diga!
– Ela é feia, ora! Verdade seja dita. Quando comparada a você, então, é como se você fosse a flor e ela o caule, ou o espinho, ou qualquer coisa insignificante.
– Não gosto que falem assim da minha irmã.
– Não adianta você querer tapar o sol com a peneira.
– Eu a amo, Luciano. Amo Beatriz de todo jeito. Por ela sou capaz de tudo.
– Ainda bem, né?
– O que você quer dizer com "ainda bem"?
– Porque ela vai precisar de você e muito. Porque casar, não vai, sejamos francos. Que homem vai se interessar por ela, enquanto tem tanta mulher bonita por aí, dando sopa? Convenhamos.

Entristeci.

– E de nada adianta você ficar jururu. Nada disso muda a condição de Beatriz. Acho até que nem uma operação plástica daria jeito nela.

Após breve reflexão, perguntei:

– Por que todas as pessoas não nascem bonitas? Se fossem, pouparia o sofrimento de muitas.
– Eu não sei, não fui eu quem fez o mundo. Só sei que beleza faz diferença e ponto final. Se eu fosse feinho, aposto que você não me daria bola.
– Eu...
– Reflita e seja sincera. Você namoraria um cara que não é bem apanhado? Não, não é mesmo? Eu também não namoraria uma garota feia.

...

Chegamos, finalmente, à casa da família de Luciano.

A mãe dele, a sra. Wilma Segabinassi, alta e esbelta e com os cabelos tingidos de castanho com mechas douradas, estava sentada numa cadeira confortável estilo Império, escrevendo cartas com a mesma dedicação e energia que aplicava a tudo que fazia.

Ao me ver tive a impressão de que seu semblante enrijeceu.

– Olá, dona Wilma.

Ela levantou-se e me beijou.

– Olá, querida. E parabéns pelo título conquistado.

– Obrigado!

– Sente-se aqui e me conte como foi tudo por lá.

– Não há muito o que contar, vocês viram tudo o que era para ser visto pela televisão, não?

– Não os bastidores, querida.

– Ah, sim.

Fiquei por quase meia hora ou mais respondendo às perguntas da mulher.

Quando ela percebeu que não havia mais nada para saber, me ignorou. Voltou-se para o Lu e falou dos últimos acertos que fizera para a viagem ao exterior que fariam em poucas semanas. Um *tour* pela Europa de quarenta e cinco dias.

– É pena que você não possa ir conosco, querida – disse ela, olhando-me de soslaio.

Fiz ar de paisagem.

– Fica para uma próxima, né?

Voltando-se para o Lu, completou, escancaradamente:

– Você sabe, não, meu querido, que você vai ter de trabalhar em dobro para sustentar você e sua esposa, não? Porque se já é difícil ter uma condição de vida bacana casando com alguém cujos pais deixem uma herança, imagina sem.

Voltou-se para mim novamente e insistiu:

– Tem certeza mesmo de que não pode ir conosco?

Ela fez um estalido com a língua e completou:

– É tão ruim ser pobre, não? Mas... fica para uma próxima vez, né, meu bem?

Tomara que ganhe o concurso de Miss Universo. Assim você pode ganhar uns bons trocados. Se bem que acho muito difícil que consiga vencer, com aquelas loiras lindas americanas e europeias, com aqueles bustos enormes... Mas não custa tentar, não é mesmo? Pelo menos você vai poder dizer que já viajou para o exterior.

Era nítido que dona Wilma não ia com a minha cara por eu ser pobre. Para ela pouco importava o meu caráter, a minha beleza externa e interna, o fato de meus pais serem gente de bem, tudo enfim, que considero íntegro. O fato de eu não ter dinheiro, viver em uma casa do BNH não lhe era tolerável.

Estava prestes a deixar a casa quando a mulher fez questão de me provocar mais uma vez com palavras:

– Filho, seu pai, ao que tudo indica será mesmo transferido para Manaus.

– Jura?! – espantou-se Luciano com certa empolgação.

– Juro. Ele viajou para lá agorinha para amanhã acertar os detalhes sobre a transferência.

Assim que entramos no carro, comentei com o Lu:

– Você já percebeu que, se seu pai for transferido, nosso namoro irá por água abaixo?

– Que nada.

– Como "Que nada"?! Manaus é bastante longe daqui.

– De carro tudo é perto. De avião, então, um pulinho.

– Eu não tenho carro, muito menos condição de pagar por uma viagem de avião.

– Eu tenho e farei com muito gosto. Não se preocupe.

Emburrei.

– Sua mãe não gosta mesmo de mim.

– Que nada...

– Não gosta! Para ela teria sido melhor eu ter ganhado na loteria do que o concurso de Miss.

– Já que você mencionou, eu também teria achado melhor. Ele riu.
– Não entendi.
Ele explicou:
– É que dinheiro é sempre dinheiro, Marina...
– Do jeito que fala parece até que é tudo o que importa na vida.
– É quase. Sem dinheiro a gente não faz nada nesse mundo. Pelo menos na sociedade em que vivemos. Temos de ser realistas.
– Eu não fui e acho que nunca serei uma pessoa materialista.
– Mas é preciso ser para poder conseguir se estruturar na vida.
– Mas nada me falta.
– Como não? Sua família mora numa casa do BNH. Vocês nem têm carro. Nem sócios do clube são.
– Não pensei que você fosse tão materialista.
– Todo mundo é. Quem não é, é porque já nasceu rico, recebeu herança ou tá muito bem empregado.

Não soube o que dizer. De repente, eu não sabia se estava decepcionada com o Lu por pensar daquele modo ou comigo por estar tão por fora da realidade mundana.

De certo modo tive de acabar concordando com ele. Com uma bela quantia de dinheiro eu poderia mudar muita coisa na minha vida e na vida de meus pais e de minha irmã.

Capítulo 3

Ao entrar no meu quarto, encontrei Beatriz se olhando no espelho, esticando com as mãos sua face para um lado e para o outro para ver se ficava melhor.
– O que está fazendo? – perguntei, olhando com ar divertido.
– Imaginando como o meu rosto ficaria se recebesse uma plástica – ela sorriu, um sorriso triste e desanimado e continuou: – Acho que nem dando uma esticadinha aqui e outra acolá ficaria bom. Teria também de cortar metade dessa *napa* que a natureza me pôs para respirar. Isso aqui não é um nariz. Um chafariz, talvez, mas um nariz, nunca!
Ri e comentei:
– Você está com a voz estranha. Rouca...
– Fiquei assim desde a tarde. Parece que tem uma faca fincada na minha goela.
– É dor de garganta. Passa.
Naquela noite dormi pensando em Beatriz. Sentindo pena dela, orando por ela. Por mais que ela desejasse uma plástica, seu desejo nunca poderia ser realizado. Éramos pobres, não tínhamos, nem nunca teríamos condição de pagar por uma cirurgia tão cara como aquela.
Só mesmo se eu ganhasse o concurso de Miss Universo. Aí, sim, eu ganharia algum dinheiro com a premiação e a publicidade e poderia propiciar a minha irmã uma cirurgia plástica para deixar seu rosto mais bonito.

Adormeci, me prometendo fazer aquilo se ganhasse o concurso. Nada me daria mais satisfação do que propiciar a Beatriz um rosto que pudesse lhe agradar e conquistar um moço para se casar.

Desde a decepção com Danilo, Beatriz tornou-se ainda mais calada, seus olhos estavam sempre distantes e entristecidos.

Aproximei-me dela, pousei delicadamente uma das mãos em seu ombro e disse, afetuosamente:

– Isso passa, Beatriz. O Danilo não é o único rapaz da face da Terra.

Ela deixou escapar um sorrisinho de desconsolo e opinou:

– De que adianta haver outros, mana? Nenhum se interessa ou se interessará por mim. Nenhum.

– Haverá alguém, acredite-me.

Ela começou a andar de um lado para o outro. Subitamente jogou-se numa cadeira e começou a chorar.

Tentei novamente erguer seu moral.

– Um dia você vai olhar para trás e vai perceber que esse cara não era mesmo para você. Que não valia a pena.

Ela continuou sentada, com os olhos tristes e lacrimejantes.

– Se eu fosse bonita ele olharia para mim, iria querer me namorar, casar...

Tentei novamente levantar seu astral:

– O amor...

Não fui além disso, ela começou a falar, austera:

– Se eu fosse bonita como você, Marina, aí eu teria alguém que me amasse reciprocamente. É por causa da beleza, entende? Pela falta dela em mim que estou fadada a ser infeliz no amor e na vida. Destinada a acabar sozinha e deprimida.

– Não exagere.

– Se eu fosse bonita como você as coisas seriam bem diferentes. Pode apostar.

Fez-se silêncio. O rosto de Beatriz tornou-se ainda mais triste. Seus ombros se arriaram. Ela tornou-se a expressão da infelicidade em vida.

Eu já não sabia mais o que dizer para levantar seu moral. Mas eu queria muito alegrá-la. Não queria vê-la infeliz, amarga com a vida e consigo mesma.

Temi, acreditem, que ela um dia perdesse a cabeça e atentasse contra a sua própria vida.

Que Deus a protegesse. Que pusesse a mão sobre a sua cabeça.

No dia seguinte, logo pela manhã, levei Beatriz ao médico no posto de saúde mais próximo de onde morávamos. Diante de sua rouquidão, o médico lhe perguntou:

– Você tem andado infeliz?

A pergunta deixou Beatriz desconcertada.

– Acho que sim – respondeu intimidada.

– Sente vontade de dizer algo e não diz, não é mesmo? É bem mais do que isso, não? É vontade de gritar, berrar, para todos a ouvirem.

Tanto eu quanto Beatriz ficamos surpresas com a pergunta do doutor.

– É verdade – confirmou Beatriz achando certa graça das palavras do homem.

– Quando sentimos vontade de pôr para fora algo que está ou vem já há muito tempo nos incomodando e não fazemos, nossa garganta fica ferida. É como se houvesse um nó ali. Uma faca encravada. Sugiro a você que ponha para fora o que te amola tanto e vou prescrever essa pastilha para ir suavizando a dor.

Assim que deixamos o posto de saúde, Beatriz me perguntou com uma súbita guinada de bom humor:

– Que médico é esse?

– Eu não sei – respondi. – Mas o que ele falou faz muito sentido.

...

Dias depois, fui chamada à prefeitura pelo prefeito para uma reunião na qual me pediu para apoiá-lo nas próximas eleições. Concordei, visto que ele era sempre muito gentil e solícito para comigo.

Havia acabado de deixar o lugar, parado em uma sorveteria para comprar um picolé quando o Luciano apareceu, pegando-me de surpresa.

– Desculpe por aparecer assim de supetão – disse ele. – Mas estava louco pra te ver.

– Luciano, você aqui?! Que surpresa!

Seu sorriso alargou-se.

– Que tal darmos um giro por aí?

– Um giro? Onde?

– Por aí, ora.

– Não posso me demorar, não avisei minha mãe que sairia depois de ir à prefeitura. Ela vai achar estranho a minha demora. E...

– Se quiser a gente passa lá para avisá-la.

– Seria ótimo.

Eu examinava o rosto do meu namorado quando ele me deu as costas e começou a caminhar em direção ao carro.

Ele estacou de repente ao perceber que eu não o seguia. Olhou-me com curiosidade e perguntou:

– Você vem ou não?

Ele não esperou pela resposta, retomou a marcha, acelerando os passos.

– Você bebeu por acaso? – perguntei por achar seu semblante um tanto quanto fora do normal.

– Dei uma bicuda – respondeu ele dando um de seus sorrisos súbitos.

"Bicuda?" que gíria era aquela?

Diante da minha imobilidade ele voltou, pegou pelo meu punho e me puxou com ele.

43

– Vou ter de carregar você no colo, é?!
A lassidão de sua voz me assustou.
Cedi. Assim que entrei no carro, percebi que a atmosfera ali não estava muito agradável, embora não soubesse a origem daquele desconforto.
O Lu sentou-se ao volante e foi uma dificuldade até que ele conseguisse enfiar a chave na ignição.
– Que m...
Tirou o pé da embreagem tão depressa que o carro se afastou do meio-fio com um pulo.
– Você bebeu, Luciano! E pela sua voz percebi que foi muito.
Ele nada me respondeu.
O primeiro semáforo que pegamos já estava verde há algum tempo. Acho que o Lu teve quase certeza de que daria tempo para atravessá-lo se aumentasse a marcha e foi o que fez. Presumiu errado. O sinal fechou e, por pouco, não colidimos com um caminhão que entrou na avenida por ser sua vez.
Eu também, por pouco, não gritei.
– Relaxa – disse ele, apertando a minha coxa na altura do joelho. Algo que nunca havia feito, jamais tomara essa liberdade para comigo, jamais lhe dera tal liberdade.
No minuto seguinte, Luciano voltou a apertar o acelerador, extrapolando o limite permitido dentro da cidade.
Logo pegávamos a rua que levava para a estrada que conduzia até a cidade vizinha. Ao mudar de marcha o câmbio grunhiu. Ele pouco se importou. Continuou a toda.
– Você esqueceu que eu precisava passar em casa para avisar a minha mãe...
Ele não me deixou terminar a frase.
– Completamente. Sorry!
Ligou o rádio e aumentou o volume.
Com o carro ganhando velocidade, ele passou para a quarta marcha, depois para a quinta, permitindo que o carro disparasse.

Subitamente, começou a podar os carros, parecendo não se importar com os que vinham na mão contrária. Os automóveis da pista oposta começaram a buzinar. Eu, a essas alturas, já estava com meu maxilar apertado de tanta tensão.

– Luciano – tentei alertá-lo mais uma vez –, você está correndo demais. É perigoso.

– Que correndo demais, que nada, Marina! – respondeu ele, com voz mole, anestesiada de álcool ou por alguma droga.

Ele tornou a apertar a minha coxa e falar:

– Relaxa.

– Para onde estamos indo exatamente?

Sua resposta foi instantânea:

– Para um motel, que tal?

Arrepiei-me.

– Você perdeu o juízo.

– Não, minha querida, já tive juízo demais. Já deveria tê-lo perdido faz tempo. Vou ficar longe de você por quase dois meses, é tempo demais...

– Problema seu, Luciano. Leve-me para casa, agora! Estou ofendidíssima com você!

– Relaxa!

– Não toque mais a minha coxa.

Luciano saiu para o acostamento com uma guinada, fazendo os pneus cantarem. Um manancial de tristeza misturado ao desespero minava nitidamente dos meus olhos, agora.

– Qual é, Marina? Até quando você vai me deixar na vontade? Você me ama ou não?

– Eu o amo, você sabe que eu o amo. Ainda assim não me sinto à vontade para...

– Os casais de namorados de hoje transam logo após os primeiros encontros, sabia?

– Eu não sou todo mundo.

– Besteira!

45

– Além do mais nos conhecemos há tão pouco tempo. Namoramos não faz nem um ano.
– É tempo demais para me deixar na mão. Assim vou ter de acabar procurando por uma outra garota para...
– Nem ouse terminar a frase, por favor.
– Ficou bravinha, é?
Eu havia de fato ficado.
– Leve-me para casa agora – insisti, impaciente. – Você hoje está insuportável. O que foi exatamente que você bebeu? Cerveja é que não foi.
– Fumei *unzinho,* bebi caipirinha e dei um *teco.*
– Um, o quê?
– É um outro jeito de dizer que se cheirou cocaína.
– Cocaína? Você cheira...
– Ah, não me vem com sermão, não, hein, Marina?!
Ele se inclinou para frente, para limpar o para-brisa embaçado. Quando voltou-se para mim acho que se surpreendeu ao ver minha bochechas que estavam vermelhas como tomate, riscadas de lágrimas. Ainda assim foi grosseiro:
– Mulher é cheia de coisinha mesmo. Bem que a minha mãe fala.
Minhas lágrimas eram tantas que borravam a minha visão e a minha pintura em volta dos olhos.
– Leve-me embora, Luciano, por favor.
Ele bateu com força na direção.
– Tá bom! Tá bom!
Saiu do acostamento sem olhar pelo retrovisor. O caminhão que há pouco por um triz, não nos acertara quando passamos no semáforo aberto, acertou o carro com tudo. Capotamos, a última coisa de que me lembro foi o vidro do carro se estilhaçando. Nada mais.

Capítulo 4

O acidente foi notícia em todo canto da cidade e adjacências. Uma ambulância foi chamada e eu e Luciano fomos tirados com muito cuidado do meio das ferragens do carro, do qual não restou nada.

Fomos levados direto para o pronto socorro da Santa Casa da cidade. Mas assim que a família do Luciano soube do acontecido exigiu dos médicos responsáveis que o transferissem para o hospital particular.

– Calma, minha senhora – pediu o doutor, querendo muito que dona Wilma lhe desse uma chance para falar.

Percebendo sua necessidade, o marido calou a mulher.

– Diga, doutor – pediu, aflito – como está o nosso filho?

– É isso que eu estava tentando dizer. O filho de vocês passa bem, já recobrou os sentidos e seus ferimentos são leves. Não vejo necessidade para transferi-lo...

O homem parou aí. Wilma Segabinassi o cortou, bruscamente:

– O senhor não vê, doutor! Eu vejo! Santa Casa não é hospital para o meu filho.

Voltando-se para o marido, continuou:

– Armando, apresse logo a transferência do Luciano. Quero que ele seja atendido por médicos de primeiro gabarito.

– Eu também trabalho lá, minha senhora – explicou o doutor, mas foi certamente ignorado por dona Wilma.

Quando ela punha uma coisa na cabeça ninguém tirava.

Só sei que Luciano foi transferido, como sua mãe tanto queria, para o Hospital particular da cidade e eu permaneci ali, na UTI, assistida por médicos e enfermeiros, entregue a Deus.

Minha família demorou para ir me ver, pois tiveram de aguardar por um amigo que tinha carro passar por lá para levá-los até a Santa Casa. Nossa residência ficava no subúrbio, longe dali, praticamente do outro lado da cidade.

Ao chegarem ao hospital mamãe, papai e Beatriz quiseram imediatamente saber do meu estado.

– Doutor! – exclamou mamãe, chorosa. – Como está a minha filha?

O médico foi sincero:

– Ela está na UTI. É preciso. Ainda não sabemos exatamente o quanto ela se feriu. Por isso está em observação. Só sabemos que ela sofreu mais danos do que o rapaz que estava ao volante.

– Como está ele? – indagou Beatriz.

– Fora de perigo. Foi transferido para o hospital particular da cidade. Mas já recobrou a consciência. O que é um ótimo sinal.

Todos fizeram ar de compreensão.

– Quando poderemos ver a minha menina? – quis saber meu pai.

– Poderão vê-la pela janela da UTI até que ela deixe o local e seja transferida para um quarto.

Nisso, apareceu o prefeito da cidade com um assessor.

– Vocês, por acaso, são os parentes da Miss?

– Somos. Eu sou o pai – apresentou-se papai e, em seguida, minha mãe e Beatriz.

– Vim até aqui prestar a minha solidariedade. E também informar que sua filha será muito bem assistida aqui na Santa Casa, mantida pela prefeitura da cidade. Desde que assumi meu posto tenho feito melhoras constantes, visando ao bem estar da comunidade, especialmente, dos carentes e mais necessitados.

– Obrigado – agradeceu papai, na sua humildade de sempre.

Beatriz afastou-se um pouco, puxando a minha mãe pelo braço e cochichou:

– Não sei não, mamãe. Ouço falar muito mal da Santa Casa. Que os médicos são recém-formados e por não terem experiência cometem muitos erros. Dizem que os enfermeiros são negligentes e...

Mamãe a calou, dizendo:

– Temos de esperar que esse lugar trate muito bem da sua irmã, filha. Não temos condições financeiras alguma de pagar um hospital particular.

– Eu sei...

– Por isso, esperemos o melhor daqui. Eu, particularmente, gostei muito do médico. Pode ser recém-formado, mas ele me passa muita confiança.

Nisso Beatriz teve de concordar.

Enquanto isso, eu continuava na Unidade de Terapia Intensiva, desacordada, porém, bem assistida por todos ali. Pergunto-me se não fui tratada bem por ter me tornado a Miss Brasil. Por todos me terem como uma espécie de celebridade...

Naquele dia, o médico gentil que cuidava de mim aconselhou a minha mãe, meu pai e Beatriz a voltarem para casa. Qualquer novidade pediria para uma enfermeira entrar em contato.

– É melhor nós ligarmos para cá – explicou minha mãe, visto que não tínhamos telefone em casa.

– Como queira – encerrou o médico, dando-lhe um sorriso confortador.

Enquanto isso no outro hospital, Luciano falava pela primeira vez com os pais, o irmão e a irmã, após o acontecido.

– Oh, filho, que bom que você está bem! – murmurou dona Wilma, debruçando-se sobre ele e beijando-lhe a testa.

– Você nos pregou um susto, Luciano – completou o pai, imitando o gesto da esposa.

— E aí, Lu, como *cê* tá, mano? – indagou o irmão.

A irmã não conseguiu dizer nada, apenas chorou de tão emotiva que era.

— Que hospital é esse?

Essa foi a primeira pergunta do paciente (Luciano) e foi dona Wilma quem fez questão de responder:

— O hospital particular da cidade, meu querido.

Um alívio ecoou do peito do acamado.

— Pensei que fosse a Santa Casa...

— Você foi levado para lá, mas assim que fomos informados do acontecido pedimos sua transferência para cá. Imagine só se eu iria deixar o meu garoto naquela pocilga, nas mãos daquele bando de médicos inexperientes, formados sabe lá Deus onde e como.

— Obrigado, mãe.

— De nada, meu querido.

Houve uma breve pausa até que ela dissesse:

— Meu querido, você tem de melhorar logo para podermos viajar. Faltam apenas duas semanas para o nosso grande passeio, nossas férias merecidas.

— Até lá já estarei novinho em folha, mãe. Não se preocupe.

— É assim que se fala, garotão – elogiou o pai.

Nenhum deles perguntou de mim, tampouco Luciano. Foi como se ele tivesse estado sozinho dentro do carro durante o acidente.

A família Segabinassi ia deixando o hospital quando dona Wilma pediu à enfermeira responsável para ter uma palavrinha com o médico de plantão daquela noite. Ao ver que ele era o mesmo com quem havia conversado na Santa Casa, sua expressão mudou.

— Eu disse para a senhora que eu também trabalhava aqui – explicou o profissional com certo prazer. – Não só eu trabalho aqui como a maioria dos médicos que trabalham na Santa Casa.

A mulher lhe deu as costas e partiu, empinando o nariz arrebitado para o alto. Se chovesse, morreria afogada de tanto que entraria água em suas narinas voltadas para o céu.

E eu continuava na UTI, inconsciente para o mundo terrestre, consciente para o mundo além da matéria.

Viajava por cenários muito diferentes do que estava acostumada a ver na Terra. As cores do céu, das plantas, do chão sob os meus pés iam muito além do marrom, cor da terra e do verde, cor da natureza. Havia tons indescritíveis e infindáveis.

E havia pessoas também movendo-se por lá, vestidas diferentemente da moda daqui.

A visão do espaço era a mesma, porém havia mais de um sol, de uma lua, de astros... Não, não era projeção da minha mente. O que via e vivia era real, apenas, extra-sensorial. Isso tudo era tão fascinante que me fazia esquecer da minha triste realidade na Terra, aquela presa ao físico sobre o leito da cama de uma UTI.

Levou uma semana para que eu despertasse do coma. Quando abri os olhos, eles se revelaram inteiramente fora de foco, e tentei descobrir onde estava.

– Bom dia – disse a enfermeira que me assistia, satisfeita.

Nada respondi, apenas movi ligeiramente a cabeça, fiz uma careta de dor e caí novamente no que parecia ser um estado de inconsciência profundo e tranquilo.

Somente quando voltei a mim e reabri os olhos, pude orientar-me com maior segurança.

Estava numa cama, numa cama de hospital, alta e limpa. Do tipo que sobe e desce e gira em todas as direções. Olhei em torno e avistei novamente a enfermeira que me dera "bom dia" há pouco e uma outra ao pé da cama.

"O que estaria eu fazendo naquele lugar?", perguntei sem saber a quem.

A enfermeira interrompeu o fluxo dos meus pensamentos ao perguntar:

– Como está se sentindo?

Olhei-a com grande preocupação.

– O que houve?

51

– Você não se lembra?

Puxei pela memória, como nada veio, concentrei-me para rever com detalhes os últimos acontecimentos de minha vida.

– Relaxe... – acrescentou a gentil enfermeira, permitindo que sua voz revelasse toda a sua bondade

– Por que estou aqui eu não sei, não consigo me lembrar – murmurei sentindo dificuldade para falar.

– O importante é que você está melhorando. O doutor já está vindo.

– Doutor?

– Sim. Você está na Santa Casa da sua cidade.

Nesse exato momento o médico entrou no quarto. Aproximou-se de mim e sorriu com certa amabilidade.

– Faz tempo que ela recobrou os sentidos?

– Não. Foi agorinha – respondeu a enfermeira.

O médico disse mais alguma coisa, mas me desliguei totalmente do que dizia. Mais importante para mim naquela hora era saber porque eu havia ido parar naquele quarto da Santa Casa de Misericórdia da cidade onde eu nascera e crescera.

Ao perceber que eu tinha condições de entendê-lo, o médico me explicou:

– Foi um acidente de carro, por isso você está aqui.

"Um acidente...!!!", agora eu me lembrava de tudo. Luciano havia me pegado para dar uma volta, discutimos e ele saiu da pista abruptamente e estacionou o carro no acostamento. Discutimos mais um pouco e então...

Agora eu me lembrava, de tudo.

– Como está ele? – perguntei ao despertar de meus pensamentos.

– Ele? Ele quem? – estranhou o médico.

A enfermeira foi rápida na dedução.

– Ela deve estar falando do rapaz que estava com ela durante o acidente.

– Certamente – concordou o médico.

52

Voltando-se para mim, explicou:

– Ele está bem. Foi transferido a pedido de sua família para o hospital particular da cidade.

– Ele está bem mesmo, doutor?

– Está sim, fique tranquila.

– Ele é meu namorado.

– Ah, sim, compreendo.

– E quanto a minha família?

– Vamos avisar que você recobrou os sentidos. Acredito que logo virão vê-la.

Um sorriso triste curvou meus lábios.

Como o médico havia dito, papai, mamãe e Beatriz foram informados da minha melhora e à tarde foram me ver. Para não me provocar fortes emoções, o médico pediu-lhes que não ficassem muito tempo no quarto.

– Ah, filha, querida – falou, mamãe com todo o seu afeto –, que bom que você está se recuperando.

– E o Lu, mamãe? Como ele está?

A resposta a minha pergunta foi dada por Beatriz.

– Bem, Marina. Segundo soube, tão bem que já deixou o hospital.

Senti um alívio enorme no peito.

– Ele precisa saber que eu recobrei os sentidos.

– Vou tentar avisá-lo.

– Por favor, Beatriz. Faça isso por mim.

Suspirei.

– Agora relaxe, filha. Não pense em mais nada, apenas relaxe.

Fez-se um breve silêncio até que eu perguntasse o que há muito queria perguntar, mas sempre deixava para depois e acabava esquecendo.

– Por que, mamãe?

– Sim, filha?

– Por que meu rosto está com essas ataduras?

Mamãe e Beatriz se entreolharam.

— É melhor que o médico lhe responda, só ele sabe explicar exatamente o porquê.

A meu pedido, o médico foi chamado. Repeti então para ele a pergunta que havia feito há pouco.

— Seu rosto está todo enfaixado, Marina, porque esse é o procedimento normal para o que aconteceu.

— E o que aconteceu, doutor?

— O vidro da frente do carro, ao se estilhaçar, acertou seu rosto. Os estilhaços feriram sua pele, alguns até ficaram cravados nela.

Arrepiei-me.

— Quero me ver no espelho.

— De nada adianta agora com as bandagens em volta dele.

— O senhor não pode tirá-las?

— Não, enquanto achar que você precisa delas. É um sacrifício que terá de fazer para o seu próprio bem.

— Ele voltará ao normal, doutor, digo, o meu rosto?

— Haverá cicatrizes profundas, certamente, mas com o tempo elas desaparecerão.

Senti-me mais aliviada.

— Agora relaxe e viva um momento de cada vez.

— Obrigada.

Mamãe e Beatriz tentaram me alegrar, contando os resumos das novelas que eu acompanhava. Mas minha mente estava longe, pensando no Luciano, em como ele estaria, na alegria que sentiria ao saber que eu havia melhorado.

Antes de partir, Beatriz debruçou-se sobre mim, acamada, seus olhos se encheram de lágrimas e numa voz embargada falou:

— Fica bem, minha querida. Amanhã eu, a mamãe, o papai estaremos aqui para vê-la. Para ficar com você.

— Obrigada — murmurei, emotiva.

A seguir foi a vez da mamãe e do papai se despedirem. Aí, minha emoção transformou-se em lágrimas de vez.

...
Minha melhora, por sorte, foi rápida. Visto que eu não havia quebrado, miraculosamente, nenhuma parte do corpo, meu restabelecimento foi rápido. Já não me encontrava mais na UTI, já havia sido transferida para um dos quartos da Santa Casa, ainda que na enfermaria, um quarto arejado.

– Logo você já poderá voltar para sua casa – explicou-me o doutor, animado.

– É tudo o que mais quero na vida, doutor – respondi ansiosa para voltar a minha realidade de antes do acontecido.

É lógico que repórteres de jornais, revistas e TV assim que souberam do acontecido foram até minha cidade para saber detalhes do acidente. Até mesmo fotos de mim estirada na cama com o rosto enfaixado feito uma múmia tiraram e publicaram.

Se eu ainda tinha condições de participar do concurso de Miss Universo, isso eu ainda não sabia, só o tempo poderia me revelar. Mas certamente que sim, pois melhorava visivelmente.

Mamãe e Beatriz estavam presentes no dia em que o médico foi tirar as bandagens que cobriam meu rosto.

Foi o olhar de minha mãe, que peguei de relance, ao ver meu rosto liberto das bandagens que me preocupou. Beatriz chegou a virar o rosto para o lado e se afastar.

– E então, doutor, como estou?

Ele pareceu escolher as palavras:

– Como eu havia presumido, Marina, os estilhaços deixaram cicatrizes profundas na sua face. Ela ainda está inchada devido aos procedimentos cirúrgicos que tivemos de fazer para retirar os estilhaços que se cravaram na sua pele.

– Como assim? – estranhei.

– Tivemos de costurar as feridas abertas.

Estremeci.

– O senhor não me disse nada a respeito de costurar.

55

O homem calou-se.
O sangue me subiu.
– Eu quero me ver no espelho.
– Depois...
– Agora, doutor!
– Não há o porquê da urgência.
– Eu quero me ver agora – reforcei, entre dentes.
– Está bem, mas lembre-se de que o inchaço irá desaparecer daqui a algumas semanas. Sua face então voltará ao normal, ficarão apenas a cicatrizes das feridas.
Minha mãe e Beatriz assistiam a tudo com a mão direita prensada contra a boca.
Ao ver meu rosto refletido no espelho, inchado e cheio de cicatrizes, murmurei, em pânico:
– Esse não é o meu rosto.
– Acalme-se, filha.
Gritei, histérica.
– Eu quero o meu rosto de volta!
O choro foi inevitável. Mamãe tentou apaziguar a situação.
– Você terá o seu rosto de volta, filha, assim que desapareça o inchaço.
Voltei-me para o médico que assistia a tudo, penalizado, e perguntei:
– Ele voltará, mesmo, doutor? Digo, meu rosto voltará a ser o mesmo de antes?
Ele inspirou o ar e respondeu, seriamente:
– As cicatrizes ficarão, Marina. Para reconstruir seu rosto será preciso fazer uma cirurgia plástica. Aí, sim, você terá chances de voltar a ter o rosto de antigamente.
O mundo pareceu desabar sobre a minha cabeça.

Capítulo 5

Assim que o médico deixou o quarto, mamãe foi atrás dele para ter a chance de lhe falar a sós.

– É certeza, mesmo, doutor, que uma plástica possa consertar o rosto de minha filha? Fazê-lo voltar a ser o que sempre foi?

O médico a fitou de um modo que para ela era muito familiar: era o mesmo olhar que vira no rosto do marido pouco antes de lhe dizer que a filha havia sofrido um acidente. Era sinal de que ele estava prestes a lhe dar notícias devastadoras.

– Minha senhora, francamente, não sei. Eu disse que uma plástica pode "talvez" consertar o rosto dela. Voltar a ser o que sempre foi, isso realmente já não posso afirmar.

Mamãe não soube mais o que dizer.

Foi numa tarde ensolarada e linda, o sol começava a mergulhar no horizonte quando deixei a Santa Casa.

Muita gente queria me ver, vizinhos, curiosos, fofoqueiros, gente do partido do prefeito, mas eu não estava disposta a ver ninguém.

– Por favor, mamãe, Beatriz, papai. Não quero que ninguém me veja enquanto meu rosto não desinchar.

Todos fizeram sinal de compreensão.

– E quanto ao Lu, Beatriz? – quis saber, a seguir.

– Estive na casa dele, mas ele não estava. Deixei o recado com a irmã dele. Voltei lá, ontem, para informá-lo de que você recebera alta, que sairia da Santa Casa hoje, mas eles já tinham viajado.

— Viajado?!

— Achei estranho, também. Acreditei que os pais dele tivessem ido levá-lo a um médico numa outra cidade, mas não. A família toda foi para a Europa.

— É verdade! – exclamei. – Havia me esquecido dessa bendita viagem.

Bufei.

— Não acredito que vou ter de ficar por quase dois meses longe do Luciano. Vai ser horrível, ainda mais nesse estado. Nunca uma viagem viera em tão má hora.

— Oh, minha irmãzinha, o bom é que você já saiu do hospital, já está se recuperando, daqui a pouco estará novinha em folha. E tem de estar, pois o concurso de Miss Universo está logo aí.

Ri, e fiz ar de mofa.

— O que foi?

— Estou fora do concurso.

— Você não pode desistir, agora.

— Com a minha face remendada como a de um Frankstein ninguém vai me querer por lá, Beatriz. É um concurso de beleza e não de feiura.

— Não diga isso. Até lá você melhora.

Bufei.

— Você não ouviu o que o médico disse?

— Mas...

— Sem uma operação plástica eu nunca mais terei meu rosto de volta.

— Você fará a cirurgia.

— Com que dinheiro, Beatriz? Uma cirurgia dessas fica uma fortuna. Nunca terei condições de pagar por uma.

— A família do Luciano é bem rica. Eles podem ajudá-la.

— Isso é problema meu não deles.

— Mas...

– Sei lá. Vou seguir o conselho do médico: viver uma coisa de cada vez.

A ansiedade desde então passou a me tirar o sono. Estava ansiosa para saber como meu rosto ficaria depois de desinchar, ansiosa para rever Luciano, saber como andava de saúde, beijá-lo, abraçá-lo, matar a saudade louca que estava dele e que crescia cada vez mais dentro de mim.

Estava também ansiosa para saber como eu iria pagar a cirurgia plástica.

Nesse ínterim, a supervisora do concurso de Miss Brasil veio me visitar e constatou o que eu já supusera, eu não tinha mesmo mais condições de representar o Brasil no concurso de Miss Universo, com isso a representante passou a ser a moça que pegara o segundo lugar, a Miss Estado de Goiás.

Foi o maior bafafá na mídia.

É lógico que a minha saída do concurso me feriu tremendamente, pois sem ela, eu perderia as chances que tanto buscava para ajudar meus pais.

Numa outra noite, cansada de lutar contra a insônia, levantei-me da cama com cuidado e deixei o quarto.

Tateei a parede em busca do interruptor, por um momento pensei que ele havia desaparecido. Quando meus dedos finalmente o alcançaram, as luzes se acenderam num lustre suspenso de vidro que projetava uma luz amarelada sobre o aposento vazio.

Tive um lampejo rápido de mim mesma sentada à mesa de jantar em companhia da mamãe, do papai e de Beatriz, fazendo como sempre uma refeição modesta, feita apenas de arroz e de feijão, um bife acebolado, um ovo cozido, para variar, uma ou duas folhas de alface, uma rodela de tomate e uma laranja como sobremesa.

A lembrança não me trouxe consolo; ao contrário, deprimiu-me ainda mais. Reforçava em minha mente o fato de que éramos

59

muito pobres e que a cirurgia plástica de que eu tanto precisaria para consertar meu rosto nunca poderia ser feita.

Por Deus, como o Luciano reagiria ao me ver naquele estado? Esta era outra pergunta que não queria calar dentro de mim. Ainda seria capaz de me namorar de se casar comigo como pretendia? Deus quisesse que sim, senão eu enlouqueceria. Eu o amava mais do que tudo e, infelizmente, até mais do que a mim mesma.

O pequeno cômodo imerso naquela luz amarelada, empalidecendo tudo, das cortinas aos móveis, me amedrontava, ainda mais mergulhado naquele silêncio quebrado vez ou outra pelo ronco do papai que vinha do quarto dele com a minha mãe. Nunca apreciara seu ronco, mas agora, surpreendentemente, queria ouvi-lo, para silenciar as questões para as quais não tinha respostas e que não paravam de me atormentar a mente.

De repente, a sala vazia parecia ter aumentado diante de meus olhos. Ou eu me tornara muito pequena, encolhera como Alice no País das Maravilhas. Era efeito da minha autoestima que, propriamente falando, despencava a cada dia mais.

Ao avistar os nossos álbuns de fotografias na estante, senti vontade de folheá-los. Virei as páginas lentamente, hipnotizada pelas imagens da vida que eu tinha levado. Nas fotos, eu estava radiante, bonita, sempre sorrindo, nada disso mais restara em mim, eu era agora um vaso quebrado, cujos pedaços haviam sido colados e muito mal colados.

De repente, o álbum pareceu-me uma ferida que, uma vez aberta, só poderia me causar mais dor.

Deixe-o de lado, antes que me deprimisse ainda mais.

Quando me vi no espelho, no pequeno espelho retangular que mamãe pusera na sala para que suas clientes e nós mesmas nos víssemos, ao experimentar suas costuras, meu rosto estava branco feito cera. Sob aquela luz amarelada mais parecia o rosto de um cadáver.

Tremendo, aproximei-me do espelho, espalmando as mãos em sua superfície gelada. Havia linhas finas ao redor de meus olhos e boca. Linhas que eu nunca tinha visto antes... e até meus cabelos, percebia agora, estavam danificados, quebradiços e sem vida. Maldito acidente. Ele não me matara, mas matara cinquenta por cento de mim.

E agora?

Na minha cabeça, eu fazia a pergunta aos gritos, mas, na verdade, ela saía como um sussurro entrecortado.

Meus lábios tremiam. Lágrimas desciam pelo meu rosto ainda inchado, cheio de cicatrizes.

Minha garganta doía. Era de vontade de gritar, berrar, pôr para fora a minha revolta pelo que havia me acontecido. Mas em respeito aos que dormiam, segurei-me.

Eu tinha de voltar para o quarto e procurar dormir. Deixar que o amanhã resolvesse o que tanto eu sentia urgência de resolver.

Senti-me estranhamente deslocada enquanto caminhava de volta para o aposento que dividia com minha irmã. De repente, não conseguia respirar; meus joelhos fraquejavam. Foi preciso me escorar contra a parede para me manter em pé, viva. Respirei fundo e pausadamente por umas dez, quinze vezes, na esperança de me reequilibrar.

Quando cheguei à porta do quarto, minha mão estava tremendo quando alcançou a maçaneta de metal. Esperei que meus batimentos cardíacos diminuíssem e só então entrei.

Percebi, quando já me encontrava deitada, que fora o cansaço e não o nervosismo provocado pela ansiedade que tinha deixado meu coração aos pulos. Adormeci.

Diante da minha insônia perturbadora, fui ao médico pedir-lhe algo para me induzir ao sono. Ele achou por bem, ser sincero comigo:

– É preferível, Marina, que você acostume a dormir sem remédios, talvez seja difícil no princípio, mas você se acostumará.

Uma expressão estranha no meu rosto fez com que o profissional duvidasse que eu o tivesse ouvido. Ainda que sim, de que eu não cumpriria suas ordens.

— Você ouviu o que eu disse? – perguntou ele, prestando muita atenção aos meus olhos.

Com esforço, fiz que sim com a cabeça, levantei e parti como que levada por uma força do Além. Quando meu rosto desinchou, quase um mês depois do acidente, foi confirmado pelo médico que só mesmo uma cirurgia plástica poderia me devolver a forma original da minha face. E isso não era 100% de certeza. Algumas marcas deixadas pelos estilhaços poderiam jamais sair.

Ao perguntar quanto custaria a "bendita" cirurgia plástica, estremeci.

— Tudo isso?! – exclamei chocada com o valor. – Mas é uma fortuna! Nós não temos condições... Nós nunca teremos!

— É caro mesmo...

O médico ainda falava quando levantei e disse:

— Vamos embora, mamãe.

Ela me olhou aturdida, agradeceu ao doutor e me seguiu. Eu estava enfurecida, revoltada e ainda mais desgostosa com a vida. Está certo quem diz que quando se perde a esperança, parece que o mundo desaba sobre nós.

Naquele dia, assim que chegamos em casa, mamãe e papai vieram conversar comigo.

— Filha – começou, mamãe, apreensiva – eu e seu pai queremos muito lhe falar.

Ela suspirou, nervosa. Papai também. Mamãe com certa dificuldade prosseguiu:

— Você já deve saber que nós não temos condições de pagar a cirurgia que você tanto precisa, não é mesmo?

Eu e seu pai queríamos pedir desculpas a você, por isso, filha. Nem que tivéssemos quitado a nossa casa e a vendêssemos teríamos o dinheiro suficiente para pagar a cirurgia.

– Eu sei... – respondi, amarga.
– Nos perdoe, filha.
– Estão perdoados – falei com certa aspereza.

Meu sangue fervia naquele momento, o ódio chegava a embaçar a minha visão.

Só mesmo a vontade de reencontrar o Luciano me acalmava. Eu contava os dias para revê-lo. Faltava pouco agora para sua volta. A saudade me torturava. Eu queria beijá-lo, abraçá-lo, declarar outra vez para ele tudo o que eu sentia, o quão grande era o meu amor por ele.

Capítulo 6

Um mês depois, Luciano chegou de viagem com sua família. Demoraram mais tempo que o estipulado porque haviam ido para o Guarujá passar uma semana e conhecer Manaus para onde seu pai havia sido transferido.

Foi mamãe quem soube de sua chegada e antes de me dizer, decidiu ir procurá-lo para lhe falar das minhas condições após o acidente e da necessidade de fazer uma cirurgia plástica.

Ela pensou em chamar a Beatriz para ir com ela, mas acabou preferindo ir só. Algo lhe disse que seria melhor, menos intimidador.

Assim que chegou à casa foi recebida pela empregada que, coincidentemente, a conhecia por morar no mesmo bairro que nós. Por isso permitiu que ela entrasse e fosse falar direto com o Lu.

Ele estava sentado, sozinho, num banco de ferro rente à piscina da casa. Fumava um cigarro e tinha os olhos perdidos no infinito; parecia imerso em meditação. Mas não, pensou mamãe, não era isso: ele realmente não pensava em coisa alguma. Estava perdido no seu limbo particular, inteiramente alheio ao lugar e circunstâncias.

– Luciano? – chamou ela, aproximando-se com cautela do rapaz.

Foi preciso repetir seu nome cinco vezes até que ele a ouvisse.

Com os cabelos negros úmidos derramados para trás, o rosto do rapaz ficava diferente, notou mamãe.

– Sim? – respondeu ele por fim, estudando o rosto da visita, atentamente.

Era óbvio que ele não se lembrava dela, sabia que a conhecia de algum lugar só não sabia de onde.

– Desculpe-me por entrar assim sem pedir licença, sem ser anunciada, mas...

– Eu conheço a senhora, não?

– Conhece sim, meu filho.

– Filho?! Não me chame de filho porque eu não sou seu filho*. Diga logo quem é, o que quer...

– Sou a mãe de Marina.

– Ah!!! – murmurou o rapaz com desagrado. – O que quer?

– Não quer saber dela? Como ela está passando?

– Sinceramente? Não.

– Não?! Como não!

– Simplesmente: não, ora!

– Mas vocês namoravam antes do acidente.

– Disse bem: namorávamos. Naquele dia, naquele mesmo dia, pouco antes do acidente, confirmei o que já supunha. Que eu e ela não tínhamos mesmo nada a ver um com o outro.

– Mas...

– A senhora está me perturbando, diz logo o que quer e vá embora!

Mamãe ficou certa naquele instante de que nunca vira um jovem tão insensível como aquele. Na verdade, nunca vira alguém tão insensível e frio como ele.

Ela respirou fundo e quando ia retomar o assunto, Luciano a interrompeu:

– Se é dinheiro que você quer, esqueça! Aqui não é, como diz minha mãe, o Exército da Salvação. Cada um com seus problemas, minha senhora.

– Não sei se está sabendo, mas o rosto de Marina ficou completamente destruído depois...

---

*Uma pessoa sob efeito de drogas torna-se, geralmente, agressiva (N. do A.)

Ele a interrompeu novamente, bruscamente:

— Não sei e nem quero saber. Como disse: cada um com seus problemas.

Mamãe não se deixou abater.

— Marina precisa fazer uma plástica, só por meio de uma é que ela pode recuperar o rosto que tinha.

Luciano deu mais uma tragada no cigarro, uma mais longa desta vez, arremessou a *bituca* no canteiro, se pôs de pé e perguntou, com certa fúria:

— Por acaso sou eu um cirurgião plástico? Não, não é mesmo? Então, não vejo motivos para a senhora vir me procurar. Vá embora, por favor.

— Seria um pecado eu dizer que somos pobres tendo uma casa própria. Há muita gente que não tem nem isso. Mas nem vendendo a casa que ainda está sendo paga, teremos dinheiro suficiente para pagar um bom cirurgião plástico. Marina está muito deprimida depois do que aconteceu, não é para menos, foi um baque. Por isso...

— Blá blá blá... Quanto blá blá blá! Peça ajuda para o governo, faça uma rifa, venda pamonha pela cidade, quem sabe assim vocês não conseguem a quantia de que precisam para...

Dessa vez foi mamãe quem o interrompeu:

— Eu pensei que você gostasse da minha filha. Por isso a pediu em namoro.

— Sua filha era a garota mais linda da cidade, e eu pus na cabeça que eu seria o primeiro a beijá-la e...

Ele adquiriu um tom maroto ao pronunciar a última palavra acompanhada do artigo.

Mamãe estava chocada.

— O que aconteceu com essa juventude, meu Deus? — murmurou, decepcionada. — Ninguém tem mais consideração por ninguém. Piedade. O que está virando esse mundo?

Nisso ouviu-se dona Wilma, mãe de Luciano, chamá-lo:

– Lu, a Maria Rita está aqui!
Ao avistar o filho na piscina ao lado de uma estranha, a dona da casa foi até lá.
– Luciano, posso saber o que esta mulher está fazendo aqui?
– Boa tarde, sou a mãe da Marina – adiantou-se mamãe com sua simpatia de sempre.
– Marina?! Que Marina?!
– A jovem namorada de seu filho, a que estava com ele no carro no dia do acidente. A miss...
– Que eu saiba o Luciano não está mais namorando essa moça. Está Luciano?
– Não, mamãe.
– Não, está vendo?!
– Acabo de saber. Nem a Marina está sabendo disso. Quando souber... Nem quero pensar.
– Cada um com os seus problemas, não é, minha senhora?
Luciano intrometeu-se na conversa:
– Mãe, essa mulher aí veio nos pedir dinheiro.
– Dinheiro?! – exclamou Wilma, com ar de *perua* indignada.
– Por acaso aqui é a sede do Exército da Salvação?!
– Sei que não deveria ter vindo pedir-lhe dinheiro. Na verdade seria emprestado. Mas, a senhora faria o mesmo se estivesse na minha condição.
– Eu, importunar uma pessoa, ainda mais para pedir dinheiro emprestado? Nunca! Tenho brio.
– A senhora é mãe como eu...
– Terminou?!
– Eu já vou indo.
– Vai tarde. E, por favor, não nos aborreça mais com seus problemas. Aqui não é casa de caridade, nem asilo, nem Centro Vocacional, nem o Muro das Lamentações.
Mamãe partiu, cabisbaixa. Ainda assim pôde ouvir dona Wilma, cheia de indignação, desabafar com o filho.

– Incrível, como virou moda as pessoas quererem que os outros arquem com seus problemas? Já não bastam os nossos? Cada um tem de aprender a se virar com os seus próprios problemas. As igrejas deveriam parar com essa mania de incutir na cabeça das pessoas que o problema do outro é seu também. Que não há espiritualidade sem caridade. Aquela besteirada toda.

Dona Wilma parou de falar e começou a inspirar o ar:
– Você andou fumando de novo, Luciano?
– Um *traguinho* só, mãe, não faz mal a ninguém, não é mesmo?
– E quanto a garota, a tal da Maria Rita, ela está esperando por você.
– Ah, sim.

O rapaz correu até a sala aonde a jovem aguardava.
– E aí, meu amor? – cumprimentou ele a jovem, amaciando a voz.

Após o beijo de tirar o fôlego, Luciano perguntou:
– Você trouxe o biquíni que eu te falei? Ótimo. Então vamos pra piscina.

E foi ali que Luciano passou a tarde daquele dia, saltando de ponta na água cristalina, abraçando e beijando aquela que ele chamava e fazia questão de dizer para os amigos: de a garota da vez.

Maria Rita Rodrigues era uma adolescente bonita e atraente também. Sempre quisera namorar Luciano Segabinassi, mas ele parecia só ter olhos para mim, a linda Marina Arcanjo. Se ela ficou feliz com a minha desgraça? Sim, e não só ela, muitas outras garotas também ficaram. Logicamente que, para muitas, esse contentamento se dava a nível inconsciente.

Mamãe voltou para casa abatida.
– O que houve, mamãe? – perguntei, achando estranho seu abatimento.
– Nada, filha. Está tudo bem. Por quê?
– Porque a senhora está abatida.

– E-eu?! Vê lá! Como você está?
– Na mesma. Num ata nem desata.
– Você vai dar a volta por cima, Marina. Você verá!
Nisso Beatriz entrou no quarto. Beijou cada uma de nós e contou, empolgada:
– Fui contrata! O emprego é meu!
É que nesse ínterim, Beatriz havia arranjado um emprego de secretária num escritório de advocacia e estava em teste para ver se seria contratada.
– É mesmo, filha?! Que maravilha!
– É, não é?
Voltando-se para mim, disse:
– E você, irmãzinha como passou o dia?
Dei de ombros. Sinal de que estava na mesma. Ela ia me dizer alguma coisa, provavelmente uma daquelas frases prontas para erguer o astral quando perguntei:
– Você sabe se o Luciano chegou?
Ela voltou os olhos para a minha mãe, depois para mim e respondeu:
– Que eu saiba não.
– Procure descobrir, por favor.
– Farei, Marina.
– É que estou morta de saudade. Só a volta do Lu mesmo para me erguer o astral. Dar-me coragem para continuar viva.
– Não diga isso, filha! – repreendeu-me minha mãe.
– Digo por ser verdade.
– Fique tranquila, maninha. Ele logo volta.
– Aguardo ansiosamente por esse dia.
Nem bem elas deixaram o quarto, levantei-me, pois queria ir ao banheiro. Eu pisava no corredor quando ouvi Beatriz, da sala, perguntar a mamãe:
– E então, mamãe, a senhora foi lá? Conversou com o Lu?
Mamãe, quase chorando, respondeu:

— Foi horrível, filha. Simplesmente horrível.
— Horrível?! Como assim, explique-se!
— O Luciano e a mãe dele me disseram coisas abomináveis.
— O Luciano?! Não pode ser.
— Mas é. Ele deixou bem claro que não está mais namorando a sua irmã.
— Não?! Como não?!
— Foi o que lhe perguntei e ele me respondeu, friamente que naquele dia, naquele mesmo dia, pouco antes do acidente, ele confirmou o que já supunha. Que Marina e ele não tinham nada a ver um com o outro.
— Ele disse isso?! Estou abismada!
— Eu não sabia aonde pôr a minha cara, filha. Tamanho o choque. Já havia até uma outra garota, esperando por ele na sala. Uma tal de Ana Rita, ou Maria Rita, sei lá.
— O Luciano com outra?! Já, tão rápido?
— Foi o que pensei.
— Nossa! A Marina vai ter um treco quando souber que ele está noutra.
— Ela não pode saber, filha. Não agora, nesse estado. Vai deprimi-la ainda mais.
— Mas como vamos manter segredo a respeito da volta do rapaz por muito tempo, mamãe? Numa cidade de setenta mil habitantes as notícias correm.
— Eu sei e por isso é que estou assim, desesperada.

Mamãe e Beatriz estavam tão distraídas que nem me notaram, observando-as de onde eu estava, no corredor.

Por mais que eu tentasse não conseguia acreditar no que ouvira. Eu precisava me certificar, urgente.

— O que foi que a senhora disse, mamãe?

Quando ela e Beatriz me viram, perderam a cor. Para contornar a situação mamãe respondeu:

— Estava falando do filho de uma amiga.

– Mentira! A senhora estava falando é do Luciano. Eu ouvi bem.

Mamãe empalideceu ainda mais.

– A senhora esteve lá, na casa dele, fazendo o quê? Por quê?

– Eu...

– Por que não me contaram que ele já havia voltado?

Mamãe emudeceu.

– Diga, mamãe. Por favor!

Ela, enfim, limpou a garganta e respondeu:

– Assim que soube que ele havia chegado, foi a Neuza quem me contou, ela trabalha na casa deles, você sabe, enfim... fui até lá para pedir ajuda financeira à família dele que tem posses para ajudar você a fazer a cirurgia plástica que tanto quer...

– Não é questão de querer, mãe. É questão de necessidade.

– Pois bem. Achei que eles podiam ajudá-la, mas fui muito mal recebida pelo Luciano. Ele me disse, descaradamente, que sua casa não era o Exército da Salvação. E que...

Ela parou. Olhou para Beatriz meio que pedindo apoio.

– Continue, mamãe.

– Bem...

Foi Beatriz quem respondeu por ela:

– Ele disse que no dia do acidente, pouco antes do ocorrido, ele percebeu que você e ele não tinham nada a ver um com o outro. Por isso desistiu de namorá-la.

Puxando pela memória, respondi:

– De fato, agora me lembro, chegamos a discutir sobre alguma coisa, acho que ele queria me levar para um motel ou qualquer coisa que o valha e discutimos.

– Esse moço não é para você, Marina – resumiu, mamãe.

– É ele quem eu amo, mamãe.

– Mas ele não te ama, Marina! Já está, inclusive, com outra!

– Não pode ser!

– Mas é.

Beatriz, juntando dois e dois, falou:

71

— Por isso, Marina, que ele não apareceu para visitá-la no hospital. Nem ele nem a família dele. Estranhamos na época, mas... pensamos que era porque ele estava se recuperando, mas agora entendo o verdadeiro motivo.

— Isso não pode ser verdade.

— Mas é, filha. Eu adoraria que não fosse, mas é a verdade.

Meu queixo tremia, meus lábios também, logo meu corpo todo.

— Calma, Marina – acudiu Beatriz.

— Que calma que nada! – explodi.

— Por favor, filha – tornou mamãe.

— Vocês duas estão inventando tudo isso, só pode... Por quê? Por quê? Estão querendo, por acaso, me enlouquecer?

— Não é nada disso!

— Querem, sim!

— Sei que a realidade é dolorida, mas...

Despenquei a chorar.

— Acuda sua irmã, Beatriz, enquanto eu vou buscar uma água para ela.

Mamãe saiu voando da sala e em menos de um minuto estava de volta me forçando a beber a água. Eu simplesmente empurrava sua mão para longe, não queria nada, nada senão a amargura.

— Marina, foi melhor assim, acredite – opinou mamãe massageando meu ombro. – Antes saber agora que o moço por quem você se apaixonou não presta, do que perder anos de namoro e até mesmo de casamento para descobrir. Esqueça dele, filha. Abra-se para um novo amor.

— Um novo amor?! – explodi, levantando-me e me descabelando. – E como vou arranjar um novo amor com um rosto arrebentado como este? Como?!

— Filha...

— Quem vai querer me namorar, casar comigo, desse jeito?! Ninguém! Ninguém!

Mamãe suspirou.

– Além do mais eu gosto daquele desgraçado. Gosto tanto que chega a doer.

Tomei ar e procurei me controlar. Quando fiquei mais calma, mamãe pareceu relaxar.

– Beatriz fique com a sua irmã que eu vou preparar uma canja para assentar o estômago de todas nós.

– Está bem, mamãe.

Beatriz ficou sentada no braço do sofá, do meu lado, alisando carinhosamente os meus cabelos. Levou quase cinco minutos até que eu compartilhasse com ela o que se passava em minha mente.

– Eu preciso vê-lo, Beatriz. Olhar nos olhos dele, quando ele falar comigo, para saber se o que diz é realmente o que se passa em seu interior.

Levantei-me num salto.

– Aonde você vai, Marina?!

Seguindo apressada para o quarto respondi:

– À casa do Luciano falar com ele.

Enquanto me arrumava, Beatriz tentou me persuadir a mudar de ideia. Diante do bafafá minha mãe correu até lá e tentou fazer o mesmo.

– Leve, pelo menos, sua irmã com você, Marina.

Quanto a isso não me opus. E lá fomos nós. Logicamente que eu procurava esconder completamente o meu rosto, jogando o cabelo para frente e usando os óculos escuros enormes, que pedi à mamãe para comprar pra mim, com essa finalidade.

– Marina, não fica bem você andando de óculos escuros a essa hora – aconselhou Beatriz.

– O que não fica bem é as pessoas verem o estado em que ficou minha face depois daquele maldito acidente.

Beatriz achou por bem não dizer mais nada.

Infelizmente o Luciano não estava em casa. Segundo seu irmão, demoraria a voltar.

Voltei frustrada para casa, mal saboreei a canja. Dormi ansiosa para chegar o outro dia para poder vê-lo.

No dia seguinte voltei lá e novamente a má sorte me acompanhou, o Luciano, segundo me informaram, havia viajado com o pai para o estado onde ele em poucas semanas se mudaria com a família.

– Ele vai mudar... eu nunca mais vou vê-lo, não pode ser... – murmurei contrafeita.

Era por volta das seis e meia da tarde quando Neuza, a amiga de minha mãe, que por coincidência trabalhava como doméstica na casa do Luciano, apareceu em casa.

– Como está, Marina? – perguntou ao me ver encolhida no sofá, com os cabelos jogados para a frente e usando os meus inseparáveis óculos escuros.

– Bem, obrigada – respondi secamente.

– Bom saber.

Fez-se um breve silêncio até que ela dissesse:

– Eu vim aqui na verdade para falar com você.

Olhei para ela e aguardei.

– É sobre o Luciano.

– O que tem ele?

Minha voz havia amaciado.

– Bem... Há ordens expressas na casa para dizer que ele não está, que viajou, caso você apareça por lá querendo lhe falar. A ordem se estende para qualquer um de sua família.

Eu tinha de vir lhe contar, não acho justo o que aquele moço está fazendo com você. Vocês eram namorados... Ele deveria pelo menos ter consideração para com a sua pessoa. Além do mais toda essa desgraça que aconteceu a você é culpa dele. Drogado como anda, só poderia causar um acidente cedo ou tarde. Triste e revoltante é saber que ele, um rapaz drogado, mimado, que não quer nada com nada na vida, escapou ileso do acontecido e você...

– Você está querendo dizer que ele estava lá nas vezes em que fui procurá-lo e ele não quis me receber?!

A mulher assentiu com a cabeça.

— Se você quiser realmente falar com ele. Libero sua entrada, mas você tem de ir lá enquanto eu estiver trabalhando. Como serei demitida mesmo, porque ele com a família se mudam daqui em menos de duas semanas, não tenho nada a perder.

— Eu estarei lá, amanhã, durante o seu expediente.

— Eu aguardo.

— Obrigada, Neuza. Obrigada por ter vindo abrir meus olhos.

Neuza e mamãe conversaram um pouco enquanto eu me afundei ainda mais no sofá. Estava pasma e ferida. Mal dormi naquela noite de tanta ansiedade para falar com o Luciano, frente a frente, e poder tirar toda aquela história a limpo.

No dia seguinte, como combinado, Neuza liberou a minha entrada na casa. Informou-me que ele estava na piscina e fui direto para lá.

— Ah, você... — respondeu ele, evasivamente, ao me ver parada a poucos metros de onde se encontrava.

— Eu mesma, Luciano.

— Com esse cabelo jogado na cara e esses óculos escuros enormes quase não a reconheci. Parece até um besouro ambulante.

— Acho que temos muito a conversar, não?

Ele, recolhendo suas coisas rapidamente, respondeu:

— *Tô* com pressa, outra hora a gente conversa, tá bem?

— Não! Não mesmo! — retruquei, furiosa. — Eu esperei muito por essa conversa. Não espero um minuto mais. Terá de ser agora!

— Se veio aqui para me dar sermões, por favor, me poupe.

Encarei meu ex-namorado com seriedade. Por mais que tentasse não conseguia falar.

— Desembucha, vai... — atalhou ele, severo. — O que quer? Veio falar do acidente? É isso? Aconteceu, ora, tanto eu quanto você saímos machucados, mas isso já são águas passadas...

— Você tinha bebido.

— E daí? Quantos caras não bebem antes de dirigir? Trocentos!

— Não era só bebida, não é mesmo? Agora, eu me lembro. Foi você mesmo quem me disse. Havia bebido e usado drogas, não é? Maconha e cocaína pelo que me recordo, por isso saiu daquele acostamento sem olhar pelo retrovisor e...

— Kabum! – zombou ele, fazendo um grande estrondo com a voz. – Foi isso, não foi?! Agora chega!

— Então é verdade mesmo o que minha mãe me disse e eu relutei em acreditar. Você não presta, mesmo!

Ele deu de ombros.

— Com tanto rapaz interessante na cidade fui me envolver justamente com um garoto mimado e viciado em drogas como você. Você é mesmo uma peste, Luciano! Uma tranqueira que não vale nada!

Naquele momento, eu o odiei com uma força descomunal. A mesma que deve existir para amar.

Luciano não prestou a mínima atenção às minhas palavras. Inconscientemente ignorou o comentário.

— Diga alguma coisa! – explodi.

— Digo! – respondeu ele, fuzilando-me com seus olhos vermelhos de tanto fumar maconha. – Marina você é um porre, ouviu? Ouviu, bem? Só namorei você porque era a garota mais linda da cidade. Eu disse era, porque agora, né... Você é pegajosa, grudenta, percebi isso de cara, mas eu quis namorá-la mesmo assim para fazer inveja aos meus amigos e por ser aquele que iria te desvirginar para causar ainda mais inveja à rapaziada. Só não pensei que você iria me deixar na mão por tantos meses, hoje, qualquer garotinha...

— Chega! – brami, perdendo o controle.

O clima pesou entre nós dois. Então, como uma legítima escorpiana amaldiçoei-o.

— Não vou sossegar, Luciano, não vou sossegar enquanto não vê-lo na pior, na mesma desgraça em que você me deixou. No fundo do poço. No limbo. No inferno.

Dessa vez, ele prestou bem atenção em mim.
– Bah! – gritou, em falsete. – O que vem de baixo não me atinge.
– Eu volto, Luciano...
Ele me interrompeu, rapidamente.
– Volte para a sua casinha do BNH e se tranque lá, porque ninguém merece olhar para você com essa cara remendada.
Riu, grosseiramente.
– Praga dos infernos. Bem que meu pai sempre me aconselhou a ter cuidado com mulheres. Que elas são bem capazes de grudar em nós feito carrapato em cachorro.
Desejei, subitamente, nunca ter conhecido Luciano, nunca ter me apaixonado por ele, nunca haver encontrado a alegria que ele tanto despertou em meu interior ao primeiro beijo. O beijo que ficou para sempre guardado na minha memória.
Nem sei como voltei para casa. Assim que cheguei, mamãe me chamou na cozinha para tomar um café com pão.
Eu tinha um ar carrancudo e esmigalhava meu pão com mãos nervosas. Depois, parei de esfarelar o pão, aprumei-me na cadeira, fixei um olhar gelado em minha mãe e disse em alto e bom som:
– Isso mostra que o ser humano é mesmo um bicho imprestável.
Mamãe olhou para mim, atônita. Segurou minha mão e, pediu, em tom de súplica:
– Calma, filha. Não piore o seu nervosismo. Tenho medo de que tenha um derrame ou qualquer coisa parecida que a machuque ainda mais.
Meu rosto ficou ainda mais sério. Subitamente, arremessei ao chão o pão que tinha em minha mão, saltei da cadeira e mergulhei as mãos nos cabelos num gesto desesperador.
– Eu estou com ódio. Muito ódio da vida!
– Filha!
Bufei.
– Meu sangue está borbulhando de ódio e raiva e qualquer coisa mais por debaixo da minha pele.

– Oh, minha querida...
– É só isso que a senhora sabe dizer?
Mamãe perdeu a fala. Tristemente se explicou:
– Estou apenas querendo ajudá-la, Marina.
Fui ácida na resposta:
– Pois não está me ajudando em nada. Com essas palavras chochas só está servindo para piorar as coisas.
– Desculpe-me.
– Não! Não desculpo não!
E deixei a cozinha, pisando duro, querendo esmurrar paredes, quebrar tudo a minha volta. Como me segurei, não sei.
Minutos depois, mamãe foi me ver no quarto.
– Está mais calma? – perguntou, beijando a minha mão.
– Sim, mamãe. Só estou com um pouco de sono.
Fiz com que minha voz soasse aborrecida e sonolenta para ela me deixar a sós e foi o que fez. Assim que saiu, fechando a porta, minha mente voltou a se encher de revolta e caos.
Lembrei mais uma vez de tudo que mamãe me contou a respeito da visita que fez à casa de Luciano.
"Minha senhora, por acaso sou eu um cirurgião plástico? Não, não é mesmo?! Então, não vejo motivos para a senhora vir me procurar. Vá embora, por favor.
Blá blá blá... Quanto blá blá blá! Pede ajuda para o governo, faz uma rifa, vende pamonha pela cidade, quem sabe assim vocês não conseguem a quantia de que precisam para...
Sua filha era a garota mais linda da cidade, e eu pus na cabeça que eu seria o primeiro a beijá-la e..."
A seguir lembrei-me do modo como ele me tratou naquela tarde.
"Desembucha, vai... O que quer? Veio falar do acidente? É isso? Aconteceu, ora, tanto eu quanto você saímos machucados, mas isso já são águas passadas...
Quantos caras não bebem antes de dirigir? Trocentos!... Volte para a sua casinha do BNH e se tranque lá porque ninguém merece

olhar para você com essa cara remendada. Praga dos infernos. Bem que meu pai sempre me aconselhou a ter cuidado com mulheres. Que elas são bem capazes de grudar em nós feito carrapato em cachorro."

Eu, novamente, desejei nunca ter conhecido Luciano, nunca ter me apaixonado por ele, nunca haver encontrado a alegria que ele tanto despertou em meu interior ao primeiro beijo. Mas de nada valia o meu desejo, era tarde demais para voltar atrás. Só me restava agora cumprir o que lhe prometi:

"Não vou sossegar, Luciano, não vou sossegar enquanto não vê-lo na pior, na mesma desgraça em que você me deixou. No fundo do poço. No limbo. No inferno."

No mesmo instante voltou a minha memória o descaso que ele fez diante da minha maldição:

"Bah! O que vem de baixo não me atinge."

"Eu volto, Luciano..."

"Volte para a sua casinha do BNH e se tranque lá porque ninguém merece olhar para você com essa cara remendada. Bem que meu pai sempre me aconselhou a ter cuidado com mulheres. Que elas são bem capazes de grudar em nós feito carrapato em cachorro."

– Não vou sossegar, juro que não vou – desabafei comigo mesma –, enquanto não vir esse desgraçado na pior, no mesmo fundo do poço em que me deixou. E isso é uma promessa, um pacto com o diabo se for preciso!

Ao lembrar do quanto o prefeito vinha me paparicando nos últimos meses por causa do concurso de Miss Brasil, pedi a minha mãe e meu pai que o procurassem na esperança de lhe pedir ajuda financeira para eu pagar a cirurgia plástica de que eu tanto necessitava.

"Não prometo", respondeu ele, sem rodeios, "meu mandato termina agora, se for reeleito talvez possa ajudar, se bem que a quantia é muita, a prefeitura está atolada em dívidas..."

Quando mamãe me contou, perdi o controle sobre mim. Puxei a toalha da mesa com toda força, tudo que havia sobre ela se espatifou no chão.

– Pois que eu morra de uma vez por todas! Assim acaba, de vez, esse meu martírio!".

O rompante serviu para agravar a preocupação de minha mãe com relação a minha pessoa. Não estava lhe agradando nada o modo como eu vinha me comportando nos últimos dias. Tinha a impressão de que não fora danificado somente meu rosto com o acidente, meu caráter, meu equilíbrio, minha paz interior, meu amor próprio e minha generosidade, mas também o poder de compreensão e paciência.

Uma semana depois minha madrinha de batismo veio me visitar. Apesar de eu estar vestida com impecável graciosidade, percebeu que meu exterior não refletia o meu interior. Infelizmente. Notou que dentro de mim havia um redemoinho de rancor, misturado a uma revolta que parecia infinita.

Sim, meu caos interior era transparente.

A madrinha então me sugeriu que eu procurasse ajuda espiritual. Desde então, mamãe me incentivava a procurá-la, mas as vozes mentais com as quais eu passei com mais assiduidade a conversar na última semana me desencorajavam profundamente.

"Pra que sua tola? Nada vai mudar o passado. Nada vai evitar que aquele canalha mude seu comportamento para com você. Nem que ele lhe peça perdão, nem que se ajoelhe aos seus pés."

As vozes falavam com tanta força e, muitas vezes, muitas ao mesmo tempo, que eu chegava a sentir uma forte pressão na nuca, uma pressão tão forte que eu tinha de me deitar num quarto escuro para relaxar a musculatura.

O passado mal cicatrizado desfilava pela minha mente sem cessar. Parecia um ser vivo dotado de um prazer mórbido em me torturar.

Visto que eu não cedi aos conselhos de minha madrinha para procurar ajuda espiritual, ela me sugeriu que eu procurasse um terapeuta.

Mas com que dinheiro?, questionou mamãe. Não tínhamos nem um pouco sobrando, pagar um terapeuta seria uma extravagância muito grande. Minha madrinha se prontificou em ajudar a pagar pelo menos duas sessões de terapia por mês. Mamãe se empolgou e decidiu pegar mais serviços de costura para poder pagar as outras duas sessões para completar o mês.

Ao comentar comigo, voltei-me bruscamente para ela e explodi:

– De que vale um terapeuta, mamãe? De que vale a palavra de um padre? De que me vale as pessoas terem pena de mim?

Rudemente, acrescentei:

– O que eu preciso mesmo é de dinheiro, suficiente para poder pagar a cirurgia plástica que vai permitir que eu tenha novamente o meu rosto de volta.

– Eu... eu sinto muito filha – desabafou mamãe sem conseguir esconder a apreensão. – Ah, como eu gostaria de ajudá-la. Não sabe o quanto me dói vê-la nesse estado.

Eu, repentinamente, sentindo pena de minha mãe, agradeci sua preocupação. Mamãe com o olhar lacrimejante confessou:

– Eu seria capaz de qualquer coisa, filha. Que Deus me perdoe, mas eu seria capaz até mesmo de dar a minha vida em troca da cirurgia plástica que você tanto almeja.

– Almejo por necessidade, mamãe, não por vaidade.

– Eu não queria que você se tornasse amarga, sofrida e infeliz, suspirando o dia inteiro como acontecera com Beatriz. Queria vê-la, novamente, radiante como sempre. Esbanjando simpatia e a vitalidade de outrora.

– Nada mais pode voltar a ser como antes, mamãe – respondi, com amargor. – Só me resta encarar meu destino. Só isso.

Mamãe acabou concordando comigo, não exatamente comigo, mas com o que as vozes na minha mente me diziam: de que

serve um terapeuta? Ele pode mudar o seu passado? Impedir o acidente? Devolver seu rosto de antes? Pode?! Não! Então, só lhe resta seguir seu destino.
Que eu tivesse forças para isso.

O dia combinado para Luciano e sua família mudarem para outra cidade e estado aconteceu como previsto. Até aquele momento eu ainda tinha esperança de que ele me procurasse, pedisse desculpas e me pedisse para voltar para ele, mas nada aconteceu. Ele simplesmente partiu sem sequer me dizer adeus.

Nas noites que se seguiram eu ia para o meu quarto altas horas da noite, já quando todos haviam se deitado, e ficava procurando pelo sono que não vinha. Por mais que eu tentasse, a insônia não me permitia adormecer, tornara-se cada vez mais forte.

Certa noite, por volta das três da madrugada, cansada de lutar contra a insônia, levantei-me, vesti-me e deixei o quarto. Sentindo-me agoniada e sem ar naquela sala amarelada pela luz, abri a porta e deixei a casa, em silêncio.

Encontrei a rua iluminada por um luar bonito, prateando tudo. Quando dei por mim, estava caminhando...

Meus passos a princípio eram sem destino certo, até que então senti vontade de conduzi-los até aquela que fora a morada da família de Luciano. Ficava praticamente do outro lado da cidade, cerca de quarenta, cinquenta quarteirões dali, mas eu pouco me importei com a distância.

Ao chegar lá, encontrei a casa brilhando com uma estranha inocência pairando em suas janelas desprovidas de cortinas. Pareceu-me, por algum motivo, inocente demais.

Estremeci. Fazia frio, agora. Não fora, mas dentro de mim. Era como se de repente em meu interior fosse inverno.

Subitamente, assustei-me. Ouvira, ou imaginei ter ouvido, o leve ruído de uma porta se fechando. Virei a cabeça abruptamente. A porta da casa que dava para o jardim estava entreaberta e fazia exatamente aquele ruído que acabara de ouvir. Provocado pelo vento.

Olhei rapidamente para as janelas. Elas agora pareciam ter olhos, algo assustador.

Achei melhor voltar para a minha casa.

De repente, era bom andar pela rua com o cabelo jogado para trás como eu sempre fizera antes do acidente. Andar de cara limpa, sem ter de escondê-la por trás de forte maquiagem e aqueles grandes e horríveis óculos escuros.

Mas eu só fazia aquilo agora porque era noite e as ruas estavam desertas. Caso contrário não me permitiria, não queria que ninguém me visse naquele estado, tampouco tivesse pena de mim.

Dormi mais uma vez pensando em Luciano. No dia em que eu o reencontraria para acertarmos as contas. Fazê-lo passar por toda dor, humilhação e desespero que ele me fazia passar agora.

Mas nosso reencontro só aconteceria após eu ter recuperado o meu rosto de antes por meio de uma cirurgia plástica. Como isso aconteceria? Bem, eu ainda não fazia ideia, mas eu haveria de encontrar uma forma.

Capítulo 7

Nas semanas que se seguiram, o ódio que eu sentia por tudo que me aconteceu foi me voltando contra tudo e contra todos. Eu fazia questão de mostrar o quanto eu menosprezava as pessoas! O quanto eram, na minha opinião, mais medíocres, totalmente dispensáveis. Com isso, amigos, colegas, conhecidos, todos, enfim, foram se distanciando de mim. Em minha companhia, só restou em pouco tempo, o pior que o ser humano pode sentir, além, obviamente, de papai, mamãe e Beatriz que pareciam ter uma paciência infinita para comigo.

Em certos momentos, chegava a sentir pena dos três por suportarem meus achaques.

Durante todo esse processo não posso deixar de mencionar aqui o carinho e a dedicação com que Beatriz me tratou. Nunca vi alguém ser tão paciente para comigo nem para com uma outra pessoa, em especial, até então. Ela lia para mim textos de revista e jornal, os mais interessantes e divertidos na intenção de me alegrar.

– Esse trecho foi extraído de um livro, achei que iria gostar. Diz assim:

"Depois de vários anos de silêncio.
Foi por meio de você que penetrei num mundo de imagens e sensações que jamais havia conhecido.
Foi por causa de você que refiz meus passos e fugi do labirinto onde tanto eu quis me perder...

Só com você pude sentir o bom hálito da manhã
Colorir o meu mundo preto e branco
Encontrar a paz que as paixões roubaram de mim
Imprimir sorrisos, novamente, em meus lábios, sem fim...
Diante da imperfeição da vida você é o que há de mais perfeito
Onde quer que eu vá, mesmo além da morte,
Serei sempre perseguido pelo encanto dos seus beijos
E pelo prazer de seus lábios roçando os meus,
Pela imagem de nós dois juntos abraçados
Que meu coração fotografou e imprimiu nas suas cavidades.
Em cada ano cai um pouco da minha vida na sua.
São como sementes que inconsciente jogo no solo de sua alma
para brotar na imensidão de sua grandeza.
Da minha grandeza...
Da sua grandeza..."

– Acho que vai gostar desse outro poema também. Ela leu:

"A tempestade atravessou os quatro cantos da minha terra
Se eu não fosse fera, teria sido arrastada, soterrada, por ela.
O meu vulcão já entrou em erupção, mas minha alma de água,
Fez sua lava virar um simples quentão de noite de São João.
Já veio o terremoto, a erosão, a geada na minha plantação,
O inverno rigoroso, os choques do coração...
Mas estou aqui, apesar de tudo, sobrevivi
E fazendo planos pro futuro
Ainda que incerto o que há de mais seguro...

Porque há sempre uma mão estendida no meio de qualquer solidão!
Sempre alguém toda vez que a vida nos diz não
Sempre uma luz no fim do túnel
Sempre alguém toda vez que a vida nos diz não"

Quando terminou, Beatriz, olhou para mim e sorriu.
— Gostou?
Fiz que sim, com a cabeça, olhando atentamente para minha irmã.
— No que está pensando? — perguntou-me ela sentindo-se incomodada com o meu olhar. — Você está me olhando tão estranhamente.
— Só quero saber se...
— Diga...
— Direi. Quero saber se está satisfeita agora?
— Satisfeita?! Com o que, Marina? Do que está falando?
— Preciso mesmo dizer?
Beatriz parecia estar mesmo *boiando* com relação as minhas palavras. Eu, impiedosamente, esclareci.
— Diz logo que está feliz por me ver na m... como estou agora, Beatriz. Diz!!!
Pulei sobre ela e segurei firmemente o seu maxilar.
— Fala! — gritei.
— Marina — murmurou ela, atônita — você está me machucando.
— É para machucar mesmo. Agora diz, vamos, que você está contente por me ver tão feia quanto você!
Beatriz se mostrou assustada e indignada com as minhas palavras.
Chorou, sentida. E quanto mais chorava mais eu sentia raiva dela. Uma raiva inexplicável, como se ela fosse, agora, culpada por tudo de ruim que me acontecera.
— Foi sua inveja, Beatriz! Sua inveja que me deixou nesse estado. Bem que dizem que inveja pega e eu não acreditava.

Aconselham sempre a nos proteger e, no entanto, bobeei... Deveria ter me protegido.

Soltei o maxilar de minha irmã com um movimento tão bruto que seu pescoço virou para o lado, abruptamente. O clima pesou entre nós, eu estava ofegante, bufando de raiva, ódio, como que dominada pelo demônio. Beatriz, ainda entre lágrimas, massageava o rosto na parte da mandíbula que ficara dolorida por eu tê-la apertado com tanta força.

– Só tenho uma coisa para te dizer, Marina – disse ela quando ficou mais calma. – Reconstrua a sua vida.

Respondi com cinco pedras na mão:

– Com esse rosto, Beatriz?! Com esse rosto todo remendado como o de um Frankstein? Quem vai querer casar comigo nessas condições? Ninguém! Nenhum rapaz faria, se fizesse, seria por pena. Jamais por amor.

– Você não pode prever que seja assim.

– Eu não quero que as pessoas tenham pena de mim, Beatriz. Não quero que passem por mim e se façam de boazinhas e piedosas porque têm pena de mim. Não quero, não aceito.

– Não torne as coisas piores do que já estão, Marina.

– Quem é você, Beatriz, para me dizer o que devo ou não fazer? Ah, já sei, é o Patinho Feio da família! Quem tanto quis ser eu e de tanta inveja acabou me deixando mais feia do que você!

Beatriz engoliu o choro e correu para fora do quarto. Eu permaneci ali, transferindo, inconscientemente, o ódio que sentia por Luciano e pelo acidente para ela. Fazendo-a de bode expiatório.

No dia seguinte, Beatriz voltou para casa, chorando. Mamãe, ao vê-la naquele estado foi logo mimá-la.

– O que foi, filha? O que houve? Por que está chorando?

Ela voltou-se com seus olhos protuberantes, vermelhos e lacrimejantes para mamãe e respondeu com uma outra pergunta:

– Como alguém pode continuar gostando tanto de alguém que o despreza?

– Você quer dizer: como uma mulher pode gostar tanto de um homem que a despreze?

– Sim, mamãe. Como?

Ela chorou. Entre lágrimas se explicou:

– Sei que o Danilo me despreza, sei que me acha horrível, talvez a moça mais feia do planeta, faz chacota de mim com os amigos e, ainda assim, não consigo parar de pensar nele, com amor. Sim, amor. Isso não é triste?

– Não se entristeça por isso, filha. Um dia isso passa.

– A senhora diz isso para me consolar.

– Digo isso, Beatriz, porque é verdade. E digo mais, quando você menos esperar aparecerá um novo rapaz na sua vida que se encantará por você e...

– A senhora sabe que é mentira! Que isso nunca acontecerá, por isso lhe peço, não me faça acreditar naquilo que nunca irá acontecer. Eu sou feia, muito feia e nenhum homem gosta de uma moça feia como eu. E não são só os homens, as mulheres também, todos em geral: ninguém gosta de quem é feio.

– Não exagere, filha.

– Não é exagero, é a mais pura verdade.

– Você tem um corpo bonito...

– De que serve só o corpo? Já diz o ditado: "menina feia travesseiro na cara". Sabe como os rapazes chamam as meninas feias? De barangas. E as de corpo bonito e rosto feio de "camarão". O Danilo está certo quando disse: "Como ela pode ser irmã da Marina se é tão feia?". Eu me faço a mesma pergunta: como posso ser irmã de Marina? Ela tão linda, eu tão feia.

Intrometi-me na conversa:

– Eu não sou mais linda, Beatriz, lembra-se?

Tanto mamãe quanto ela olharam assustadas para mim. Não haviam percebido minha presença, até então.

– Sou agora tão feia quanto você – acrescentei sem piedade.

Mamãe me repreendeu no mesmo instante:

– Marina, isso são modos de falar com a sua irmã?
Ri e, sarcástica, falei:
– E a senhora continua a mesma. Sempre mais preocupada com a "Patinho Feio" da família do que comigo, que realmente precisa de ajuda agora.
– Não seja injusta, Marina.
– Mas é a verdade!

Mamãe começou a se defender, mas eu a deixei falando sozinha. Voltei para o quarto e me tranquei dentro dele, batendo a porta com tudo. Joguei-me na cama e comecei a chorar e esmurrar o travesseiro de raiva, ódio e revolta com a vida.

Quando não me aguentei mais ali, chorando copiosamente, voltei à sala e criei o maior "barraco".

– Está na hora da senhora falar a verdade, mamãe. Vamos!
Ela me olhou, assombrada.
– Que verdade, Marina?!
– A respeito de Beatriz. Vamos, confesse. Ela foi pega para criar, não foi?

Beatriz me olhou, horrorizada.
– Marina, o que é isso?! – repreendeu-me mamãe, erguendo a voz. Algo que nunca fizera até então em toda vida. Ao menos que eu me lembrasse.

– É isso sim, mamãe... Se eu sou linda, ou melhor, era linda e ela feia, ela só pode ter sido pega para criar. Abra o jogo.

Beatriz, pálida, lábios trêmulos perguntou:
– É verdade, mamãe? Eu fui mesmo pega para criar?
Mamãe foi até ela, olhou bem nos seus olhos e afirmou:
– Não, minha querida, você é mesmo minha filha com seu pai. Se tivesse sido adotada eu diria. Acredite. Agora acalme-se.

Falei, impiedosa mais uma vez:
– Se ela não foi pega para criar então eu fui! Só pode! Como podemos ser irmãs se somos tão diferentes?! Não faz sentido.

Mamãe voltou-se para mim, séria como nunca vi e falou com firmeza:

89

– Nunca mais, Marina. Nunca mais mesmo, quero que você cogite essa possibilidade nesta casa ou em qualquer lugar. É uma possibilidade totalmente mentirosa. Não quero também que duvide da minha palavra, pois não sou mulher de mentir, nunca fui nem nunca serei. Ainda mais para os de minha família. Quero respeito. Mereço respeito. Eu não sei quem infestou a sua cabeça com essa ideia estapafúrdia, seja quem for só quer trazer discórdia para dentro da minha casa.

– Mais discórdia, a senhora quer dizer, não? – falei. – Porque nesta maldita casa a discórdia é na mesma proporção que o ar que respiramos.

– Se você continuar entregue a esse ódio, a essa revolta é só discórdia mesmo que terá.

– É porque a senhora não está na minha pele! – berrei e deixei a sala novamente pisando duro.

Apesar de todas as ofensas que eu disse para Beatriz naquele dia ela ainda se mantinha gentil comigo. Perguntava-me se queria companhia, se queria que lesse alguma coisa para mim. Mas eu não suportava mais olhar para ela, não conseguia deixar de culpá-la também pelo que me aconteceu.

No começo do ano de 1999, Beatriz decidiu ir prestar vestibular na cidade vizinha. Com o salário que ganhava no trabalho, poderia pagar a faculdade. Quanto ao dinheiro para pagar a condução, não seria necessário, visto que a prefeitura disponibilizava uma perua para levar os estudantes de graça até lá.

Quando ela voltou para casa, contando que havia passado no vestibular foi só alegria para o papai e a mamãe. Ao me contar, fui cruel com ela mais uma vez:

– O que você fez para passar? Não, porque além de feia sempre foi burra, né? Todos sabem... Ou você pagou pela vaga na faculdade com dinheiro ou...

Deixei a frase no ar e saí rindo. Um riso desprezível, cruel. Beatriz, como sempre, aguentou tudo calada.

– Desconsidere suas palavras, Beatriz. – aconselhou mamãe –, ela anda muito nervosa. Nunca mais foi a mesma depois do acidente, você sabe...
– Sim, mamãe, eu sei.
– Por isso a perdoe.
– Eu a perdoo sempre, mamãe.
– Que bom, filha! Quanto maior o perdão, maior a libertação.
– Eu juro, mamãe, juro por tudo que há de mais sagrado que jamais desejei o mal a Marina por ela ser linda e eu...
– Você não precisa jurar, filha, eu sei que não faria uma coisa dessas.
– Mas ela não acredita em mim.
– No estado em que ela se encontra, não acreditará tão cedo. Mas não se preocupe, um dia, ela muda. Você vai ver.
– Deus queira que, sim.
– Eu rezo por isso todo dia, filha. Todo dia. Rezo também para você ser feliz.
– Obrigada, mamãe. Muito obrigada.

Por ironia do destino, meses depois de ingressar na faculdade, a vida, para minha surpresa e uma boa dose de decepção, sorriu para Beatriz. Justo para ela que se considerava ignorada e esquecida pela vida.

Ela transitava pela faculdade quando um moço, por volta dos 28 anos de idade, veio lhe falar.

Ele não tinha nem um traço especial, era um rosto comum, bem feito, certamente, mas comum, todavia aos olhos de Beatriz era um rosto lindo, infinitamente lindo.

– Olá, meu nome é Leandro – apresentou-se sem rodeios. – Será que você tem um minutinho para mim?

Ela parou. Olhou-o com certa desconfiança e perguntou:

– Um minutinho... Pra quê?...

Sua voz soou, admirada e assustada.

– Seu nome é Beatriz, certo?

Ainda que incerta se deveria confirmar, ela o fez com a cabeça. Um sorriso acompanhou as palavras do moço, a seguir:
– Olá, Beatriz!
A jovem ficou estática. Diante da sua face, incógnita, Leandro emudeceu, apenas seus olhos diziam mais do que o silêncio que os envolvia naquele instante. Ele então riu. Um riso tranquilo e questionou:
– Até quando?
– Até quando o quê?
– Vamos ficar aqui olhando um para outro com essas caras de bobos?
– Cara de bobo?! Como assim?...
Ele, entre risos, sugeriu:
– Podemos nos sentar um minutinho para trocar uma ideia?
Ele se referia ao murinho que dividia o grande corredor do jardim da faculdade.
Beatriz não se deu conta que respondera que sim com um simples balanço de cabeça. Quando caiu em si já estava sentada ao lado de Leandro. Ele, então, se abriu para ela:
– Há tempos que eu pretendia falar com você, mas não encontrava oportunidade. Isso já estava me martirizando.
– Ora, por quê?
– Porque gostei de você, Beatriz. Posso dizer que sei de tudo a seu respeito. Onde mora, trabalha...
Beatriz nunca encontrara em toda vida alguém que tivesse tanto interesse por sua pessoa.
– Eu fico até encabulada diante de tudo isso...
Ela não conseguiu terminar a frase, ele não permitiu. Aproximou o rosto dela e beijou-lhe a bochecha. Beatriz, agitada pelo acontecido, levou as mãos ao cabelo preso atrás de maneira feiíssima fazendo com que se soltasse e desse um toque especial a sua face.
E, com um sorriso de quem pede desculpas, falou:
– Acho que agi apressado demais, não? Pode dizer, eu aguento. Sou de Áries, arianos são muito ousados, jogam-se de cabeça nas coisas, especialmente no amor.

Ela, pasma, balbuciou:
— Eu também sou de Áries.
— É que há tempos que não me sinto assim...
Ela, olhando-o com um leve sorriso nos lábios, perguntou:
— Assim como?
Ele sorriu, novamente e respondeu:
— Apaixonado.
Leandro aprumou-se e ergueu bem a cabeça. Os olhos, bonitos e expressivos, confirmavam o rosto sorridente e confiante.
— É disso que eu estava precisando e muito. De uma mulher que me fizesse voltar a ser romântico como um adolescente que acaba de despertar para a paixão. Que traz na alma e no coração um romântico inveterado.
Ele pronunciou as palavras com certa euforia e paixão.
— Não pense que sou louco, por favor. Sei que minhas palavras não combinam com um homem da minha idade, mas...
E acrescentou em tom de gracejo:
— Eu precisava dizer, pôr isso para fora. Se não liberamos o fogo da paixão que devasta o nosso interior acabamos carbonizados, não é mesmo?
Ela riu, suave. Ele também.
— Dizem que o fogo da paixão é como a lava de vulcão, quando vem, vem com tudo, derrete tudo ao seu redor e depois se cala. Pois eu me sinto mesmo como um vulcão prestes a entrar em erupção.
Ela, ponderada, perguntou:
— Acha essa comparação justa? Digo, de que a paixão é como um vulcão entrando em erupção?
— Não. É lógico que não. Prefiro acreditar que a paixão é como uma lareira que se mantém acesa durante o inverno e no verão é substituída pelo sol.
Leandro com seu olhar sonhador, suspirou.
— Há uma canção que traduz muito bem a nossa história: "Há tempos estava em busca de mim, como sempre em busca de mim,

até errar de caminho e encontrar o seu olhar também sozinho, em busca de um caminho pra se encontrar".

Beatriz completou a canção:

— Que bom que errei de caminho, que bom, diz você, por ter ficado sozinho...

Ele riu. Lindo.

— É isso aí.

Ficaram mais um momento mergulhados num silêncio constrangedor. Foi ela quem o rompeu.

— Eu já vou indo — disse Beatriz, levantando-se e ajeitando a saia com as mãos.

Quando ele tocou sua mão, comentou:

— Você está fria... Por quê?

Ela foi direta e precisa na resposta:

— Por sua causa.

— Eu não te faço bem?

— Faz. Só que tenho medo de...

— De...?

— De ser tudo um sonho...

Ele riu. Ela riu.

— Diga-me, pelo menos, Beatriz, se eu desperto algum sentimento positivo em você?

Ela sacudiu a cabeça em sinal de aprovação.

— Desperta, sim.

— Deixa eu então te beijar mais uma vez, mas dessa vez, não tão depressa, não tão abruptamente.

Quando Beatriz deu por si ela já havia aquiescido, calmamente, com a cabeça.

Leandro, então, beijou-a novamente; um beijo carinhoso e apaixonado no rosto curiosamente frio como o gelo.

— Namora comigo? — perguntou ele, a seguir.

Beatriz parecia boba.

— Quer um tempo para pensar? Eu te dou.

– Que tempo que nada! – exclamou ela tomada de súbita alegria. – Minha resposta é sim. Namoro sim!

Ele sorriu e antes que ela pudesse lhe dizer mais alguma coisa ele a beijou novamente. Seu rosto, encostado ao dela, os lábios junto aos seus provocava um calor gostoso e relaxante.

Eles se levantaram do murinho e se despediram. Então, ele voltou até ela, tomou-a nos braços, apertando-a fortemente, fazendo pressão em sua espádua, querendo transmitir todo o seu sentimento e a beijou outra vez. Soltou-a por um momento e a abraçou e beijou, novamente. Era o amor chegando sem avisar, tomando conta de Beatriz e Leandro, como as ondas do mar que vão dar eternamente na praia...

Beatriz voltou para casa a mil. Sentindo-se feliz como nunca.

Levou quase seis meses para que ela nos contasse a respeito do seu envolvimento com Leandro.

Ao tomar conhecimento, quis saber imediatamente aonde ele trabalhava para tirar satisfações da sua pessoa. É lógico que eu não revelei a minha verdadeira intenção. Tampouco acho que Beatriz e minha mãe acharam estranho que eu fizesse tantas perguntas a respeito dele.

Assim que encontrei Leandro me apresentei sem rodeios.

– Ah, sua irmã já me falou um bocado de você – disse ele, cortesmente.

Esbocei um sorriso amarelo e perguntei direta como nunca:

– O que quer dela?

O homem franziu a testa.

– Dela?... Dela, quem? De quem está falando exatamente?

– De minha irmã, Beatriz. É dela que estou falando.

Ele tornou a fazer ar de incompreensão. Continuei, afiada:

– Somos pobres. Acho que ela deve ter dito, não? Pois bem... Que interesse pode ter você por Beatriz?

– Os mais sinceros.

– Não vejo como pode nutrir desejos sinceros por ela. Ainda mais sendo um homem.

Ele novamente pareceu não me entender. Bufei e expliquei:

– Convenhamos, Leandro, que homem na face da Terra se apaixonaria por Beatriz?

O rosto dele transpareceu mais espanto.

– Somente um canalha, que queira usá-la para algum propósito maligno fingiria ter algum interesse por ela.

– A senhorita está sendo cruel ao falar assim de sua irmã. Cruel e desrespeitosa para com ela.

Ele riu, inconformado.

– Você só pode estar brincando, né?

– Sou realista.

Ele, visivelmente tenso, expeliu o ar e perguntou:

– Como pode me julgar, se mal me conhece?

– Eu conheço bem os homens.

– Não. Você pode conhecer alguns. Todos, não.

– Pois para mim, conheceu um, conheceu todos.

Ele balançou a cabeça, inconformado.

– Por que é tão difícil para você acreditar que meus sentimentos por Beatriz são os mais sinceros que há?

– Por quê?

Ri.

– Ora, por quê?! Você sabe muito bem o porquê, Leandro. Não se faça de sonso.

– Não, sinceramente eu não sei.

– É um hipócrita mesmo.

A voz dele se elevou:

– Diga-me, vamos, por que duvida de meus sentimentos por Beatriz?

– Porque ela é feia, ora...

O moço a minha frente deu verdadeiros sinais de apoplexia. Continuei, sem piedade:

— Ela é feia e você é um homem bonito, simplesmente por isso.

Ele, mirando fundo meus olhos, respondeu:

— Há um ditado muito sábio, minha cara: "beleza não se põe na mesa".

A minha resposta soou como um raio:

— Na sua, pode ser! Na da sociedade, especialmente no mundo dos homens (quando se trata do bicho homem), nunca! Ouviu bem? Nunca!!!

Assim que reencontrei Beatriz a alertei com relação ao Leandro.

— Não confie nesse moço, Beatriz. Você já se iludiu uma vez com o Danilo, vai se machucar com esse cara também.

— Mas, Marina, era você mesma quem dizia para eu acreditar em mim, lembra? O Leandro me passa confiança, acredito nele, acredito sim, no seu amor por mim.

— Pois o amor que ele diz sentir por você não passa de uma tremenda mentira! Será que é tão estúpida para não ter percebido isso? Eu dizia o que dizia para levantar sua moral, seu alto-astral, não te deixar na pior, isso eu não queria, nunca quis mesmo vê-la na pior. Mas não se pode tapar o sol com peneira. Verdade seja dita: você é feia, ou melhor, não pertence aos padrões de beleza que o mundo, entre aspas, elege como sendo bonito.

Se houvesse um concurso, tipo Miss Brasil, para eleger a mais feia do país você ganharia certamente.

Eu sinto muito se minha franqueza te fere. Te assusta. Te decepciona. Mas eu tenho de abrir seus olhos antes que caia numa cilada.

— Você acha mesmo que o Leandro...

— Não acho, tenho a absoluta certeza.

— Mas ele me parece tão sincero.

— Ninguém é melhor na arte de iludir do que o homem, Beatriz. Entenda isso de uma vez por todas.

...

Beatriz ficou cismada desde então. Seria mesmo Leandro, que lhe parecia ser tão sincero e apaixonado por ela, um fingido? Um moço que lhe parecia ser tão maduro, completamente diferente do Danilo por quem se apaixonara dois anos atrás. Para tirar a cisma, pôr os pingos nos 'ís", como se diz, Beatriz marcou um encontro com Leandro. Eu fora tão eloquente com minhas palavras que sua vontade era terminar tudo com ele. Assim que se retiraram para uma sala reservada da faculdade, ele quis beijá-la, mas ela o impediu.

– O que houve? Nunca você me tratou tão friamente assim – espantou-se o moço.

Ela foi direto ao assunto:

– Quero que seja sincero comigo, Leandro.

– Eu sempre sou sincero contigo, Beatriz.

– Não. Não é.

– Como não?

Ela suspirou e trêmula continuou.

– Por que está comigo? Diga-me a verdade...

Como um bom ariano ele se adiantou:

– Estou com você porque a amo.

– Por favor.

– Falo sério. Pensei que já soubesse disso.

– Convenhamos. Não tenho nem um atrativo especial. Qualquer mulher dessa faculdade, na mesma faixa etária que a minha, é mais bonita do que eu.

Ele bufou, seu rosto se transformou, parecia irritado agora, muito irritado.

– Quem foi que infestou a sua cabeça com toda essa bobajada, Beatriz?

Os lábios dela tremeram.

– Não diga – adiantou-se ele. – Eu adivinho: foi sua irmã, certo?

Pelo simples espasmo de seu olhar, Leandro confirmou sua suspeita.

– Sua irmã, agora que é infeliz, que não se conforma com o que aconteceu a ela, pelo namorado ter-lhe dado um pé..., quer estragar a sua vida, torná-la tão infeliz quanto a dela.

Beatriz alarmou-se.

– É isso mesmo que você ouviu. Ainda não percebeu qual é a verdadeira intenção dela por trás de tudo isso?

Não permita que ela estrague a sua vida, Beatriz. Não mesmo, você não merece. Não permita que ela estrague a nossa vida, o nosso amor, a nossa paixão, nós não merecemos.

– V-você acha que Marina seria capaz de...

– Ela me procurou, sabia?

Beatriz arregalou os olhos.

– Ela não te contou?

Beatriz, agitada, fez que não com a cabeça.

– Pois bem, vou lhe contar o que ela me disse quando veio até aqui a minha procura.

Ao término da narrativa, Beatriz declarou:

– Marina fez o que fez, porque se preocupa comigo.

Leandro foi direto mais uma vez na resposta:

– Se você prefere pensar assim.

– Mas é – reforçou Beatriz, emocionada. – Marina sempre foi muito preocupada comigo. Sempre tentando me ajudar a superar a minha baixa estima.

Ele mordeu os lábios para frear sua opinião sobre o assunto, a qual estava prestes a saltar de sua boca.

Ao ver as lágrimas riscando sua face, ele sorriu, singelo, e a confortou em seu ombro. Acariciou seus cabelos e declarou, baixinho:

– Sei que é difícil acreditar em alguém ainda mais quando esse alguém a gente não conhece muito bem, é novo em nossa vida. Mas temos de dar um crédito para os novos, da mesma forma que demos para aqueles que hoje são os nossos velhos amigos.

Ele a abraçou mais apertado e só então a beijou, imprimindo nesse beijo todo o amor e a paixão que sentia por ela. Beatriz relaxou e, depois, sentindo-se mais à vontade foi dar um passeio com Leandro pelos lindos jardins que cercavam a faculdade.

Quando ela me contou toda a conversa que tivera com o namorado, percebi que ela estava realmente disposta a apostar naquela relação mesmo que quebrasse a cara no final.

– Se você quer insistir nessa burrice, Beatriz – decretei –, problema seu! Mas depois quando quebrar a cara não diga que eu não a avisei.

– Sabe, Marina, eu também não posso exigir muito na vida, digo, com relação a homens. O único que se interessou por mim até hoje foi o Leandro. Ele pelo menos me dá atenção, perde boa parte do seu tempo comigo, é romântico, se não tivesse interesse não faria.

Eu também não tenho nada a lhe oferecer além do meu amor. Se eu fosse uma mulher rica eu poderia até suspeitar que ele estivesse me namorando por algum interesse, mas não é meu caso. Em outras palavras...

Eu, irritada, completei sua frase:

– Em outras palavras você não tem nada a perder, é isso?

– Sim, Marina. É isso mesmo.

Assenti, mordendo os lábios, com a saliva amarga de ódio. O que ela acabara de me dizer fazia sentido e era isso que mais me revoltava. Por mais que eu tentasse, não me conformava com Beatriz levando a vida que acreditou que jamais seria capaz de levar e eu ali vivendo como ela vivia no passado: aprisionada numa casa, sentindo-me feia, infeliz e revoltada.

Nossas posições haviam se alternado e eu não aceitava aquilo, acho que nunca aceitaria.

Dias depois, Beatriz arrumava-se para ir a um baile promocional da faculdade que cursava. Entrou na sala com um vestido lindo e esvoaçante, que acentuava suas curvas e destacava sua silhueta.

– Como estou, mamãe? – quis saber dando uma giradinha.

Minha mãe, como era de se esperar, cobriu-a de elogios.

Eu, cruzando a sala, olhando para ela intensamente, opinei:
– Sabe, se me permite opinar, acho, que seu vestido está longo demais.
A moça correu para frente do pequeno espelho que havia na sala.
– Você acha?
– Totalmente.
– É, você tem razão... – murmurou ela, em total acordo. – Que vou vestir, então? Não tenho outro vestido do mesmo nível.
Ataquei novamente:
– Deveria ter pedido a minha opinião.
Mamãe tentou contornar a situação.
– Filha, querida, para mim o vestido está perfeito em você.
– Mas a Marina acha...
– Eu sei. Bem... visto que não há outro vestido e que já está em cima da hora para você ir ao baile, vá com esse mesmo vestido. Numa outra ocasião você se prepara melhor.
Beatriz engoliu em seco. Mamãe tentou animá-la.
– Na minha opinião como costureira e não como mãe: o vestido está perfeito em você.
– A senhora acha mesmo?
Os olhos de Beatriz já estavam vermelhos de aborrecimento e de vontade de chorar.
– Sim, filha.
Visto que não havia outra atitude a se tomar, Beatriz seguiu para o baile vestida como estava. Assim que partiu com Leandro que fora até em casa buscá-la, voltei-me para a minha mãe e falei, irritada:
– É incrível como a senhora insiste em defender o "Patrinho Feio" da família, hein?
Mamãe me olhou atentamente.
– Agora o centro das atenções nessa casa é a "Patinho Feio" que maravilha!

— Sua irmã pode não ter beleza, Marina, mas tem um grande coração.

Ri, sarcástica opinei:

— E desde quando um grande coração se compara a um rosto bonito, um corpo perfeito? Nunca!

Deixei a sala, pisando duro e assim que entrei em meu quarto, como de costume, bati a porta com toda força.

O pior aconteceu na manhã do dia seguinte, quando Beatriz contava para mamãe o quanto o baile foi maravilhoso na companhia do Leandro.

"Como pode?", indaguei ao inferno. Como pode ela ter roubado a minha vida?

Beatriz tornara-se uma criatura viva e vibrante, como nunca fora, e eu, era agora, uma criatura infeliz e amarga.

Na próxima saída de Beatriz, quando ela já estava pronta, espiei criticamente o vestido que cobria o corpo dela e torci o nariz. Era um vestido simples. Altamente simples, mas que se tornava exuberante em seu corpo. Algo raro de se ver, pois geralmente acontecia o contrário. Eram os vestidos que embelezavam as mulheres ainda mais aquelas desprovidas de tanta beleza.

Não, pensei, em comum acordo com as vozes mentais: "aquele vestido não era digno dela. Não mesmo".

— Não ficou bem em você – comentei num tom de santa.

— O quê? – espantou-se ela. – O vestido?! Mas eu gostei tanto.

Fiz um muxoxo e fui para o fundo da casa.

Depois de receber tanta crítica da minha parte, Beatriz deixou de pedir a minha opinião, percebeu que nada do que vestiria eu aprovaria. E ela estava certa. Totalmente certa.

Depois de um ano e meio de namoro, Leandro pediu Beatriz em noivado. Foi até em casa e fez o pedido a meu pai que consentiu, logicamente.

— A família dele já te conhece? — eu quis saber de Beatriz, assim que ele se foi.

— Não ainda. Ele pretende me levar até a casa deles para me apresentar, se o papai e a mamãe consentirem. Você não quer ir conosco? Se for, aposto que a mamãe e o papai permitirão.

Dei de ombros.

Eu, sinceramente, não queria ir. Na verdade não queria fazer nada que favorecesse Beatriz. Sem piedade, metralhei-a novamente com perguntas para baixar sua estima ainda mais.

— Você está preparada?

— Para quê?

— Para os comentários que irão fazer a seu respeito?

— Que tipo de comentários?

— Eles não dirão abertamente, mas você verá por meio dos olhos de cada um dos familiares do Leandro o que pensaram a seu respeito. Que opinião tiveram da sua pessoa.

Beatriz deu sinais de alarma.

— O que podem pensar de mim se mal me conhecem, Marina?

— Eu lhe digo o quê. Vão se perguntar: como pode, Leandro, um homem bem apanhado querer se casar com uma moça tão feia?

Beatriz arrepiou-se. No mesmo instante entristeceu, perdeu a confiança em si.

— Sim, eles pensarão isso de mim.

— Ainda bem que você sabe.

— Mas o que poso fazer, Marina? O Leandro gosta de mim, assim, do jeito que sou e isso para mim é suficiente.

— Vamos ver se ele ainda vai continuar gostando de você depois de ser metralhado pelos comentários negativos da família dele a respeito da sua pessoa.

O encontro de Beatriz com a família de Leandro foi uma grande surpresa para Beatriz e para mim.

Superando a timidez com esforço, Beatriz aprumou os ombros ligeiramente caídos e entrou na morada da família onde todos aguardavam para conhecê-la.

Ficou momentaneamente paralisada pelo embaraço diante de todos os olhares dos presentes voltados para ela. Nunca fora o centro das atenções. Foi a mãe de Leandro a primeira a cumprimentá-la, depois foi o pai, a cunhada, o irmão, a irmã, e, em questão de segundos, todos a envolveram num clima de descontração e alegria por conhecê-la que Beatriz se sentiu como se estivesse na presença de velhos conhecidos. Esse é um dos grandes mistérios sobre a vida que ninguém sabe explicar, por que com certas pessoas, logo após sermos apresentados a elas, nos sentimos íntimos, em questão de segundos?

Quando Beatriz chegou contando que não somente a família de Leandro a tratara muito bem como eles haviam marcado a data do noivado e do casamento (maio de 2002, quando ambos já estariam formados na faculdade), eu mal pude acreditar no que ouvi.

– Você não está feliz por mim? – quis saber Beatriz, assim que me encontrou no quarto onde eu vivia praticamente enfurnada o dia inteiro.

Olhei bem para a cara dela e respondi com toda frieza de que dispunha:

– Feliz?! Não me faça rir!

Ela se mostrou assustada com a minha resposta.

– Rir, Marina? Quer se explicar melhor que eu não estou entendendo nada do que você está dizendo, dessa sua reação estranha...

Rindo, irônica, falei, mais para mim mesma do que para minha irmã:

– Que mundo maluco esse... A linda aqui era eu, você a feia, a Patinho Feio da família e quem acaba se casando é você?

Os olhos de Beatriz se esbugalharam.

Eu estava, definitivamente, revoltada com o rumo que tomou a vida de minha irmã. Acho que nunca estivera tão revoltada em toda a minha vida, o que era uma tremenda mentira, afinal, Luciano me revoltara mais do que tudo.

E os meses seguiram com Beatriz cada vez mais feliz com sua vida e eu, cada dia mais infeliz, tomada de revolta e ódio por tudo. Eu me tornara o avesso de quem fui. Desejando ardentemente uma reviravolta na minha vida.

O brilhante lindo e raro que pensei ser, não passava de uma imitação barata. Beatriz, o diamante bruto, tornava-se lapidado pela vida cada vez mais rápido, surpreendentemente mais rápido.

A vida parecia gostar agora mais dela do que de mim. Levei anos para perceber que a vida gosta mesmo de quem gosta dela, quem compreende suas necessidades e segue os seus passos. Que ela é, na verdade, um espelho do modo como a gente se trata.

Que pena que vivi na cegueira da visão por tanto tempo.

Num dia lindo do mês das noivas, maio de 2002, Beatriz, de branco e rendas, casou-se na igreja matriz da cidade onde nascemos e crescemos, assistida pelo padre (que como sempre estava resfriado).

Havia apenas dois casais de padrinhos de cada lado dos noivos, não era para menos, a jovem nunca tivera muitas amigas.

Apesar da insistência, recusei-me a estar no altar. Quanto menos chamasse atenção para mim, melhor. Já bastaria ter de ouvir o comentário das tias a respeito do que me aconteceu: "Ah, pobrezinha, está melhor? Vai ficar melhor..."

Na hora dos cumprimentos, Beatriz, felicíssima, abraçou-me com grande empolgação. Por pouco não chorou. Eu, por minha vez, mantive-me firme como um rochedo. Dura como aço. Algo dentro de mim fritava-me os miolos.

Os comentários que se espalharam pela cidade a respeito do casamento de Beatriz foram:

"Essa teve sorte, hein? Só pode, porque feia como é não se casaria com ninguém."

"Ela pode casar, mas vai levar chifre logo, logo."

105

Todos, porém, estavam redondamente enganados, Leandro amava Beatriz tanto quanto ela o amava e seus olhos viam, para espanto de todos, beleza nela.

Depois do casamento, Beatriz mudou-se para a cidade em que Leandro foi convidado para dar aula de economia numa grande faculdade e de dia gerenciar uma empresa de médio porte.

Mamãe e papai sentiram tristeza por terem de ficar morando longe da filha. Eram mais de mil quilômetros de distância, mas o que fazer senão aceitar? Quanto a mim, sinceramente não sabia dizer o que sentia com relação àquilo.

Só sei que uma sensação apavorante de clausura e frustração me martirizava a alma. Quanto mais eu me amparava na minha arrogância, mais e mais a sensação aumentava.

O futuro tornava-se, cada vez mais, uma senda estreita. Deixando-me fula da vida por perceber que nunca sabemos realmente para onde vamos na vida. Por ver que fazemos planos, mas a vida parece não gostar de planos.

Voltou-me a lembrança o dia em que conheci Luciano e toda a alegria e paixão que ele despertou em mim. Foram os dias mais formidáveis da minha vida. Simplesmente, inesquecíveis. Os planos que tracei para o futuro com o qual tanto eu sonhava viver ao lado dele, ainda pareciam vivos dentro de mim, como se fossem almas penadas.

Como ele estaria? Que rumos estaria traçando para si mesmo? Ah, como eu gostaria de saber, mas a paciência, a qual não tinha muita, que me fizesse companhia até o dia de me reencontrar com ele, quando finalmente eu me vingaria de tudo o que ele fizera comigo. Por tudo e muito mais.

Capítulo 8

Nos anos que se seguiram eu me transformei, literalmente, numa pessoa inútil. Tudo o que fazia era com raiva, nem sequer ajudar minha mãe na costura eu ajudava. Mesmo ela me pedindo, mesmo vendo que ela necessitava de minha ajuda.

Por não trabalhar, para que não vissem como fiquei, não tinha condições financeiras de prestar um vestibular e fazer uma faculdade como papai, mamãe e a madrinha tanto me incentivavam. A verdade é que eu não tinha interesse algum por um diploma, eu só queria duas coisas na vida: meu rosto de volta e me vingar de Luciano Segabinassi.

Depois de Beatriz insistir muito para que eu passasse um tempo com ela em sua casa, acabei aceitando. O ano era 2004, a essa altura ela e Leandro já estavam casados há dois anos e já tinham um filho chamado Samuel. Ao todo já fazia cinco anos que eu havia me acidentado e nunca mais vira o Luciano, tampouco tinha notícias dele. Ainda que as redes sociais pela internet ganhassem popularidade, eu não só não tinha computador, quanto mais internet, tampouco aprendera a mexer com isso. Como não deixava ninguém se aproximar de mim, ninguém também podia me ensinar, como eu não visitava ninguém, internet de ninguém, eu também podia usar.

Assim que cheguei à casa de Beatriz, ela me recebeu com grande alegria.

– Que bom, Marina! Que bom tê-la aqui comigo! – exclamou com lágrimas nos olhos.

"Por quê?", perguntei-me, ao ser envolvida pelo carinho de minha irmã, "Porque ficar dentro de um círculo de proteção e carinho, me assustava, me fazia lembrar que, no fundo, eu não queria ter ido para lá."

– Sim, Beatriz – menti –, é muito bom estar aqui.

Perguntei, então, por educação, sobre o meu cunhado Leandro e a vida deles, a dois. Depois de dar as respostas convencionais, Beatriz puxou-me até um dos quartos da casa e disse:

– É aqui que você vai ficar. O que achou? Veja se a cama está confortável.

Ela me fez sentar nela e deitar sobre o colchão.

– Está, sim – respondi mecanicamente.

– A viagem deve ter sido exaustiva, não? Descanse um pouco, depois...

– Não quero descansar. Se eu o fizer agora, à noite não durmo.

– E quanto à insônia, passou?

– Não, Beatriz, não passou e acho que nunca passará.

– Tome um banho então para refrescar o corpo.

– Sim, é uma boa ideia.

– Que bom, Marina, que bom que finalmente você veio passar um tempo comigo. Espero que os novos ares lhe tragam paz.

Baixei os olhos.

– Tome seu banho agora.

Entrei no chuveiro minutos depois de Beatriz ter me deixado só no quarto. A água caía sobre o meu corpo, mas nenhum prazer conseguia despertar em mim.

Nem meu sobrinho, uma criança encantadora, despertou o meu interesse.

Quando Leandro chegou, a primeira atitude que tomou foi a de cumprimentar Beatriz dando-lhe um beijo carinhoso, depois deu outro no filho, só então me cumprimentou com afabilidade. Nunca fôramos íntimos; por eu tê-lo procurado na faculdade e desconfiado de sua dignidade e de seus sentimentos por Beatriz, ele certamente não me via com bons olhos.

No entanto, Leandro parecia disposto a mudar seu ponto de vista a meu respeito. Acreditou que, convivendo comigo por um mês, acabaríamos nos entrosando. O que seria, a seu ver, importante para Beatriz, visto que ela, simplesmente, me adorava e se esforçava arduamente para me fazer feliz, esquecer o triste episódio que tanto marcara a minha vida.

Acho mesmo que ele passou a ter pena de mim depois que me conheceu um pouco mais enquanto frequentava minha casa durante o namoro e o noivado com Beatriz. E, principalmente, depois de ter visto meu rosto, por fotos, antes do maldito acidente.

Na manhã do dia seguinte, durante o café, Leandro sorriu, demonstrando novamente satisfação de me encontrar em sua casa.

Naquele dia, depois do almoço, Beatriz me levou para passear perto do ribeirão. Eu não queria ir, mas ela insistiu tanto que acabei cedendo. Para sair, como de praxe, pus meus óculos escuros enormes, ajeitei-o sob a franja e o cabelo imenso que eu deixara crescer nos últimos anos, permitindo que somente o meu nariz e a minha mandíbula ficassem à mostra.

Ainda assim, qualquer um podia ver as cicatrizes nas minhas bochechas, no queixo e no próprio nariz. Sem contar o corte que deixou meu lábio superior parecendo leporino.

O pequeno Samuel foi conosco no carrinho de bebê.

Caminhávamos à beira do ribeirão quando passamos por um mendigo, maneta, que nos pediu um ajutório. Assim que o deixamos para trás, entre dentes, comentei:

– Como alguém pode suportar uma vida nessas condições? Como se não bastasse a feiura, é pobre, disforme e aleijado. Que serventia tem uma pessoa, nesse estado, para a vida? Para si próprio? Esses pobres miseráveis deveriam morrer e o quanto mais rápido melhor. A morte para eles seria uma bênção.

Beatriz, placidamente, opinou:

– Será que eles se importam tanto em serem como são, Marina? Como você se importa? Há pessoas deficientes que são muito mais produtivas na vida do que as de corpo e sanidade perfeita. Muito mais do que pessoas lindas e saudáveis, física e mentalmente.

— Hipocrisia tem limite, Beatriz — intervim, com um sorriso de indignação.

— Dei apenas a minha opinião, Marina, calma!

Bufei. Ficamos em silêncio por uns minutos até que Beatriz, não suportando mais aquele clima desconfortável entre nós duas, começou a falar das peripécias do filho e dos planos de ter mais um.

Voltávamos para casa quando Beatriz exclamou com certa empolgação:

— Veja! É o Carlos, meu vizinho, um cara e tanto. Ele vai gostar de conhecê-la! Na verdade, deve estar curioso para encontrá-la. Falo sempre de você para ele. Acho que vocês se dariam muito bem. No momento ele está sozinho. Foi noivo, mas a moça desistiu do noivado.

Empalideci diante da possibilidade da apresentação. Simplesmente, corri para dentro da casa de Beatriz.

— Marina, volte aqui!

Eu nem sequer olhei para trás, adentrei a casa, batendo com toda força a porta da frente.

Carlos parou diante de Beatriz e tomou-lhe as mãos.

— Beatriz, que bom revê-la!

— Como vai, Carlos?

— Aquela, por acaso, é sua irmã?

— É, sim. Mas ela anda meio envergonhada depois do que lhe aconteceu e por isso...

— Eu posso imaginar...

— Bom, Carlos, a gente se vê. Até mais.

— Até mais, Beatriz.

O homem demorou um tempo para prosseguir, ficou olhando curioso para a casa de Beatriz, certamente pensando na atitude que eu tivera há pouco.

Assim que cheguei ao quarto, tranquei-me ali. Respirava ofegante, tomada de súbita tensão.

– Não quero que ninguém me veja assim... – murmurei sacudindo a cabeça nervosa. – Ninguém!

Assim que Beatriz entrou, foi falar comigo. Bateu à porta, mas eu me fingi de surda.

– Vamos, Marina, por favor. Abra a porta.

Antes que o *toc toc* me irritasse ainda mais, abri.

– O que é?

– Marina – alertou-me Beatriz, afundando-se numa cadeira que havia perto da cômoda – até quando você vai viver se escondendo das pessoas?

Fui grossa com ela, outra vez:

– Até quando, você me pergunta?!

Bufei. Ela continuou:

– Está na hora de você se abrir novamente para a vida...

Atropelei suas palavras:

– Essa hora só vai chegar, Beatriz, preste bem atenção as minhas palavras, no dia em que eu conseguir o bendito do dinheiro para pagar a porcaria da cirurgia plástica que possa me devolver o rosto que sempre foi meu por direito.

– Ah, minha irmã como eu gostaria de ajudá-la.

– Você pode! Deixando-me em paz! Não mais tentando me forçar a fazer o que não quero, o que não estou preparada para fazer...

– Eu só quero ajudá-la.

– Deixando-me em paz você estará me ajudando. Acredite!

Beatriz mordeu os lábios, silenciou-se por instantes e disse:

– Vou tomar banho e depois preparar o jantar. Quero fazer aquela panqueca de que gosta tanto.

Assenti, em meio a um sorrisinho amarelo.

Fui até a janela e fiquei olhando para fora com desânimo. Sentindo-me como se estivesse subindo por uma ladeira íngreme e escorregadia, e acabava sempre voltando para o mesmo lugar.

Deitei-me na cama, recostei a cabeça no travesseiro, e, em dois minutos, minha mente era novamente infestada de revolta e ódio.

Por que eu não consigo sair dessa m...?, perguntei-me, enraivecida. Por que a vida me faz prisioneira dessa situação hedionda? Por que não tem pena de mim? Por que judia de mim tanto assim? Por que me deu a beleza e me tirou? O que pretende com tudo isso? Quer me enlouquecer, é isso?

A voz da consciência e da sabedoria soou em meu interior:

"Não é a vida que lhe pede para passar por tudo isso, Marina, é você, no íntimo, quem pede a ela que lhe apresente estes desafios."

Se eu tivesse como, teria assassinado brutalmente aquela voz dentro da minha mente.

Capítulo 9

Naquela noite, pouco antes do jantar, minha mente oscilava como um pêndulo incerto, de lá para cá, daqui para lá, enquanto a infelicidade e a ansiedade aumentavam dentro de mim. Olhava, perturbada, o rosto quadrado e rosado de Samuel, filho de Beatriz e Leandro, sentado no cadeirão, comendo a papinha que Beatriz lhe dava, fazendo aviãozinho com a colher. Era como se eu estivesse vendo o meu próprio filho, um dos que sonhei ter com Luciano, bem ali na minha frente.

Arrepiei-me diante de tão assustadora conclusão.

Ao ver Leandro chegar e dar um beijo em minha irmã, senti uma pontada em meu coração. Aquele gesto eu também visualizei quando namorava o Luciano. Que ao voltar do trabalho ele entraria na nossa casa, louco de saudade para me ver e me beijaria e perguntaria: "Como foi seu dia, Marina?" e eu lhe responderia sorrindo e acariciando seu rosto: "Teria sido ótimo se você estivesse estado ao meu lado".

Senti outra pontada em meu coração.

A vida de casada de Beatriz era a vida com a qual tanto sonhei para mim. No entanto, era Beatriz, quem nunca pareceu ter condições de ter aquela vida (ela própria acreditava que nunca teria), quem estava tendo essa vida. Era como se ela me houvesse roubado o que tanto sonhei. Feito um pacto com o diabo. Pegado para si o que o destino reservou para mim e me deixado com o que o destino reservou para ela: uma vida sem amor, feita só de frustração e desejos jamais realizados.

Quando dei por mim, Leandro estava parado do meu lado, perguntando-me novamente como eu havia passado o dia.

– Bem... – respondi, com os olhos indo e vindo dos dele.

– Que bom!

Depois de informar a Beatriz que ele voltaria para lá, logo após o banho, Leandro se retirou do recinto.

Acompanhei-o com o olhar e novamente ouvi suas palavras ecoarem em minha mente.

De repente, uma ideia maluca, mas possível atravessou o meu cérebro de ponta a ponta: "Seria loucura da minha parte ou ele estaria se interessando por mim? Seria verdade ou eu quem muito queria acreditar naquilo?"

Naquela noite, durante o jantar prestei, discretamente, melhor atenção ao Leandro e decidi, sem pudor algum, tirá-lo de Beatriz para que eu pudesse viver a vida que eu tanto sonhei ao lado de um homem e ela vivesse o que sempre acreditou que viveria quando adulta: uma vida solitária, infeliz e perturbada.

Dois dias depois, ao entrar na sala de visita, peguei de surpresa meu cunhado que acabara de chegar do trabalho.

Leandro ficou evidentemente surpreso em me ver ali aparecendo como um fantasma.

– Ah! É você! – exclamei, fingindo alívio. – Pensei que alguém houvesse invadido a casa.

Leandro, sem graça, pediu-me desculpas pelo susto.

– Eu é que devo lhe pedir desculpas – falei –, afinal, acho que acabei assustando você também com essa minha entrada escandalosa.

Pegando na mão dele levei-a até meu peito e disse forçando a respiração:

– Veja como meu coração está batendo disparado.

— S-sim... sim — gaguejou Leandro, deveras sem graça, tentando recolher a mão sem ser indelicado.

— Quer tomar um licor para relaxar? — sugeriu ele, a seguir. — Onde está Beatriz?

— Saiu. Foi comprar um tecido para fazer um vestido ou qualquer coisa assim.

— Foi só? Você não quis...

— Não estava me sentindo disposta para ir fazer compras... Não é nada agradável para uma mulher ir às compras servindo apenas de companhia.

— Nem mesmo com sua irmã?

— Quando me sinto indisposta, nada me faz deixar a minha toca.

Por fim, aceitei um pequeno cálice de licor de cacau e nós dois começamos a conversar amigavelmente. Leandro descrevia, se é que era preciso, na minha opinião, o quanto Beatriz era encantadora.

Em poucos minutos, Leandro falava com naturalidade e alegria, sem ter mais o constrangimento de antes para comigo.

Subitamente, parei de falar, encostei-me no espaldar da poltrona e fiquei a observá-lo com olhos incógnitos. Eu estava na verdade preparando o terreno, como se diz, para abordar o assunto que há muito queria.

— Leandro, você é mesmo surpreendente, sabia? — afirmei, piscando o olho maliciosamente.

O homem de vinte e poucos anos, de uma graça particular, surpreendeu-se com o meu comentário.

— E-eu?! Por quê?!

A resposta foi direta e fulminante:

— Por ter se casado com minha irmã.

— É mesmo?

— Sim.

— Por quê?

– Como já lhe disse um dia: porque homens, em geral, gostam de mulheres bonitas e...

Minhas palavras pegaram Leandro novamente de surpresa.

– Eu sinceramente não acho que beleza seja tudo, Marina... – respondeu-me ele sem se alterar. – Para ser franco, bem honesto com você, para mim sua irmã é linda. Cada um vê cada um de uma forma.

Ri e prossegui na minha empreitada:

– Beleza é beleza aqui ou em qualquer lugar do mundo. Feliz daquele que a tem, quem não tem... pobre coitado... será sempre rejeitado de alguma forma, perderá sempre para aqueles que são mais bonitos, especialmente as mulheres.

A que for mais bonita, especialmente de corpo e de rosto roubará sempre o homem da outra nem que seja por uma noitada só. O homem não resiste à beleza de uma mulher e a mulher também não resiste à beleza de um homem. Por que acha que Beatriz se casou com você? Por que é um homem bonito e charmoso, se não fosse...

Leandro sentindo-se incomodado com o comentário, respondeu:

– O que importa na minha opinião, Marina, não é a beleza e sim, o que uma pessoa pode oferecer a outra. De que vale uma pessoa bonita, porém, vazia por dentro? Fútil? Que não sabe ser companheira da outra?

Entornei mais um cálice de licor e respondi ainda sentindo o líquido, escorregando por minha garganta:

– Minha avó dizia que homens são volúveis e instáveis. Que nunca se pode confiar num homem. E quando eles são bons morrem cedo.

– Sua avó era muito radical. Não se deve rotular as pessoas. Cada um é um. Há sempre exceções.

– Penso que você é um homem fora do normal, ou melhor, não é bem um homem.

– Não sou um homem, como assim?
– Não se ofenda, mas convenhamos. Homem que é homem não é fino e educado e você, meu cunhado, é as duas coisas e muito mais.
Ri, transparecendo certa embriaguez:
– Desculpe, acho que falei o que não devia. Acho que estou sendo grosseira...
Sem mais, levantei-me e cambaleei. Leandro levantou-se num pulo e me amparou em seus braços.
– Você está bem?
Ri, um daqueles risos alcoolizados e respondi num tom de voz também alcoolizado:
– Acho que fiquei tonta.
– Foi o licor. Exagerou...
– Mas estava tão bom.

Eu, Marina, sinceramente, não sentia nem um pingo de remorso pelo que estava armando para cima de minha irmã e de meu cunhado. Se Leandro trocasse Beatriz por mim era porque não amava Beatriz.
O meu golpe seria também uma forma de testar o amor que Beatriz dizia sentir por mim, se ela fosse capaz de superar tal troca é porque ela realmente me amava, senão...
Vi também em Leandro a única forma de eu obter o dinheiro para fazer a cirurgia plástica de que tanto necessitava. Por isso eu tinha de conquistá-lo, custasse o que custasse.
A voz da consciência e do bom senso se fez soar em minha mente, outra vez:
"Se for adiante com seu plano você vai acabar ferindo pessoas que tanto ama e que amam você."
Respondi a elas, com amargor:
"Ninguém tem pena de mim. Parecem ter, mas no fundo estão pouco se lixando para com o meu problema."
O bom senso deu seu parecer:

"Não percebe que usando seu cunhado, estragando seu casamento, ferindo sua irmã somente para realizar a cirurgia com a qual acredita dar fim a todos os males que cercam a sua vida, você estará destruindo o lar de uma criança?"

Respondi, firme:

"Quantas vezes eu vou ter de repetir: 'Se Leandro trocar Beatriz por mim será porque não a ama de verdade. E se Beatriz se zangar comigo é porque também não me ama como diz."

"As coisas não precisam ser dessa forma!"

"As coisas são o que são porque a vida quis assim. A vida me fez assim. Eu era linda e tinha uma fila de homens aos meus pés, Beatriz era feia e não tinha ninguém. No entanto, foi ela quem se casou e com um cara de futuro promissor e eu fiquei a ver navios... Hoje, Beatriz, a que sempre fora infeliz, é feliz e eu que sempre fora feliz sou uma infeliz. Isso não está certo. Não está."

"Você precisa se apaixonar novamente, Marina."

"Quem vai me querer com um rosto cheio de cicatrizes horríveis como o meu? Homens gostam de beleza... O mundo ama a beleza..."

"Sua irmã foge dos padrões de beleza e, mesmo assim, encontrou um homem que a ama!"

"Será mesmo que ele a ama?! Veremos!"

"Não foi só sua irmã, que fora dos padrões de beleza encontrou um homem bacana para se casar, com muitas outras mulheres do gênero aconteceu o mesmo e com muitos homens, também!"

"Quando alguém olha para mim, seja quem for, tudo o que penso é no que ela está pensando a respeito do meu rosto. Vejo pena transparecer em seus olhos, leio até seus pensamentos: "pobrezinha, deveria ser tão bonita antes do estrago." É insuportável ler isso nos olhos dos outros, entende? Insuportável!"

"Será que elas realmente pensam assim?", insistiu a voz do bom senso.

"Pensam. Pensam, sim. Ninguém vai conseguir olhar para mim e me ver além do estrago marcante de minha face."

"Siga o conselho de sua madrinha: procure ajuda espiritual."

"Só uma coisa pode me ajudar na face da Terra. Duas, na verdade: o dinheiro para pagar a cirurgia plástica e a própria plástica que me devolverá a beleza que me foi furtada!"

"Deixe Leandro em paz. Se continuar se insinuando para ele..."

"Se ele "pular a cerca" comigo é sinal de que ele não era o homem certo para Beatriz.

"Não seria mais fácil pedir-lhe o dinheiro emprestado para fazer a cirurgia?"

"Ele começou a trabalhar faz muito pouco tempo, ainda não deve ter conseguido juntar algum dinheiro na poupança. Vai levar pelo menos uns cinco anos, creio eu, para ter um pé de meia!"

"Então, por que não procura um outro alguém que tenha condições financeiras para ajudá-la no que tanto precisa?"

"Ninguém vai querer me ajudar, não com um rosto arrebentado como o meu".

Comecei a cantarolar para calar a voz do bom senso dentro de mim.

No dia seguinte, Leandro me encontrou bem em frente à portaria do edifício onde prestava serviço de consultoria.

– Marina?! Você por aqui?! – espantou-se ao me ver.

– Leandro?! Você... O que faz por essas bandas?

– Trabalho aqui.

– Aqui?! É mesmo?! Que coincidência!

É lógico que eu sabia que ele trabalhava ali, estava rodeando o prédio de propósito, para ter um motivo para encontrá-lo. Pegara o endereço na escrivaninha do próprio Leandro, em sua casa.

– O que faz aqui? – perguntou-me ele, procurando ser simpático.

– Estava indo...

Assim que avistei a paróquia, completei:
– Estava indo à paróquia.
Voltando os olhos para o local, Leandro comentou:
– Ah... Mas há uma tão pertinho de casa, não precisava ter praticamente atravessado a cidade para vir nessa.
– Ah...
Controlei-me para não corar e tratei logo de inventar uma desculpa:
– Quis vir aqui para poder ter o direito de fazer mais três pedidos.
– Três pedidos?! C-como assim?
– É que quando uma pessoa visita uma igreja pela primeira vez, diz a tradição, ela tem o direito de fazer três pedidos e para cada um deles rezar um Pai-Nosso e uma Ave-Maria.
– É mesmo?! Ah, sim, agora me recordo...
– Uns dizem que se deve fazer apenas um pedido, mas...
– Pelo visto você tem muitos pedidos a fazer, não? Afinal, os três que lhe cabiam na igreja perto de casa não foram suficientes.
Dessa vez, não consegui conter o rubor.
– É que... gosto de reforçar meus pedidos.
Ele assentiu, lançando-me um olhar suspeito, e, antes que eu ficasse sem graça, perguntei:
– Gosta de trabalhar aqui?
– Sim. O único senão é a distância que fica de casa, mas na vida nem tudo é perfeito, não é mesmo?
– Eu que o diga – respondi, irônica.
Fez-se um breve silêncio, um daqueles momentos constrangedores, então ele se despediu:
– Já vou indo. Até a noite.
– Até a noite, Leandro.
Fiquei parada, observando, até ele entrar no edifício. Um sorriso malicioso curvou meus lábios a seguir.

Naquele começo de noite, Leandro chegou na sua casa sorridente e feliz como de costume, só que dessa vez, trazendo uma enorme braçada de rosas amarelas.

Assim que avistei o buquê, saltei do sofá e exclamei:

– Para mim?! Adoro flores! Digo, ganhar flores. Que mulher não gosta, não é mesmo?

O rosto dele perdeu a cor.

– As flores são para a Beatriz, Marina – explicou-me ele, sem graça.

– Ah! – exclamei, deixando a decepção escurecer minha face.

– Se gosta tanto de flores eu posso trazer um buquê para você da próxima vez. Que tal?

– Não precisa, não.

Nisso Beatriz chegou à sala. O marido a abraçou, beijou e lhe estendeu o ramalhete de flores. Beatriz, com cara de boba, tornou a beijá-lo, abraçá-lo e agradecer e com voz melosa:

– Eu te amo.

Ele repetiu o mesmo e tornou a beijá-la.

Ela pediu licença e correu para a cozinha onde preparava o jantar.

Voltando-se para mim, Leandro me pediu licença.

– Vou tomar meu banho, volto já.

Fiz um gesto qualquer com a mão para que ele compreendesse que eu ouvira suas palavras.

Eu estava "fula da vida", por mais que eu tentasse, não conseguia tirar da minha mente a imagem de Leandro chegando com aquelas flores lindas para presentear Beatriz, uma mulher tão feia, enquanto eu não ganhava nada... Aquilo não fazia sentido algum para mim.

Durante o jantar foi preciso grande esforço da minha parte para me fazer de agradável. Minha vontade era... é melhor nem dizer.

Mas eu não ia deixar aquilo tudo ficar barato. Leandro seria meu e Beatriz, bem, Beatriz que se virasse!

...

Chegara o dia de eu "fisgar" meu cunhado. Deitei-me no sofá da sala com os pés para o alto e o aguardei. Lógico que havia tirado Beatriz da casa, insistido para que fosse passear com o filho, no parque, ali pertinho

Assim que Leandro chegou, tirou o casaco e pôs sua maleta sobre um móvel feioso que havia perto da porta, tão feio quanto Beatriz.

Só então ele me viu esparramada no sofá.

– Marina?! Como vai?! – falou, denotando surpresa.

Eu ri enquanto meus olhos percorriam o seu corpo de cima a baixo. Levou um bocado de tempo até que eu fizesse o meu primeiro ataque:

– Você é um homem muito atraente, Leandro. Sabia? Atraente e de bom coração. Minha irmã teve muita sorte em ter te conquistado, entre aspas.

– Como assim entre aspas? O que quer dizer?

– Ah... deixa pra lá.

– Não. Quero saber o que quis dizer com isso, agora!

Ataquei.

– Você está *caidinho* por mim, não é mesmo, Leandro?

Levantei do sofá, rapidamente, fui até ele e o beijei.

O beijo foi dado tão de surpresa que Leandro recuou assustado e colidiu com a estante deixando cair uma pequeno vaso de cristal que se espatifou no chão.

– Eu não queria, juro que não, mas – começou Leandro, nervoso.

– Relaxe – sugeri em tom apaziguador. – A vida é assim mesmo, cheia de surpresas, cheia de reviravoltas. Um dia se está por cima, noutro por baixo.

Piscando o olho, maliciosamente, joguei-me outra vez no sofá, continuando a lançar sobre Leandro um olhar cheio de malícia.

– Há dias que venho me segurando para não te beijar – confessei. – Só fiz porque senti que você desejava o mesmo, e que esse era o momento ideal.

Leandro me observava, tenso.

Fez-se um pequeno silêncio até que finalmente ele parecesse ter chegado a uma decisão. Disse:

– Você está se portando como uma vagabunda, Marina. Uma mulher qualquer, uma imoral.

Suas palavras me chocaram.

– O que foi que você disse?!

– É isso mesmo que você ouviu, Marina! Como pode trair sua irmã que tanto te ama? Como? Meu Deus, o que ela vai pensar quando souber que deu em cima de mim, na sua própria casa. É melhor que nem saiba, é capaz de ter um treco. E ela não merece uma coisa dessas.

Ele respirou fundo e continuou:

– Não combina com você esse papel, Marina. Não mesmo! Você, pelo que sei, sempre foi uma moça direita e...

Eu, furiosa, levantei e gritei, cuspindo-lhe as palavras:

– E de que me adiantou ser direita?!

Minha voz soava ardida, de uma louca desvairada.

– Olha! Olha bem para a minha face – dizia eu, puxando as mexas de cabelos que usava na esperança de esconder as cicatrizes. – Olha só o que eu ganhei sendo boazinha. Uma cara remendada. Feia. Que os outros evitam olhar por pena. E pensam veladamente, é, veladamente "é diante disso que eu percebo que a minha vida é boa!"

Silenciei-me. Uma lágrima escorreu pelo meu rosto, mas a enxuguei, com brutalidade.

Nisso, Beatriz chegou com o pequeno Samuel no carrinho. Ao me ver diante do marido, percebeu de imediato que algo havia acontecido. Algo de muito grave.

– O que houve? Vocês estão com uma cara! Aconteceu algo com a mamãe, ou com o papai?

— Não querida, nada não – respondeu Leandro com presteza indo abraçar a esposa e beijar-lhe a testa.
— Aconteceu, sim! – atalhei, impostando a voz.
— Aconteceu?! – assustou-se Beatriz. – O quê?
— Não foi nada não, meu amor – Leandro tentou abafar.
— O que vocês estão me escondendo – insistiu Beatriz. – Por favor, digam!

Leandro olhou para mim com olhos de súplica, pedindo-me por meio do olhar que nada dissesse, pois aquilo machucaria Beatriz, terrivelmente.

Mas, eu não voltei atrás. Contei a verdade, para feri-la mesmo!

Ao término da minha narrativa, Beatriz recostou-se na parede, voltou-se para o marido e desabafou:
— Marina tem razão. Toda razão. Sou muita feia. Sempre fui. Não sei como pôde ter se casado comigo.

A angústia na voz de Beatriz era evidente.

Com um sorriso maravilhoso, Leandro foi sincero ao dizer:
— Não queria estar casado com outra pessoa no mundo que não fosse com você, Beatriz. Para mim você é perfeita, entende? Perfeita. Eu a amo. Amo muito.
— Você diz isso porque tem pena de mim. Deve ter-se casado comigo por pena.
— Isso não é verdade. Não mesmo. Seria um tolo se tivesse me casado por esse motivo. Um completo imbecil. Duas pessoas têm de se casar porque se amam, simplesmente porque se amam.

Leandro apertou a mulher amada contra o peito, procurando acalmá-la. O corpo dela cansado e combalido pareceu ressurgir para a vida. Ele a beijou com fúria e desespero. Ela, então olhou para ele, agradecida. Ele tinha uma força interior que acalmava.

Samuel lembrou a todos de sua presença, por meio de um resmungo. Os pais voltaram-se para ele e esqueceram-se de tudo mais ao seu redor. Inclusive de mim. Por isso me retirei do recinto sem ser notada.

Assim que me fechei no quarto, como era de hábito ultimamente, comecei a falar sozinha.
– Não pode ser... ele não pode amá-la como diz.
Olhei para o espelho furiosa e então, sem querer, ri.
– É lógico que ele não a ama. Não pode! Nenhuma mulher tão feia tem o direito de ser amada, bem casada e feliz. Enquanto uma linda como eu fica a ver navios. Não pode!
Minutos depois, Beatriz foi até o quarto onde eu me trancafiara falar comigo. Quando revi minha irmã fiquei horrorizada com o seu aspecto físico.
O que Beatriz sentia era o choque natural que se sente quando se descobre uma faceta desconhecida numa pessoa que se julgava conhecer profundamente.
– Eu jamais pensei que você pudesse fazer isso comigo... Dar em cima do meu marido.
– Não sou mais aquela irmãzinha sonsa que você conheceu no passado, Beatriz. Hoje sou Marina, imprevisível como o destino, como a vida.
Levantei-me e comecei a andar pelo quarto. Tentei controlar a voz, mas não consegui:
– Você, Beatriz, de alguma forma sobrenatural roubou a vida que me era de direito...
– Vida... de direito... do que você está falando, Marina? Pelo amor de Deus seja mais clara – redarguiu Beatriz, trêmula.
Olhei para ela incerta quanto a sua estupidez. Para mim ela se fazia de desentendida de propósito.
– Você sabe muito bem do que eu estou falando, Beatriz. Foi macumba, não foi? Só pode ter sido. Já ouvi falar a respeito. Faz-se para ocupar o lugar de outra pessoa.
– Macumba?!
– É. Você só pode ter mandado alguém fazer macumba para mim. Para que minha vida fosse sua e a sua, infeliz, fosse minha.
Beatriz sentou-se na cama. Seu rosto estava pálido e ela tremia muito.

Eu, com um sorriso subitamente irônico, continuei:
– Você, de alguma forma, roubou a minha vida! A vida que era minha por direito!

Os olhos de Beatriz brilhavam agora de pura incredulidade.

Eu, subitamente, saltei como um cavalo nervoso e disse:
– Era para eu ter me casado com um moço bonito e tido filhos lindos, não você!

Sacudi a cabeça, em sinal de concordância e continuei, ácida:
– Mas você... você que sempre sentiu inveja de mim conseguiu, de alguma forma sobrenatural, pegar para você o que seria meu por direito.

Beatriz me interrompeu:
– Eu sempre amei você, Marina... Jamais faria...

Fiz um gesto de descrédito. Com um curioso sorriso enviesando-me os cantos da boca, falei:
– Que me amou que nada...
– Amo!
– Blá blá blá!!!!!
– Você está enxergando coisas que não existem, minha irmã.
– Larga de ser hipócrita, Beatriz! Assuma perante a mim e a você mesma o que todos sabiam e fingiam não saber. Que você tinha uma baita inveja da mim. Da minha beleza, do meu charme, do namorado lindo que eu tinha... Você queria para você a sorte que eu tive, confesse!
– Que sorte, hein, Marina?! Que sorte...

Sua observação me despertou daquela névoa de ódio e revolta. Sentei-me ao seu lado na cama, baixei a cabeça e murmurei numa voz entristecida:
– Você tem razão. Que sorte?
– Eu não quis te ofender.
– Mas é verdade. Eu já nem sei mais o que pensar. Não sei se o que me aconteceu foi por inveja, macumba ou por falta de sorte. Estou cada dia mais confusa. Eu, no fundo, Beatriz, queria morrer, sabe?

– Não diga isso.
Engoli em seco e afirmei:
– Digo, sim, porque é verdade. Mas eu não posso morrer, sabe? Não enquanto não destruir a vida do Luciano. Esteja ele onde estiver, eu não vou sossegar enquanto não vê-lo na pior como ele me deixou.
– Ah, minha irmã... Passe para outra. Abra o seu coração para um novo amor...
– Ninguém vai me querer com essa cara...
– Você também não deixa ninguém se aproximar.
Fez-se um breve silêncio até que ela dissesse:
– Venha, senão o jantar esfria.
– Vou ficar aqui mesmo. Não tenho coragem de encarar o Leandro depois de tudo.
– Ele saiu para dar um passeio com o Samuel pela calçada. Agora, venha. Eu lhe faço companhia.

Naquela noite, após me recolher, uma tenebrosa sensação de culpa começou a assolar minha alma. Era porque a agressão à minha irmã acabara agredindo a mim mesma. Fora como destruir meu próprio sangue e minha própria carne. Doía muito. Se eu pudesse baixar o ego e pedir desculpas a Beatriz como ansiava o meu coração, aquele peso e aquela sensação de culpa poderiam ser dissipadas. Mas eu era orgulhosa demais para aquilo, o que era uma pena, orgulho estraga as pessoas, relacionamentos e grandes momentos da nossa vida. Ah, se eu tivesse essa consciência nessa época.
Diante das circunstâncias antecipei minha volta para a casa dos meus pais.
Tudo o que eu mais queria desde esse triste episódio na casa de minha irmã e de meu cunhado, era viajar para um lugar que não tivesse ligação alguma com o meu passado.
Um lugar onde eu pudesse voltar a viver me sentindo livre, leve e solta como antes. Um lugar que não fosse certamente a minha

cidade, o meu Estado, o meu país, onde tudo e todos me faziam lembrar constantemente do que fui e do que passei nas mãos de Luciano Segabinassi.

Um lugar que tivesse as qualidades que eu tanto amava: sol, ar puro e a novidade de coisas e pessoas estranhas. Onde ninguém me conhecesse, que soubesse quem fui, nada, simplesmente nada a respeito de mim. Um lugar totalmente novo onde eu pudesse ser totalmente nova.

E esse lugar, a meu ver, só podia ser um, no exterior. Mas onde? Como ir se não tinha um centavo no bolso?

Lembrei-me então da joia que ganhei ao ser eleita Miss Brasil, se eu a vendesse ela me daria algum dinheiro e de fato deu. Pronto, parte do meu problema estava resolvido.

Faltava agora escolher um lugar para ir. Onde? Comecei a pesquisar por meio de revistas e livros da pequena biblioteca da cidade. Os Estados Unidos foram o que mais me encantaram.

Algo se acendeu em meu interior, despertando em mim uma vontade enorme de conhecer o país e uma certeza de que era naquele lugar que a minha vida voltaria a entrar nos eixos, onde eu esqueceria o meu maior trauma.

Ao saber das condições que o Consulado Americano exigia para tirar o visto para um brasileiro entrar nos Estados Unidos, desanimei. Pobre, como eu era, eles nunca me dariam o bendito do visto. Além do mais você teria de estar empregado, ter algum vínculo com o Brasil. Agiam assim para evitar que brasileiros dispostos a ficar morando e trabalhando ilegalmente nos Estados Unidos, consumassem seu intento. Se esse era o meu propósito? Digo, ficar morando por lá (na América), ilegalmente? Sim. Estava disposta a fazer qualquer coisa para ficar por lá, quilômetros e quilômetros de distância do meu país que me cercava de recordações tristes e traumatizantes.

Mas então, um milagre aconteceu, pelo menos penso que foi um, eu já tinha o visto americano. É, foi tirado pela equipe organizadora do evento de Miss Brasil e Miss Universo. Restava saber se ainda estava sendo válido. Por sorte, sim. Faltavam poucos meses para expirar. Pela primeira vez, após muitos anos, a felicidade tomou conta de mim.

– Você tem certeza de que é isso mesmo que você quer para você, filha? – perguntou-me minha mãe, com lágrimas nos olhos, após saber da minha decisão.

– É isso sim, mamãe. Na América, pelo menos, a necessidade de ganhar dinheiro me dará coragem e forças para trabalhar e trabalhando manterei minha mente ocupada, não mais atormentada pelo que me aconteceu.

– Mas é um lugar onde você não conhece ninguém.

– É de um lugar assim que preciso. Pelo menos agora.

– Como você vai se comunicar com as pessoas se não fala a língua delas, filha?

– Um pouquinho eu sei falar, ler sei bem mais. Inglês sempre foi minha matéria favorita. Convivendo com americanos logo aprendo a língua.

Lágrimas começaram a correr pela face de minha mãe.

– Não chore, mamãe, por favor.

– É que é tão difícil ficar longe de uma filha.

– Pense no quanto essa viagem me fará bem. Com ela estarei livre do meu passado, dos traumas, vou me tornar uma nova pessoa.

Mamãe respirou, enxugou os olhos, limpou a garganta e falou, procurando firmar a voz:

– Está bem, Marina. Se você acha mesmo que mudando de país você pode voltar a ser feliz, vá. Porque o que eu mais quero nesta vida é que você seja feliz, filha. Muito feliz!

– E serei, mamãe. Não há solução melhor para os nossos problemas do que mudar de casa, cidade e Estado. Se for de país, melhor ainda.

– Só me pergunto...

– O quê?

– Deixa pra lá...
– Fale.
– Só me pergunto se realmente uma pessoa pode mesmo fugir dos seus problemas mudando-se para um outro lugar.
– Certamente que sim. Se nos sentimos feios e incomodados com uma roupa e assim que a trocamos por outra nos sentimos melhores e mais satisfeitos, o mesmo deve acontecer quando se muda de casa, cidade e país.
A senhora nunca ouviu falar que não existe remédio melhor para os nossos problemas do que tomar novos ares?
– É... ouvi, sim.
– Então!
Minha mãe me abraçou, me beijou e desejou:
– Que tudo dê certo para você de agora em diante, Marina. A sua felicidade, a sua realização é a minha também.
À noite expliquei meus planos para meu pai. Ele, ao contrário de mamãe, achou minha ideia fascinante e me estimulou a ir sem pensar duas vezes. É lógico que ele queria me agradar, encorajar a fazer o que eu pensava ser a única solução para me ver livre dos meus problemas, porque doía fundo em sua alma ver-me naquele estado triste e desesperado de todo dia.
– Vá mesmo, filha – encorajou-me, papai. – E seja muito feliz.
– Obrigada.
– E não esqueça, Marina. A casa de seus pais está e sempre estará de portas abertas para você. Se nada nos Estados Unidos for como você esperava, volte para cá, é um lugar humilde, eu e sua mãe pouco temos a lhe oferecer de material, mas de amor, ah, isso sim, temos muito.
– Obrigada, papai.
Ele me abraçou e respirou fundo para não chorar.
– Você não vai ligar para sua irmã para lhe contar sobre a viagem? – perguntou minha a mãe a seguir.

Hesitei antes de lhe dar a resposta que me veio à mente, instantaneamente:
– Não. Depois que eu já tiver ido a senhora fala.
Mamãe mordeu os lábios. Achou melhor concordar do que criar uma discórdia.
Mas a verdade é que eu acabei ligando para Beatriz um dia antes de eu partir. Ela me fez prometer que ligaria assim que chegasse nos Estados Unidos e manteria contato sempre. Chegou a chorar no telefone e me dizer "Boa sorte!".

No dia seguinte fui a uma agência de turismo comprar um pacote de viagem para a América. A atendente da agência que já havia tido a experiência de morar nos Estados Unidos simpatizou-se comigo e me deu várias dicas para eu realizar meus planos de ficar morando por lá. Foi por meio dela que acabei optando por ir para Chicago. Seus elogios à cidade me fizeram perceber que seria a cidade ideal para eu viver minha nova etapa de vida.

Durante todo o trajeto de ônibus para São Paulo me mantive reservada e pensativa. A pessoa que sentou ao meu lado tentou puxar papo comigo, mas eu me fingi de surda. Não queria conversa, queria apenas estar atenta a cada segundo que se passava rumo ao meu processo de libertação.

Quando o ônibus parou no posto, à beira da estrada, espiei pela janela os passageiros se agitando lá fora.

Um rapaz, pelo menos de longe, lembrou-me Luciano. A visão me tirou um suspiro tenso do peito e me fez pensar nele novamente. Onde estaria? O que teria feito de sua vida? Já teria se formado? Casado? Tido um filho? Seria feliz? Ainda se lembraria de mim?

Outras perguntas me deixaram ainda mais tensa: estaria ele ainda morando com a família em Manaus? Se não, como eu poderia reencontrá-lo quando chegasse a hora de acertar as minhas contas com ele? Se eu conhecesse algum parente dele seria mais fácil, mas... Só sabia que sua família estava espalhada pelo Brasil.

131

Quando chegasse o momento de eu procurá-lo para acertarmos as contas, seria preciso contratar alguém para descobrir seu paradeiro. Sim, uma espécie de detetive. Deveria existir. Mas para isso eu precisaria de dinheiro, de mais dinheiro e, segundo soube, não havia lugar melhor no mundo para levantar fundos do que nos Estados Unidos da América, para onde eu estava indo, me mudando, na verdade para cicatrizar meu passado.

Depois do ônibus chegar à rodoviária do Tietê, em São Paulo, peguei um outro que me levou até o aeroporto de Cumbica.

Cada minuto que passava mais eu me sentia excitada com tudo aquilo.

Em pouco tempo, a sala de espera para o embarque estava lotada de passageiros irritados com a longa espera. Sim, o voo estava atrasado, não só ele como outros.

Só de saber que eu estaria indo para um lugar onde minha vida poderia recomeçar, pude suportar a fatigante espera e o caos que houve quando foi anunciado, uma hora depois, que o voo tardaria ainda mais a sair.

O atraso só serviu para aumentar a minha ansiedade. Eu queria partir, o quanto antes. Quanto mais cedo chegasse ao exterior, mas rápido, acreditava, o passado jamais cicatrizado ficaria de uma vez por todas para trás.

– As pessoas deveriam se conformar quando os seus planos são alterados pelas circunstâncias. – comentou uma senhora com outra sentada ao meu lado. – Pelo menos assim penso eu.

A frase causou grande impacto em mim. Conformar-me quando os meus planos dão errado, não fora nem nunca seria o meu forte. Talvez a mulher pensasse assim por nunca ter realmente tido uma mudança radical em sua vida como acontecera comigo.

Finalmente foi anunciado que todos poderiam embarcar. Acompanhei os outros passageiros em direção ao avião que nos esperava, sentindo uma vibração estranha agitar meu corpo. Era um misto de ansiedade e empolgação ao mesmo tempo, percebi.

Chegara, finalmente, o meu grande momento! Eu ia viajar, escapar, me libertar do que tanto me machucara e me deixou injuriada com a vida.

Ia para onde havia sol, céu azul e uma vida nova. Deixaria para trás todo aquele peso, o terrível peso da desgraça e da decepção.

Curvei a cabeça para entrar na aeronave e fui acompanhada pela aeromoça até a minha poltrona. Pela primeira vez em vários anos, senti-me aliviada daquela opressão tão forte que parecia um sofrimento físico.

O ronco dos motores causou-me excitação. Excitação maior foi quando o danado começou a deslizar vagarosamente pela pista.

A aeromoça disse:

– Queiram apertar os seus cintos, por favor.

Enquanto projetavam na tela o filme que ensinava a todos como agirem em caso de emergência, o avião fez meia-volta e ficou aguardando permissão para partir. Naquele instante lembre-me de uma canção:

Passamos por tanta coisa
Que a gente nem pensou em passar
Atravessamos tanta coisa
Que a gente nem pensou conseguir
Quando o amor deu voltas
E nos causou revolta
Nos fez até mudar de país
Pra quem sabe voltar a ser feliz
Vem ver o sol nascer, vem ver a lua crescer
Vem ouvir a gente cantar o que a gente pescou lá no nosso amar, então, vem...
Vem ver a gente crescer, vem ver a gente renascer
Vem ver o sol aqui, brilhar na nossa palma da mão
Dar nova vida a esse velho coração

Acreditamos em tantas coisas para as quais nos entregamos de verdade
Repartimos tantas vezes e acabamos em meias verdades, só, e em metades
Depois desse morro de amor que a gente subiu, escorregou e caiu
Foi apenas uma prova de amor, não é preciso sofrer, é só se erguer, esquecer, sorrir e prosseguir...

"Chicago", pensei aprumando-me na poltrona. Aí vou eu!

O avião decolou adensando a excitação dentro de mim e logo a transformando em pura emoção.

Naquele momento eu não pensei em mais ninguém que fizera parte do meu passado, só pensava na minha nova vida que estava para nascer tendo ao fundo, tocando em algum lugar da minha mente, parte da canção:

"Só o melhor vai me seguir pelo paraíso, tão bonito, tão imprevisível...
Só o melhor vai me seguir, quando estiver longe de tudo, num outro canto do mundo, refazendo o meu mundo
É no melhor que eu vou conseguir, pagar minhas dívidas de amor, encontrar a mim mesmo, curar minha crise, minha dor..."

Foi servido a seguir o jantar para alegrar os passageiros.

Foi uma longa e fatigante viagem de onze horas, porém, graças a Deus, sem muitas turbulências. O avião levou algum tempo para aterrar. Os passageiros foram então levados, por meio de um corredor, uma espécie de cone para o desembarque e em seguida para a imigração.

Em pouco tempo, a grande sala da imigração estava lotada de passageiros ansiosos e com medo de terem sua entrada nos Estados Unidos negada pela imigração.

Para mim tudo parecia irreal. Parecia que eu estava sonhando e, por felicidade, desligada da realidade.

Ali muitos brasileiros tiveram problemas, eu não. Talvez porque o funcionário responsável teve pena de mim, se teve, nesse momento valeu a pena alguém sentir pena de mim.

O melhor de toda essa passagem (experiência), é que eu precisava ficar tão atenta a tudo, que não conseguia pensar em mais nada, o que era uma maravilha, exatamente o que eu mais queria. Pois cabeça vazia, oficina do diabo.

Quinze minutos depois, eu e minhas malas seguíamos num ônibus em direção ao humilde hotel em que ficaria hospedada até alugar um quarto e sala, uma quitinete, um Studio, sei lá o que, para morar.

A manhã surgia linda e esplendorosa. O ar transparente e a luz dourada eram muito além do que eu imaginara.

Eu havia chegado! Tinha deixado a neblina, o frio e a escuridão da minha trágica história de vida; deixado para trás a minha dor e o sofrimento. Ali havia vida pulsante, havia cor, havia sol e haveria uma nova Marina Mendes Arcanjo.

Eu estava aliviada por me ver finalmente em solo estrangeiro, longe, bem longe do passado que me perseguira feito uma sombra demoníaca.

Era por volta das onze da manhã quando cheguei ao hotel, causando-me grande alívio.

O carregador que empurrava um carrinho cheio de malas, observou:

– São os primeiros melhores dias da estação. A senhorita teve sorte.

Ao perceber que eu não falava inglês fluente, repetiu o que disse em espanhol.

"Sorte?", indaguei-me. Era de sorte que eu mais precisava agora, mais do que tudo.

Ao tomar posse do meu quarto no hotel, encarei a janela e olhei para a rua. Lentamente, afastei-me dali e me sentei na cama.

Escapar, fugir. Era esse o refrão que não saía de minha cabeça, desde que deixara o Brasil. Ali eu poderia recomeçar a minha vida, viver livre do pesadelo que me perseguia: um pesadelo chamado passado. Um pesadelo chamado Luciano Segabinassi.

Certa vez, ouvira alguém dizer que a maioria das pessoas vive e se alimenta somente de passado, duvidei, mas depois do que me aconteceu, eu sabia, mais do que ninguém, o quanto aquilo era verdade.

A coisa mais sensata a se fazer por hora, seria repousar. Assim pensando, deitei-me na cama.

O corpo relaxou, a cabeça, não. Por quase duas horas repassei os últimos acontecimentos de minha vida e meu maior objetivo com aquela viagem: "Tirar do pensamento e do coração as amarguras do passado que tanto me feriram e me deixaram cicatrizes profundas."

Percebendo que eu custaria muito a dormir, decidi levantar e passar para outra. Fui até o espelho, passei um pente nos cabelos, retoquei os lábios com batom e saí para um passeio.

Caminhei a esmo pelo bairro, sentindo com prazer, a fragrância das flores que embelezavam os lindos jardins ao longo das ruas.

Não muito distante cheguei a uma praça lindamente arborizada. Ali havia beleza e paz. Crianças tagarelavam e corriam pelo verde, enquanto as mães americanas e babás conversavam umas com as outras, descontraidamente, despreocupadas de tudo.

O tempo continuava perfeito, claro e ensolarado, e me dava prazer olhar a paisagem banhada pelo sol que era o mesmo que iluminava o Brasil, mas que ali me parecia tão diferente.

Era ali, naquele país, pensei, certa do que dizia, que minha vida voltaria a entrar nos eixos, que o passado mal cicatrizado se cicatrizaria de vez, que eu voltaria a ser feliz e com os dólares que ganharia com meu trabalho, conseguiria pagar finalmente a cirurgia plástica que me devolveria a beleza que a tragédia me roubou.

Uma onda de felicidade atingiu meu peito diante do pensamento e um sorriso apagou a tristeza que me deformava ainda mais a face.

Naquela primeira noite em Chicago, fui para a cama cedo. Queria acordar disposta para procurar um emprego e também para a nova fase de minha vida, a que eu esperava que fosse a melhor de todas.

Dez dias depois...

Beatriz que até então não recebera notícias minhas, ficou feliz ao ouvir minha voz, ligeiramente empolgada do outro lado da linha.

– Marina?! – exclamou ela. – Por que esperou tanto tempo para me ligar?! Queria me matar de preocupação, é?!

– Quis ligar somente quando tivesse notícias boas para lhe dar, Beatriz.

– Mas você prometeu que me ligaria assim que chegasse aí para me dizer se chegou bem.

– É, eu sei, mas...

De fato, eu prometera, mas meu lado turrão me fez quebrar a promessa. Quis intimamente mesmo foi deixar Beatriz preocupada, sabia que ficaria caso não lhe desse notícias, e fiz isso, quase inconscientemente para torturá-la, por achar que merecia a tortura por ser feliz e eu não.

– E então, como vão as coisas por aí? – quis saber Beatriz, ansiosa.

– Tudo a mil maravilhas, mana. Já arranjei um emprego num restaurante, aluguei uma quitinete para morar e me matriculei num curso de inglês gratuito, oferecido pelo governo para estrangeiros, algo que poucos sabem que existe por aqui.

– Que bom!

– Estou tão atarefada que não tenho tempo para pensar em mais nada.

– Maravilha! Você acertou ao dizer que essa viagem seria ótima para você, o melhor destino para a sua vida.

– É... Em alguma coisa eu tinha de acertar na vida, né?

Capítulo 10

Acho que esqueci de dizer que todo ano eu assistia ao concurso de Miss Universo pela TV e imaginava o que a minha vida poderia ter sido se tivesse participado do concurso. Antes de começar o programa eu sabia que não deveria assistir a ele porque me deixaria deprimida, mas eu não conseguia me segurar, via o programa do começo ao fim e até mesmo as reprises e depois aguentava calada a depressão me consumir por dias.

Era como um viciado que sabe que se usar a droga vai passar mal, mas não consegue evitar o uso.

Será que você faz ideia, amigo leitor, o que era para mim ver o concurso de que participei com tanto gosto, uma oportunidade em um milhão, ter virado pó da noite para o dia? Será que pode compreender o que senti?

Espero que sim, para que entenda o porquê da minha amargura, da minha revolta e do meu desejo de vingança que me acompanhavam desde o acidente.

Nos meus dois primeiros anos nos Estados Unidos, passei a falar inglês fluentemente, trabalhei arduamente, porém, pouco dinheiro consegui juntar. Ali se ganhava bem, mas também se gastava bem para se manter. (O meu custo de vida, por mais simples que fosse, abocanhava 80, 90% do meu salário.) Isso começou a me desiludir, pensei que em pouco tempo já teria conseguido dinheiro suficiente para eu fazer a minha plástica.

Era outono mais uma vez e todas as árvores já estavam praticamente desnudas a essa altura.

Ao lembrar que o inverno com a neve caindo, branqueando tudo, em breve chegaria, senti o desânimo dominar minha pessoa como se fosse uma entidade do mal.

A neve, apaixonante que eu sempre vira pela TV, por meio dos noticiários e filmes, de perto não tinha nada de apaixonante. Era triste e melancólica. Deprimente e desoladora.

Incrível como certas coisas na vida, vistas pela TV ou pelo cinema, não correspondem em nada à realidade.

Foi no terceiro mês de inverno que tive uma nova crise existencial. De repente, tudo ali era o mesmo que no Brasil. Eu mesma, Marina, era a mesma. Ainda tentando escapar do passado que me feriu tanto.

Baixinho, disse a mim mesma:

– De que adiantou eu vir para cá se ainda continuo infeliz e ressentida com tudo que me aconteceu. Se não consigo parar de pensar em Luciano, no desejo louco de me vingar dele, de fazê-lo passar pelo mesmo inferno que passei?

Lembrei o que mamãe me disse quando tomei a decisão de me mudar para o exterior.

"Só me pergunto, disse ela, se realmente uma pessoa pode mesmo fugir dos seus problemas mudando-se para um outro lugar."

E minha resposta foi:

"Certamente que sim. Se nos sentimos feios e incomodados com uma roupa e assim que a trocamos por outra nos sentimos melhores e mais satisfeitos, o mesmo deve acontecer quando se muda de casa, cidade e país. A senhora nunca ouviu falar que não existe remédio melhor para os nossos problemas do que tomar novos ares?"

Ao que ela respondeu com certa dúvida:

"É... ouvi, sim."

Pois bem, mamãe tinha toda razão, percebia eu agora.

Perceber que não haveria lugar no mundo, para onde eu me mudasse, que conseguisse me fazer deixar de pensar no desejo louco de me vingar do Luciano Segabinassi era desesperador. Ainda mais por perceber que eu nunca, por mais que eu trabalhasse 24 horas por dia, conseguiria juntar o dinheiro suficiente para fazer a cirurgia plástica e me vingar dele.

Talvez fosse melhor pegar um navio, uma espécie de Titanic para dar fim de uma vez por todas aos tormentos abrigados em meu coração. Mas toda vez que eu pensava nisso, o desejo de vingança falava mais alto dentro de mim e uma voz obscura dizia: "Pegue um Titanic sim, mas só depois de devolver àquele que julgou ser o grande amor da sua vida, tudo o que ele fez de mal a você. Todos os tomentos que viveu, os infernos que viveu e ainda vive."

Você suportara o acidente, os meses na cama até a sua convalescença, suportara o abandono de Luciano e a forma cruel e brutal como ocorrera, suportara o desgosto de olhar para o espelho e ver seu rosto tomado de cicatrizes? Tinha suportado tudo isso por um único objetivo: vingar-se do rapaz que acreditou ser o grande amor da sua vida, se desistir agora será o mesmo que morrer na praia, por isso aguente."

Dizem que meu signo, o de escorpião é vingativo, pois bem, isso era agora outra verdade incontestável para mim.

Mais um ano se passou e nesses três anos na América, fui babá, doméstica, faxineira, babá novamente, jardineira, entregadora de panfleto, atendente de balcão numa doceria, babá outra vez, fui, enfim, saltando de emprego em emprego como um macaco salta de galho em galho. Às vezes, trabalhava em dois lugares ao mesmo tempo para poder juntar o dinheiro de que tanto necessitava.

Por fim, acabei indo trabalhar num bar, uma espécie de lanchonete onde são servidos cafés, de todos os tipos, *donuts*, *muffins* (equivalente aos nossos sonhos com goiabada e doce de leite do Brasil) e lanches naturais. Aqui na América eles chamam esses lugares de Café. Achei o lugar mais agradável, pois sempre tinha música ao vivo. Voz e violão e aquilo me distraía a mente, fazia-me relaxar.

Foi numa tarde de outono, meses depois de eu ter começado a trabalhar ali que eu conheci uma figura muito simpática. Um moço da mesma idade que a minha, americano, e que se chamava Enzo.

Andava de maneira despreocupada e a cor da roupa lhe ia muito bem. O rosto era bonito, assim como os cabelos castanhos penteados de forma elegante, como os de um modelo das grandes passarelas.

Ele entrou no Café e se sentou numa mesa dos fundos, encostada à parede, de onde podia ver as outras mesas e as pessoas andando na rua, por meio de uma grande janela de vidro.

Fui até ele e lhe entreguei o cardápio.

Nessa época, já fazia quase quatro anos que estava morando em Chicago, USA e, como disse, falava inglês fluente como um nativo.

– O que vai querer? – perguntei quando achei que ele já estava pronto para pedir.

Um leve sorriso iluminou o rosto sério do moço.

– Um capuchino.

Assenti com a cabeça. Minutos depois levei a bebida e ele me agradeceu com um sorriso silencioso.

Bebericando o líquido, passou a prestar atenção em mim. Logo depois fez sinal para que eu voltasse à mesa, o que fiz prontamente.

– Alguma coisa errada? – perguntei, procurando sorrir.

Novo sorriso, um mais de leve, dessa vez, curvou seus lábios bonitos pouco antes de me responder:

– Sim. Você.

Sua resposta me pegou de surpresa.

– O que foi que disse? Desculpe acho que não entendi direito. Poderia falar mais devagar?

Ele não repetiu, apenas fez uma sugestão com uma voz gentil e musical:
– Você deveria sorrir mais.
– O que disse?
Ele repetiu. Sorri, sem graça.
– Não disse que fica mais bonita sorrindo.
– Para sorrir é preciso achar graça das coisas.
– Por isso não.
Subitamente ele começou a fazer micagens e caretas como fazemos para alegrar as crianças. Fiquei rubra.
– Por favor.
Ele continuou surdo aos meus apelos. Que vergonha, ao dar uma espiada no bar, surpreendi-me ao ver que ninguém prestava atenção em nós ou, se prestava, pouco se importava com aquilo.
– Por favor – insisti vermelha como um pimentão.
Mas ele continuou fazendo aquilo. Conclusão: acabei rindo. Era impossível não rir diante de um moço bonito fazendo micagens e caretas e pouco se importando com o que os outros estavam ou iriam pensar a seu respeito.
Ele parou, sorriu e repetiu o conselho dado a pouco:
– Você deveria sorrir mais.
Encabulada, respondi:
– Vou tentar. Obrigada pelo conselho.
– É porque você fica mais leve. Sua aura muda.
– Aura?
Ele me explicou o que era.
Foi desde o primeiro instante que se formou entre nós dois um curioso senso de intimidade. Foi como se nos conhecêssemos sem nunca termos nos conhecido, pelo menos em vida. Coisa de alma, algo que só ela pode compreender e explicar.
– Marina – disse ele lendo meu crachá.
– Meu nome é Lorenzo. Mas todos me chamam de Enzo. Prazer em conhecê-la.
Sorri.

Ele pagou a bebida e despediu-se. Ficou temporariamente parado em frente ao Café. Então, subitamente, voltou e com firme decisão encaminhou-se até a mim.

– Incomoda-se – disse ele –, se eu falar com você em particular?

Me vi perdida, não sabia se dizia sim ou não.

– Estou trabalhando agora – respondi meio atrapalhada. – Meu patrão não vai gostar de me ver interrompendo o meu serviço...

– Você tem razão. Conversaremos quando você estiver fora do expediente, que será...

Os olhos, abertos e profundamente azuis de Enzo, fixaram-se nos meus.

Diante da minha indecisão, se deveria falar ou não, ele aguardou pacientemente.

– Por favor – insistiu ele.

– Está bem.

Só depois de combinarmos dia, hora e local para nos encontramos é que Lorenzo Salvadego partiu.

Voltei para casa, aquele dia, pensando nele. Revendo em pensamento seu rosto simpático que me inspirava confiança.

De onde ele surgira? Por que se simpatizara comigo? O que tanto queria conversar com a minha pessoa? Confesso que a curiosidade não mais me deixou em paz até que me encontrasse com o misterioso e surpreendente americano.

No dia e hora combinado, lá estava eu na presença de Enzo Salvadego. O encontro aconteceu num bar do outro lado da rua onde eu trabalhava.

Ele puxou a cadeira para eu me sentar, assim que me posicionei ao lado da mesa. Ficamos calados por um instante. Então ele disse:

– Você é ilegal no país?

A pergunta me assustou profundamente.

– Você é da imigração?!

– Não... não... não se preocupe.

Ufa! Suspirei aliviada.

Temia os agentes da imigração, pois me tornara ilegal nos Estados Unidos há três anos. Se fosse pega por eles seria deportada para o Brasil e nunca mais poderia pôr meus pés na América novamente.

– Pelo visto você está mesmo ilegal por aqui, eu já esperava por isso – continuou Enzo, calmamente.

– Você não vai me denunciar, vai?

Ele riu.

– Não, nada disso! Sou um cara do bem, fique tranquila.

Fez-se uma breve pausa, enquanto isso, por baixo da mesa, eu crispava as minhas mãos de nervoso e de ansiedade, começando a me arrepender de ter ido àquele encontro.

Acho que me desliguei de mim e de tudo ao meu redor por alguns minutos, pois quando dei por mim, Enzo estava me encarando com seus olhos bonitos e investigativos.

Fiquei sem graça, novamente.

Ele sorriu e fez nova sugestão:

– *Take it easy. (Vá com calma.)*

– *I'll try! (Tentarei!)*

Seu rosto tornou-se sério quando ele passou a estudar meu rosto atentamente.

– O que houve? – perguntou, num tom natural.

– Houve?

– Com você?

– Ah...

– Você não me parece feliz nem um pouco.

Ao invés de responder a pergunta fiz outra:

– O que se deve fazer para esquecer as amarguras do passado?

O fervor com que fiz a pergunta, surpreendeu-me.

Não foi preciso muita reflexão por parte do americano para me responder:

– Talvez o perdão.

– Duvido muito que eu possa fazer uso desse *recurso* – ri – certas coisas na vida são imperdoáveis.

– Não devemos nos alimentar de passado, sabia? Alimentar-se do passado é o mesmo que viver comendo alimentos do passado. Como disse Shakespeare "Lamentar uma dor passada, no presente, é criar outra dor e sofrer novamente."

– Creio – disse eu com sinceridade –, que se estou viva, devo isso ao passado, pois é ele que me mantém viva.

– Eu nunca pensei que alguém viveria pelo passado.

– Se você tivesse passado o que eu passei, faria o mesmo.

– Será... Cada um reage tão diferente a tudo.

– Mesmo? Todos se ferem igualmente.

– Mas reagem diferentemente às feridas.

O garçom voltou à mesa trazendo duas bebidas. Enzo pagou e em seguida olhou para o copo que eu segurava com as duas mãos e me convidou para um brinde.

Meus olhos, de repente, tornaram-se novamente opacos e desfocados. Enzo ficou a observá-los. Então, como que ressurgindo da morte falei em tom de desabafo:

– A vida me foi cruel, sabe?

Olhei para o copo vazio com raiva. Pensativa, sorvi alguns goles e me abri para ele.

Ele comentou sem pestanejar.

– Deve ter sido o máximo, ganhar o concurso de Miss Brasil. Ser eleita uma das mulheres mais bonitas do mundo.

Ri, feliz, por alguns momentos.

– Sim, foi um grande momento de minha vida.

Minha voz ficou embargada.

– Aí, então, veio a catástrofe.

Depois de contar detalhadamente a minha triste história, envolvendo o acidente e Luciano, confessei:

– Depois de tudo, eu passei a odiar todo mundo. Até mesmo Deus. Sei que não devia odiá-lo. Mas O odeio por tudo...

— É melhor odiar Deus do que a humanidade, Deus, pelo menos, é inatingível. Quem, senão Deus, aguentaria o nosso fardo... o fardo da nossa revolta, do nosso ódio e do nosso amor?

— Entende, agora, a razão física por trás desse meu olhar vazio. Dessa cara amarga e amarela de rancor, revolta e tristeza? Não há motivos para eu sorrir, Enzo. Motivos para chorar, me revoltar, me jogar de um precipício, isso sim, tenho de monte. Posso dizer que a minha alma está no inferno desde que me aconteceu tudo que lhe contei.

Tomei ar e perguntei:
— Você não vai me dizer nada?
— Por enquanto só quero te ouvir. Continue, por favor.
— Eu era cheia de vida, linda em todos os sentidos. Uma personalidade feliz desde a infância. O oposto de minha irmã. Ela fora, em todos os sentidos, um indivíduo reprimido. Uma criança infeliz e invejosa. Fora forçada a se retrair. Refugiara-se no mundo dos livros, revistas e gibis. Então um dia, misteriosamente, eu me tornei ela e ela se tornou eu.
— Como assim?
— Ela tinha um rapaz interessado nela e eu não tinha mais nenhum. Ela se casou e eu fiquei solteira, como ela acreditou que seria, para a vida toda. Ela teve filhos, os filhos que achou que nunca teria e eu não tive os meus que como toda moça esperava ter com o rapaz por quem me apaixonei. Ela se tornou feliz e eu infeliz. Ela tem uma vida de casada maravilhosa e eu acabei na solidão que ela um dia acreditou ser seu fim.

É muito curioso, não? Que tudo o que minha irmã temia acabou acontecendo comigo e tudo que eu sempre quis acabou acontecendo com ela, não acha? Eu acho.
— Você sente raiva dela, por isso?
— Dela, propriamente, não. Sinto raiva da vida. Por ter feito o que fez de mim. Desgraçado a minha vida por meio de um desgraçado.
— Você o amava?

– Eu nem sabia o que era o amor nessa época, só sabia que pensava nele a todo instante e queria viver ao seu lado pelo resto da minha vida. Mas ele foi a pessoa mais ingrata que eu já conheci. Só não entendo, como a gente pode se apaixonar por uma pessoa capaz de nos fazer tanto mal. Isso eu jamais vou entender.

Tomei um gole da bebida e me silenciei por instantes.

– Eu me mudei para a América por acreditar que a mudança me faria esquecer a minha tragédia e o cara que eu tanto odeio.

– Será mesmo que podemos esquecer o que tanto nos marcou, o que tanto nos magoou, o que tanto nos feriu mudando de país?

Deixando de ver o rosto que tanto nos encantou, tanto nos despertou amor e loucura?

E depois tanto nos magoou, tanto nos feriu, tanto nos deixou de mal com a vida?

Será mesmo que num outro país a gente pode voltar a ser feliz? Apagar um passado mal cicatrizado, olhar pra vida com novos olhos, desejar outro colo, voltar a amar sem medo de amar?

Será mesmo que se casando com outro ou outra, a gente esquece de quem tanto a gente amou?

– Perguntas para se refletir – disse eu, pensativa.

– Perguntas que muitos de nós um dia nos perguntamos num ponto de nossas vidas.

– Mas a resposta eu posso lhe dar: é não para todas. Hoje sei de que nada adianta mudar de cidade, Estado ou país, para voltar a ser feliz, porque o que nos torna infelizes está dentro da gente e levamos conosco na mudança.

– É... eu sei. Só queria saber se você já havia descoberto isso.

– Infelizmente, já. Há um ano.

Calei-me um instante antes de perguntar:

– Por que se interessa por mim?

Os lábios dele se torceram num sorriso sem humor.

Ele empurrou o meu copo para o lado e respondeu me olhando com ternura.

– Porque gostei de você. Gosto de ajudar as pessoas. Tem gente que não gosta, mas eu tento, ora, não custa nada. Com isso fazemos um mundo melhor.
– Você me dá a sensação de que já nos conhecemos há muito tempo.
– E nos conhecemos mesmo.
Ri e observei, admirada:
– Mas é a primeira vez que nos encontramos.
Enzo sorriu:
– Isso não quer dizer que não tenhamos nos encontrado antes.
– Onde e quando que eu não me lembro?
– Quando estudamos as leis que regem o nosso Universo, Marina, encontramos resposta para muitas das perguntas que fazemos ao longo da vida.
– Leis...?
– É. A vida é regida por leis assim como a sociedade determinou as leis de trânsito, por exemplo, para as ruas não virarem um caos.
– Você fala como se houvesse uma inteligência por trás das nossas vidas.
– E é isso mesmo. Uma inteligência. Divina. O que chamamos de Deus, o que chamamos de mundo espiritual. Gosto de estudar a vida, tudo que já se descobriu até então sobre a razão de estarmos aqui, por passarmos o que passamos, por conhecermos as pessoas que conhecemos, por amamos quem amamos... Para tudo há sempre um motivo maior.
Refleti e acabei guardando a minha opinião para mim.
– Você precisa aprender a equilibrar suas energias, Marina. E melhoramos nossas energias começando por escolher melhor os nossos pensamentos. Geralmente somos invadidos por vozes nada compreensivas que nos instigam a revolta, ao ódio, a impaciência e a maldade. Uma cabeça que se deixa dominar por essas vozes torna-se um caos, não acha?

Concordei.

– Pois bem, sugiro a você que comece a prestar melhor atenção nos pensamentos que invadem o seu mental e dispense aqueles que perceber que só vêm à tona para lhe instigar a fazer o mal, voltar-se contra as pessoas, prejudicar a si própria e a terceiros.

– Seria bom, sem dúvida, ter uma mente onde só houvesse pensamentos bons... – comentei, pensativa. – Mas como viver num mundo onde você decide fazer da sua mente um lugar onde só há pensamentos positivos e outros não fazem o mesmo e acabam prejudicando a sua pessoa?

– A vantagem nesse caso é que você que cultiva uma mente pacífica, positiva e próspera vive bem mais tempo feliz do que aqueles que não agem da mesma forma que você.

– A vida tem um lado maroto. De repente, cerca nossos caminhos com um muro que nos parece intransponível e chegamos à conclusão de que tudo acabou para nós.

Mas, se estivermos dispostos a seguir em frente, sem drama, sem mágoa, os muros logo serão pulados por nós, mas se tivermos pena de nós mesmos, nos fizermos de vítimas, os muros nos parecerão cada vez mais intransponíveis, porque a VIDA não gosta de quem se faz de pobre coitado, vítima de tudo e de todos, principalmente, de si mesmo.

A vida gosta dos corajosos, dos que vão à luta, que mesmo sob um céu de pessimismo, decidem pensar e agir positivamente, sem esmorecer. Que mesmo diante de previsões astrológicas ou econômicas negativas, decidem pensar diferente. O complexo de vítima é um dos maiores obstáculos que as pessoas enfrentam ao longo dos tempos. É o que estagna a alma e o físico.

Quando percebemos que a VIDA gosta dos fortes e sob qualquer pesar ainda continua gostando dela, da VIDA, podemos compreender por que ela nos apresenta desafios e superações, para que sejamos fortes e capazes de viver os altos e baixos que, por ventura, vierem ao nosso encontro, de cabeça erguida.

E lembre-se: nas horas mais difíceis de sua vida, você julgará, muitas vezes, que está inteiramente só, mas não, haverá sempre alguém a seu lado pronto e disposto a lhe ajudar da forma mais surpreendente e inesperada. Preste bem atenção, abra os olhos. O apoio virá muitas vezes do lugar que você menos espera. Por meio de pessoas que você jamais pensou que lhe estenderiam a mão. Você compreendeu? Mesmo? Reflita sempre que possível a esse respeito.

Eu, com ar sério e compenetrado, assenti com a cabeça. Sinceramente duvidava de que tudo aquilo fosse verdade. Para mim era algo lindo de se ouvir, mas que na prática não funcionava.

Desde esse encontro, sempre que possível, Lorenzo aparecia no Café para tomar um capuchino, sua bebida preferida ali, e me ver. Pelo menos uma vez por mês saíamos para almoçar ou jantar juntos. Era sempre muito bom estar na sua companhia. Ele me fazia sentir menos só naquela cidade onde você é apenas mais um. Gente com pressa demais para ser seu amigo ou ouvir seus problemas.

E assim os meses foram passando...

E durante as noites, lá estava eu virando de um lado para o outro na cama. Tentando dormir sem nunca ter êxito. Com a cabeça abarrotada de pensamentos confusos se misturando uns aos outros. Cansada de especulações, até então inexplicáveis.

Nas noites em que conseguia pegar no sono facilmente, despertava subitamente na madrugada, de um sono pesado, e não mais conseguia dormir.

Ficava lá, virando de um lado para o outro, incomodada, mais uma vez, com a dificuldade de dormir, de relaxar e de tirar da cabeça o passado que pensei que nunca mais viria a lembrar e me incomodar após ter me mudado para os Estados Unidos. Mas lá estava ele, como uma ferida sem poder de cicatrização. Um horror, um inferno na alma.

Em cada amanhecer eu olhava cada vez mais, sem interesse, para a vida.

...

Haviam se passado quatro anos desde a minha chegada à América. Era inverno outra vez, no meu coração era inverno constante. Ao ver que depois de mudar de país minha vida não voltara a ser como antes, que eu não conseguira atingir a felicidade tão sonhada e o dinheiro de que tanto precisava para pagar a cirurgia plástica que eu tanto necessitava, a depressão começou a me dominar por inteiro.

Certa manhã, eu, simplesmente, não consegui me levantar da cama, sequer tomar um café para me dar ânimo para ir trabalhar. Eu estava um caco, com um pensamento só em minha mente: tudo nos Estados Unidos da América era o mesmo que no Brasil. Eu própria, Marina, era a mesma. E agora, percebia eu, não era exatamente do que me aconteceu que eu tentava escapar e, sim, de quem eu me tornara depois da tragédia. Do ódio que me queimava por dentro, da revolta que chegava a me deixar com falta de ar.

Baixinho, disse a mim mesma:

– Chega, Marina! Chega de sofrer em vão! De viver esse martírio sem fim. Chega!

Isolada naquela quitinete feiosa, sem família, sem amigos, sem amor, sem nada eu não tinha no que me apegar para continuar viva.

Escapar, fugir. Era esse o refrão que não saía da minha cabeça desde que deixara o Brasil.

Atravessei o quarto, encarei a janela e olhei para a rua. Lentamente me afastei e me sentei à mesa, peguei um frasco de comprimidos faixa preta e despejei o conteúdo sobre ela. Tomando todos de uma vez, segundo uma conhecida viciada em drogas havia me dito, seria o suficiente para morrer.

Levantei e peguei um copo de água, voltei a me sentar à mesa. Coloquei todos os comprimidos na palma de minha mão e me preparei para ingeri-los.

Capítulo 11

No mesmo instante, bateram leve e discretamente à porta. Franzi a testa. Minha mão parou no ar, a meio caminho da boca. Quem seria o chato? O estraga prazeres? Com tantas horas para aborrecer alguém havia de ter escolhido bem aquela?

Dei de ombros. Não abriria a porta. Para que me incomodar? Fosse quem fosse, iria embora e voltaria noutra ocasião, quando eu já estivesse morta, quando a quitinete já tivesse um novo inquilino.

Bateram novamente. Dessa vez um pouco mais forte. Não me movi. Não podia haver assunto tão urgente, quem estava batendo acabaria indo embora.

Felizmente não foi. Continuou insistindo e, ao que me pareceu, insistiria até que a porta fosse escancarada.

Visto que a pessoa não iria embora enquanto não fosse atendida, pus os remédios de lado e fui ver quem era. Para a minha surpresa, Enzo estava ali, olhando com certa intensidade para mim.

Fiquei branca de vergonha e, ao mesmo tempo, de surpresa por vê-lo.

– Marina... – disse ele no seu inglês mais gentil.

Fugi do seu olhar.

– Posso falar com você um minutinho? – continuou ele, ansioso.

Diante de minha indecisão, ele solenemente, insistiu:

– Por favor.

Assim que lhe dei passagem, ele olhou para os comprimidos na mesa. Ao perceber que havia me esquecido deles, quis me matar, dessa vez de ódio e, ao mesmo tempo, de vergonha.

152

– Posso me sentar? – perguntou ele um tanto ansioso.
– S-sim... sim... – gaguejei como uma tonta.
Uma vez mais os olhos de Enzo viraram-se para os preparativos na mesa. Os meus o acompanharam.
– Fui ao Café e quando soube que há dias não aparecia tampouco ligava para dar notícias ou atendia ao telefone, decidi vir aqui. Achei que devia. Que precisava de...
– Eu, precisar? Do quê?
– De alguém para conversar.
Ri, fingindo-me de forte e segura.
Uma vez mais os olhos de Enzo voltaram-se para os preparativos na mesa. Os meus o acompanharam.
– Eu estava ajeitando uma coisas... – menti, deslavadamente.
– Não minta para mim. Somos amigos, sei bem o que pretendia. E vim até aqui, correndo porque algo me dizia que precisava muito, para impedir você de cometer essa besteira.
– Não seja ridículo, Enzo – disse eu, fingida como nunca. – Imagina que eu ia me suicidar, ou coisa que o valha? Só os fracos se suicidam. Não sou fraca. Nunca fui. Vou até o fim.
– Não estou apenas imaginando – respondeu Enzo, seriamente. – Estou absolutamente seguro do que digo.
A cor sumiu do meu rosto e meus lábios ficaram entreabertos, abobalhados. Foi ele quem quebrou o silêncio constrangedor que nos envolveu:
– Gosto de você, Marina. Preocupo-me com você.
A cor voltou violentamente ao meu rosto. Inclinei-me para a frente e disse, com cólera e frieza:
– Eu ia mesmo acabar com a minha vida! Que motivos tenho pra viver, Enzo?! Nenhum! Entende? Nenhum! Não sei mais amar, ninguém me ama, sou uma mulher feia, amarga e infeliz. Para que continuar vivendo?
O silêncio pairou no recinto por alguns minutos. Foi Enzo, mais uma vez, quem o interrompeu:

– Você acha mesmo que essa é a melhor solução para o seu caso? – perguntou-me, olhando-me seriamente.

Recostei-me na cadeira, semicerrei os olhos, apertei os punhos e desabafei:

– Que me resta nesta vida, Enzo, senão...?

A resposta chegou aos meus lábios com tal naturalidade que eu quase não percebi o que fazia.

– Acho que fui grosseira com você... – disse eu meio minuto depois, em tom de quem pede desculpas, num inglês desajeitado.

Enzo inclinou a cabeça, linda, mirou os meus olhos, sorriu e disse:

– Não se preocupe, às vezes somos rudes mesmo, mas é sem querer.

Ele pegou em minhas mãos e sorrindo acrescentou:

– Tenho uma proposta para você. Estou precisando de alguém lá em casa para pôr a casa em ordem. Pago o mesmo que você estiver recebendo no Café. A vantagem é que você não terá mais de pagar um local para morar, pois terá um quarto para você lá. Também fará as refeições lá, o que a ajudará a economizar um bocado. Além do mais, a casa é mais arejada, o quarto que você vai dormir é mais arejado, a vizinhança é bacana, e eu estarei lá para fazer-lhe, de certo modo, companhia.

Ele endireitou o corpo, tomou ar e perguntou, olhando atentamente para os meus olhos.

– E então? O que achou da minha proposta? Não precisa me responder já, pode refletir a respeito. Dou-lhe até amanhã para decidir.

Suspirei.

O rosto de Enzo pareceu transformar-se, quando dei um sorriso de menina.

– Aceito sua proposta, Enzo.

Dessa vez, foi o rosto dele que se transformou de alegria.

...

Eu tremia quando cheguei à casa de Enzo Salvadego no dia seguinte. Percebi o fato ao esticar meu dedo indicador para tocar a campainha.

Din Don!

Logo ele surgiu à porta com um de seus sorrisos bonitos e, um calor humano, que até então não encontrara noutro americano.

Dando passagem para eu entrar, Enzo Salvadego, disse:

– Entre, Marina, vou lhe mostrar a casa.

Após me levar para conhecer cada aposento de sua morada, Enzo me perguntou:

– O serviço não é tão complicado, é? Você pode dar conta, não?

– S-sim, posso, sim.

De fato, pareceu-me tudo bem fácil de organizar e manter limpo.

Depois de ajeitar minhas coisas no quarto que ocuparia na casa, com a ajuda de Enzo, sentamo-nos para o café, sanduíches e biscoitos.

Por um momento tive vontade de dizer o que estava pensando.

"No quanto ele era encantador comigo, o quanto seu jeito tranquilo, sua atenção me faziam bem." Mas, não tinha intimidade suficiente para isso.

Entre um gole de café e outro, Enzo me falou algo que me deixou pensativa:

– A felicidade, para a maioria das pessoas, é tal como uma miragem num deserto. Por quê? Porque elas se põem num deserto ao viverem à sombra de pensamentos negativos, fúteis e materialistas... jamais ouvindo ou notando que vive em seu interior acima disso tudo. A maioria das pessoas que seguem à sombra de pensamentos positivos, humanistas e prósperos, jamais têm a felicidade como uma miragem no deserto.

Era por isso que eu gostava de Enzo, não só porque me tratava com respeito e doçura, tão encantadoramente, que me sentia cada

155

vez mais à vontade na sua companhia, mas por me estimular a pensar diferente, positivamente.

Naquele mesmo dia liguei para o Brasil para a mamãe e papai, e Beatriz para lhes contar a novidade. Ambas se alegraram muito com as mudanças em minha vida. Confesso que a mudança para a casa de Enzo, trabalhar para ele, foi uma injeção de ânimo em minha vida.

Como ele mesmo me disse, certa vez: "...nas horas mais difíceis de sua vida, você julgará, muitas vezes, que está inteiramente só, mas não, haverá sempre alguém a seu lado pronto e disposto a ajudá-la da forma mais surpreendente e inesperada. Preste bem atenção, abra os olhos. O apoio virá muitas vezes do lugar que você menos espera. Por meio de pessoas que você jamais pensou que lhe estenderiam a mão. Você compreendeu? Mesmo? Reflita sempre que possível a esse respeito."

Capítulo 12

Semanas depois, por volta das quatro da tarde, a campainha da casa tocou. Ao abrir a porta encontrei um moço alto, de cerca de trinta anos, privilegiado pelo mesmo tipo de beleza que eu tivera um dia. A beleza que o destino me roubou. Jamais vira, na minha opinião, tamanha perfeição de traços: o nariz reto, a linha perfeita do queixo, os cabelos castanhos ondulados, jogados para trás, e a testa bem-proporcionada. O cavanhaque devidamente aparado realçava os lábios rosados lindamente esculpidos pelas mãos da natureza.

– *Can I help you?(Pois não?)* – disse eu procurando ser simpática.

– O Enzo está? Acho que ainda não chegou, não é mesmo? Melhor. Assim lhe faço uma surpresa.

– O senhor é o Tom, o amigo que ele estava aguardando?

– Eu mesmo. Tom Mackenzie.

Tom Mackenzie era, na minha mais modesta opinião, um homem agraciado pelas mãos divinas da natureza. Estendeu-me a mão, como se fosse um anfitrião recebendo um convidado.

Ele disse:

– Seu nome mesmo é...

Eu, por estar ligeiramente nervosa, por um segundo não compreendi sua simples pergunta.

Ele sorriu tranquilizadoramente e repetiu, com voz calma:

– Seu nome. Seu nome é mesmo...

— Ah, sim! – exclamei, rubra. – Marina. Meu nome é Marina.
— Marina – repetiu ele, com um entusiasmo juvenil em sua voz. – Muito prazer, Marina.

Tom deteve os olhos nas cicatrizes que cobriam o meu rosto, mas ao perceber que eu ficara encabulada, pediu-me licença e entrou carregando as malas.

Encaminhei-o ao quarto reservado para ele e procurei ajudá-lo a pôr suas coisas no lugar. Por fim, ele me agradeceu e ficou por um longo minuto prestando atenção em mim, certamente estudando as cicatrizes que os estilhaços do vidro deixaram em minha face. Ao perceber, tentei explicar:

— Foi um acidente...
— Eu sinto muito.

Engoliu em seco e tive a impressão de que o moço bonito imaginou como seria meu rosto sem as cicatrizes e conseguiu ver a beleza que o cruel destino me roubou.

— Deve ter sido muito difícil para você – comentou ele com certa rigidez.

— Foi. Foi, sim. Na verdade, ainda é. Tento esquecer o que se passou, mas como? Se toda vez que me olho no espelho, que sou obrigada a me ver no espelho, as marcas desse passado estão bem ali, expostas na minha face? Impossível, não?

Ele assentiu, pensativo. E quebrando a tristeza, falou:

— Vou tomar um banho para tirar o cansaço da viagem.

Deixei o quarto e fui preparar o jantar como Enzo havia me pedido para quando o amigo chegasse.

Era por volta das seis e meia quando Tom, pela janela da sala avistou Lorenzo cruzando o gramado em direção à porta da frente da casa. Assim que Enzo entrou, ele pulou na sua frente e deu um urro. Enzo também urrou, só que de susto. Depois se abraçaram, forte, com tapinhas nas costas, como dois velhos camaradas.

Durante o jantar, Enzo e Tom me cobriram de elogios. Naqueles quatro anos na América eu havia aprendido a cozinhar, além do inglês e a administrar sozinha o meu orçamento mensal, aprendi a usar devidamente o meu salário. E eu, modestamente, estava cada vez melhor na arte da culinária.

O jantar foi regado a muito vinho, piadas e risadas. Quando fui dormir os dois amigos ainda estavam na sala, conversando animados e rindo muito.

O ar de limpeza, o vestuário bem cuidado e a tagarelice dos dois os diferenciava dos homens brasileiros.

Dias depois, resolvi fazer um agrado para o meu patrão. Depois que ele me segredou que adorava tomar café da manhã no quarto, preparei tudo sobre a bandeja apropriada e fui levar para ele. Deixaria a bandeja ali para que quando acordasse tivesse uma grande surpresa. Sobre ela havia café, leite, *donuts,* bolachas, bacons, sucrilhos, tudo, enfim, que os americanos adoram comer durante o café da manhã.

Entrei no aposento sem bater e devagarzinho para não acordar o Enzo. Porém, quando avistei Tom deitado ao seu lado na cama de casal, a bandeja caiu de minhas mãos tamanho o choque. O estardalhaço despertou os dois moços com um tremendo susto. Eu, tomada de desespero, corri para fora do quarto sem dizer uma palavra sequer.

Assim que Enzo se vestiu foi me procurar na cozinha.

– Eu não devia... – disse eu, com voz alta e nervosa –, não devia ter... Eu...

A tensão transparecia tanto na minha expressão quanto a minha voz.

– Deve ter sido um choque para você, desculpe. Mas eu pensei que você já tivesse percebido.

– Percebido?! – exclamei, chocada. – Como poderia se vocês dois são tão...

– Homens?

– Sim.

– É, eu sei, ainda se pensa que gays são todos efeminados. Mas isso não é verdade.
– Agora sei que não é.
– O Tom achou que você não havia percebido sobre nós dois, então disse a ele que se você ainda não havia percebido que nós dois éramos um casal, digamos assim, eu lhe contaria a verdade para que pudéssemos conviver sem embaraços.

Ele tomou ar e perguntou, olhando firme para mim:
– Isso é possível, Marina?

Evitei dar a resposta que eu não sabia ao certo qual era. Seria melhor mudar de assunto, voltar ao natural, ainda que com fingida naturalidade, para que não complicasse as coisas para mim, afinal, eu era a empregada da casa e queria manter meu emprego, precisava dele.

– Como foi?... – perguntei na esperança de suavizar a situação.
– Onde foi que você e o Tom se conheceram? Como surgiu essa paixão entre vocês?
– Você quer saber mesmo?

Dirigi a ele um rápido sorriso e tornei-me novamente humana. Enzo assentiu com um leve movimento de seu rosto e, com uma encantadora doçura no olhar, falou:
– Está bem, vou lhe contar tudinho.

De fato me contou. Foi num cruzeiro para as Bahamas em que os dois se conheceram. Foi, se é que é possível realmente isso acontecer entre dois homens, amor à primeira vista. Já estavam juntos há 5 anos.

– E como a família de vocês reagiu a... isso? – perguntei, quando ele me pareceu terminar sua história.
– Com muito drama, logicamente. Meus pais aceitaram, os de Tom, não. Eles são muito radicais, donos de uma igreja que prega contra a homossexualidade. No Brasil vocês não devem nunca ter ouvido falar dessa religião, mas aqui na América, ela é bastante famosa.

– Nossa, eles pregam contra o filho?!...
– Sim. Que ironia do destino, não?
Concordei.
– Ao invés de ajudarem, eles só complicam as coisas. Estimulam, indiretamente, a agressão aos gays nas ruas quando andam sós e indefesos. Tem havido muito ataque aos gays na América. E muitos não sobrevivem a esses ataques. Morrem e muitos na flor da idade. É uma coisa pavorosa.
– Eu cheguei mesmo a ler e ouvir algo a respeito.
– A igreja fundada pelos pais de Tom afirmam que os gays são uma pouca vergonha, mas agredir o próximo, matar, desrespeitar sua individualidade, sua natureza, isso para eles não é. Que contrassenso, não?
– Concordo.
– Apesar dos pesares, eu e Tom temos um relacionamento feliz. Apesar de tudo que a mãe e o pai deles já fizeram contra nós, especialmente contra mim, ainda estamos juntos e felizes.
– Que tipo de coisa os pais de Tom fizeram contra você?
– Fizeram com que eu perdesse meu emprego. Um que amava e para o qual me dedicava profundamente. Convenceram, não sei como, por meio de chantagem emocional e pressão material, os donos das empresas a me demitirem. Depois, todo emprego que arranjava, logo, após um mês ou dois, era demitido sem ter nem por quê. É lógico que eles alegavam "corte de gastos", mas eu sabia, uma voz me dizia, interiormente, que havia um dedinho dos pais do Tom por trás das demissões. Só sei que hoje estou empregado porque o dono da empresa em que trabalho atualmente é gay, se não fosse, ainda estaria pulando de emprego em emprego.

É incrível o que as pessoas são capazes de fazer contra as outras por se sentirem incomodadas com suas diferenças. Para mim, quem muito se incomoda com algo diferente deveria se encarar no espelho e se perguntar o porquê de tanta implicância. A resposta não será bem-vinda e acho que ninguém faz isso porque já sabe intimamente o que virá a descobrir sobre si próprio.

E quando falo em implicância, me refiro a todo tipo de implicância, com pobres, negros, mulçumanos, ricos, gays, evangélicos, católicos, protestantes, do partido republicano ou conservador, tudo, enfim...

Nisso o Tom se juntou a nós. Houve um certo constrangimento da minha parte, mas Enzo, readquirindo seu tom alegre de sempre falou:

– Que tal nós três, juntos, prepararmos o café da manhã?

Tom urrou:

– Legal!

E assim fizemos e logo me descontraí outra vez e me senti ótima na companhia deles. Talvez você, amigo leitor, pense que eu estava apaixonada ou interessada pelo Enzo e, por isso, fiquei tão chocada ao descobrir que ele e Tom tinham um relacionamento. A verdade é que eu gostava dele mesmo como um amigo e um bom patrão. Ainda que fosse hetero eu não me apaixonaria, nem por ele nem por outro, pois decidira nunca mais abrir meu coração para outro homem por pensar que todos, na minha mais humilde ignorância, fossem me fazer sofrer como Luciano Segabinassi me fez sofrer um dia.

Apesar de todos esses anos longe dele, só de trazê-lo à memória, sentia meu corpo se incendiar de ódio e daquele desejo de vingança que me perseguia, como uma sombra, pela vida.

Enquanto isso, no Brasil. Beatriz comemorava mais um aniversário de seu filho adorado com uma festa linda, decorada graciosamente por ela própria.

As crianças agitavam-se em volta da mesa do bolo cercada dos mais variados docinhos: brigadeiro, língua de sogra, beijinho, cajuzinho, queijadinha, tudo que, por sinal, pasmem, não existe nos Estados Unidos. Inclusive os deliciosos risoles, bolinha de queijo, quibe, barquinha com maionese, empadinha, pastelzinho, não tem por aqui, algo chocante para todo brasileiro que se muda para cá.

...
Com o passar dos meses, apesar de gostar de trabalhar na casa de Enzo, de me sentir bem trabalhando por lá, de ser um serviço até que fácil, de ter um salário melhor, de estar podendo juntar algum trocado para o meu maior propósito de vida, o desânimo me pegou outra vez. Percebendo meu desencanto com minha vida, Enzo me sugeriu, na verdade, obrigou-me a procurar um psiquiatra. Era preciso, não queria me ver pensando em suicídio outra vez. Desde a consulta passei a tomar um antidepressivo, mas o resultado não foi dos melhores. É lógico que para o Brasil, quando ligava para Beatriz, mamãe e papai, dizia que tudo estava indo às mil maravilhas, que nunca estivera tão contente, para não preocupá-los, mas a verdade é que eu, no íntimo, queria sumir, me sentia desacorçoada com a vida, sem chances de realizar o que eu mais queria que era ter meu rosto novamente como antes por meio de uma cirurgia plástica.

No dia em que não consegui mais me levantar da cama, Enzo ficou deveras preocupado comigo. Já me vira numa depressão parecida e sabia muito bem o que me acontecera quando fiquei assim. Chegou a pagar um psiquiatra particular para me examinar, na esperança de me livrar de qualquer pensamento suicida. Igual a Enzo, com sua bondade infinita, acho que eu jamais encontraria outra pessoa no planeta. Ele era realmente formidável para comigo, uma mistura de pai, mãe, irmão, irmã, tio, tia, padrinho, tudo junto, todos num só.

Um dia, quando eu já estava entregue à depressão por mais de 20 dias, mal conseguindo me manter em pé para fazer o mínimo que deveria ser feito a fim de manter a casa em ordem, Enzo me procurou para ter uma conversa muito séria.

Numa voz calma e bem modulada, ele falou:
– Eu queria lhe fazer uma proposta.
– Proposta?
– É... uma ideia que me ocorreu. Algo que seria legal para você, para mim e para o Tom.

– Diga.
– Acho melhor não. Você pode se ofender.
– Não, Enzo, diga.
Ele tomou coragem e comigo, compartilhou a sua ideia.
– Eu e o Tom queremos muito criar um filho. Poderíamos adotar um ou, encontrar uma mulher para fazer uma inseminação artificial, ou seja, juntar os espermatozóides do Tom com o óvulo dela por meio de uma inseminação artificial e... penso que você poderia ser essa mulher, Marina.
– Ser uma barriga de aluguel, é isso?
– É algo mais do que isso, Marina. Pois os óvulos seriam seus. Consequentemente o filho também seria seu. Em troca desse favor, digamos assim, Tom está disposto a pagar para você a cirurgia plástica na sua face, a qual você tanto almeja. E num dos melhores cirurgiões plásticos do país. Daríamos também a você uma quantia para poder voltar para o Brasil e recomeçar sua vida por lá.

Eu fiquei simplesmente com rosto de paisagem diante da proposta.

Diante da minha expressão facial, Enzo apressou-se em dizer:
– Foi bobagem da minha parte ter pensado nisso. Desculpe-me, eu não deveria ter...

Eu o interrompi:
– Você só está me dizendo isso para evitar que eu... Você sabe...
– A proposta que lhe faço é muito séria – reforçou Enzo. – Vejo mesmo em você a pessoa perfeita para realizar o meu sonho e do Tom de termos um filho. Penso também que, com isso, você teria um objetivo de vida e uma solução para o que tanto a martiriza.

Pensei um instante, por fim, falei:
– Não suporto mais ilusões, Enzo – declarei em tom amargo –, se estiver brincando comigo... Deixando-me empolgada com algo que não vai acontecer, acho melhor dizer...

Enzo afirmou apressadamente:
– Falo sério, Marina. Acredite-me!

Eu continuei sentada, olhando para ele e piscando os olhos, pensativa. Ele também olhava para mim, com evidente ansiedade por uma resposta.

Quando um leve brilho transpareceu nos meus olhos, a única parte do meu rosto que se manteve bonita, Enzo pareceu se empolgar.

– Está bem, eu aceito a sua proposta.

Ele me deu um sorriso breve e num tom sério me fez um alerta:

– Só que você perderia o direito sobre a criança, Marina. Abriria mão dela. Esqueceria que a teve. Para que eu e o Tom nos tornássemos realmente seus pais. Únicos pais. Penso que isso seria bem difícil para uma mãe, Marina. Nada fácil.

– Não?!

– Não! Toda mãe se apega demais ao filho muito antes de ele deixar sua barriga.

– Será que eu me apegaria tanto assim? Não sei... Nunca fui de me apegar a nada.

– É melhor você pensar bem, antes de tomar alguma atitude.

– Eu já tomei a minha decisão, Enzo.

– Não se precipite, Marina.

– Não há precipitação alguma. Estou certa do que quero fazer. Muito certa!

– Muito bem – afirmou Enzo com ar satisfeito. – Procurei você porque achei mesmo que não faria objeções a esse pequeno detalhe.

– Não se preocupe. Pretendo voltar para o Brasil após a cirurgia plástica, estou morta de saudade de minha família e... tenho algo a acertar por lá. Não pretendo nunca mais voltar para os Estados Unidos.

– Nesse caso – disse Enzo levantando-se rapidamente –, não temos nem um minuto a perder.

Desde o trato com Enzo e Tom, minha depressão desapareceu, eu passei a andar perambulando pelas ruas do bairro onde morávamos como se eu vagasse em um mundo de sonhos. Eu estava

165

feliz, surpreendentemente feliz por saber que agora teria finalmente condições de ter meu rosto de volta.

Assim que assinamos o acordo entre nós, onde eu aceitava abrir mão da criança após o parto (que estava doando meus óvulos) tiveram início os preparativos para a inseminação artificial. Passei a ocupar o quarto que era tido para visitas e Enzo encheu a casa de alimentos para que eu me tornasse uma grávida forte e saudável. É lógico que todos esses cuidados eram por causa do filho que, muito em breve, iria nascer.

Quando Beatriz soube do acordo (trato) é lógico que ela ficou muda ao telefone.

– Beatriz, você ainda está aí? – perguntei diante do silêncio do outro lado da linha.

– E-estou... é que perdi a voz diante do que acaba de me contar.

– Relaxa e se sinta feliz por mim.

– Você tem certeza, Marina que deve fazer isso?

– Sim, absoluta...

– Mas... Uma mãe se apega tanto ao filho, mesmo antes de ele nascer que...

– Eu voltarei para o Brasil, Beatriz, e como diz o ditado: "O que os olhos não veem o coração não sente".

Certo dia, enquanto eu ajeitava algumas coisas no quarto quando a campainha tocou.

– Pois não? – disse eu ao atender a porta.

Uma senhora muito bem vestida, com ares realmente de uma dama, com o estilo de penteado imponente, onde boa parte daquela riqueza capilar era artificial, estava parada ali.

– Pois não? – repeti.

– Eu sou a mãe do Tom. Meu nome é Angelina Mackenzie.

Por alguma razão obscura, a mulher me assustava.

Dona Angelina Mackenzie me analisou de cima a baixo.

– Se a senhora está procurando pelo Tom ele não está – disse eu, polida.

Ela tornou a me olhar de cima a baixo e falou:

– Estou aqui para perguntar a você: como pôde? Como pôde compactuar com algo tão abominável?

– Do que a senhora está falando?

– Ora, do que estou falando? Você é burra, por acaso?

O ar de incompreensão ainda se manteve na minha face.

– Pelo visto, além de estúpida, é burra.

Estaria eu ouvindo certo?, perguntei-me.

A mulher continuou em tom afiado:

– Não vê que está comungando com o diabo?

Diante do meu espanto ela continuou me metralhando com palavras:

– Aceitar ter um filho para ser criado por dois homens é imoral, um pecado mortal, um pacto com o diabo.

– A senhora acha isso mesmo?

– Deus fez o homem para se casar com uma mulher, não com outro homem. Se fosse para eles criarem filhos teria dado um útero para um deles.

Engoli em seco. Não sabia o que dizer. Ela fez sinal para que eu lhe desse passagem e entrou na casa.

– Amo meu filho, amo muito e, por isso, estou aqui. Para tentar mais uma vez impedir que ele cometa novamente uma burrada em sua vida. Uma burrada que o levará para o inferno eterno. Para cada vez mais longe de Deus.

– Confesso que eu nunca havia visto o homossexualismo por esse ângulo.

– Nós fundamos uma igreja. Uma igreja que se tornou respeitada e querida por muita gente na América. No entanto, por maior que seja a nossa força para o bem, o satanás continua procurando meios de nos destruir. Porque esse é o objetivo da *besta*. É como um terrorista, eles sempre encontram uma forma de colocar um deles, uma célula, como eles mesmo chamam, no meio da

167

sociedade a qual consideram sua inimiga para destruí-la por meio de atentados escabrosos.

No nosso caso, o satanás se apossou da mente do Tom, fez com que ele acreditasse que é homossexual só para poder nos perturbar e denegrir a imagem da nossa igreja. Nosso filho está possuído pelo demônio. Todos os homossexuais são pessoas dominadas pelo demônio. E você, sua inconsequente, está colaborando com o satanás também ao aceitar ter um filho para que dois homens imorais o criem.

As palavras daquela mulher me chocaram e me assustaram profundamente. De repente, eu me sentia como se fosse uma formiguinha em sua mão.

– Só você pode me ajudar a libertar meu filho Tom do domínio do satanás. Posso contar com você?

Fiz que sim, com a cabeça, impressionada, sem argumentos.

– Graças a Deus você tem um cérebro que assimila tudo rapidamente – declarou dona Angelina, satisfeita.

Tornei a repetir o gesto com a cabeça,

A mulher bateu-me no ombro, como faz um mestre satisfeito com seu aluno.

Tom foi o primeiro a chegar em casa.

– O que foi? – perguntou ao me achar distante. – Aconteceu alguma coisa com você, com o bebê?

– Não, comigo está tudo bem. Com o bebê, também...

– O que há?

– Sua mãe...

– Minha mãe? O que tem ela?!

– Ela esteve aqui.

– Aqui?! Mamãe?! O que ela queria? Você disse que eu não estava... Que bom eu ter saído, não seria nada agradável para mim, hoje, ter de enfrentá-la...

Eu, delicadamente, o interrompi:

– Ela não queria falar com você, queria falar comigo.

Foi como se os olhos lindos de Tom tivessem saltado para fora como vemos nos desenhos animados.

– Com você? A respeito do quê? Ela...

Ele bufou, irritado.

– Já sei. Ela descobriu sobre a inseminação artificial. Descobriu que é você a mulher que arranjamos para gerar o filho meu e de Enzo.

Assenti. O silêncio caiu sobre nós.

– O que há? – perguntou ele, recompondo-se.

– Será que isso realmente é certo, Tom?

– O quê?

– Essa gravidez?

– Ih, já vi tudo. Minha mãe encheu sua cabeça de minhocas.

Assim que Enzo chegou, Tom contou imediatamente para ele a respeito da visita que dona Angelina me fizera.

– Acalme-se, Marina – pediu-me Enzo com sua delicadeza de sempre. – Dona Angelina, o marido dela e muitas outras pessoas encaram os gays como demônios por terem uma estreita visão sobre a realidade da vida.

– Como vou saber se vocês estão certos como afirmam estar?

– Eu me fiz essa mesma pergunta um dia, Marina. Foi então que o destino me ajudou a encontrar a resposta.

– Destino?

– Sim. O destino. Foi por meio dele que descobri um homem chamado "Chico Xavier".

– Pera aí, já ouvi falar dele. É brasileiro, não?

– Exatamente. Muitos dos seus livros foram traduzidos para o inglês.

– O que ele disse exatamente?

– Vou ler para você um trecho:

"*Não vejo pessoalmente qualquer motivo para criticas destrutivas e sarcasmos incompreensíveis para com nossos

---

*Publicada no Jornal Folha Espírita do mês de Março de 1984. (N. do A.)

irmãos e irmãs portadores de tendências homossexuais, a nosso ver, claramente iguais às tendências heterossexuais que assinalam a maioria das criaturas humanas. Em minhas noções de dignidade do espírito, não consigo entender porque razão esse ou aquele preconceito social impediria certo número de pessoas de trabalhar e de serem úteis à vida comunitária, unicamente pelo fato de haverem trazido do berço características psicológicas e fisiológicas diferentes da maioria. (...)

Nunca vi mães e pais, conscientes da elevada missão que a Divina Providencia lhes delega, desprezarem um filho porque haja nascido cego ou mutilado. Seria humana e justa nossa conduta em padrões de menosprezo e desconsideração, perante nossos irmãos que nascem com dificuldades psicológicas?"

"Temos tido alguns entendimentos com espíritos amigos, notadamente, com Emmanuel a esse respeito. O homossexualismo, tanto quanto a bissexualidade ou bissexualismo, como assexualidade são condições da alma humana. Não devem ser interpretados como fenômenos espantosos, como fenômenos atacáveis pelo ridículo da humanidade. Tanto quanto acontece com a maioria que desfruta de uma sexualidade dita normal, aqueles que são portadores de sentimentos de homossexualidade ou bissexualidade são dignos do nosso maior respeito e acreditamos, que o comportamento sexual da humanidade sofrerá, no futuro, revisões muito grandes, porque nós vamos catalogar do ponto de vista da Ciência todos aqueles que podem cooperar na procriação e todos aqueles que estão numa condição de esterilidade. A criatura humana não é só chamada à fecundidade física, mas também à fecundidade espiritual. Quando geramos filhos, através da sexualidade dita normal, somos chamados... também à fecundidade espiritual, transmitindo aos nossos filhos os valores do espírito de que sejamos portadores.

---

*Entrevista concedia à extinta Rede Tupi de Televisão, São Paulo, ao programa "Pinga Fogo", em 28 de julho de 1971. (N. do A.)

...se as potências do homem na visão, na audição, nos recursos imensos do cérebro, nos recursos gustativos, nas mãos, na tactividade com que as mãos executam trabalhos manuais, nos pés, se todas essas potências foram dadas ao homem para a educação, para o rendimento no bem, isto é, potências consagradas ao bem e à luz, em nome de Deus, seria o sexo em suas várias manifestações sentenciado às trevas?"
– Belas palavras.
– É, não é? Na obra "Vida e Sexo" psicografada por Chico, Emmanuel, o espírito que ditou a obra, ensina que o "Espírito passa por fileira imensa de reencarnações, ora em posição de feminilidade, ora em condições de masculinidade, o que sedimenta o fenômeno da bissexualidade, mais ou menos pronunciado, em quase todas as criaturas." Além disso há vários fatores educacionais que poderiam contribuir para despertar no indivíduo as tendências sepultadas nas profundezas de seu inconsciente espiritual.
Dei evidentes sinais de surpresa e de estar maravilhada com tudo aquilo. Enzo, empolgado, continuou:
– Para mim Chico Xavier foi um gênio. Não somente por suas sábias e belas palavras, mas pelo seu trabalho social, suas intermináveis obras de caridade. Pena não tê-lo conhecido pessoalmente. Adoraria.
– Aqui está o livro do Chico para você dar uma lida. Há outros dele na estante, é uma leitura enriquecedora.
Calei-me por um tempo, uma profunda meditação, por fim dividi com Enzo o que estava me martelando a cabeça feito um pica-pau:
– Se há vida após a morte, tanto quanto reencarnação, Deus não pode permitir que certas pessoas, inúteis, que nada fizeram pela humanidade renasçam.
– Mas todos têm os mesmos direitos na vida.
Retrucou Enzo com veemência:
– Mas não deveriam ter.
– Mas são todos filhos de Deus, Marina. Todos, sem exceção.

Quedei pensativa.

Enquanto conversávamos, Tom saiu para ir à casa dos pais tirar satisfações da mãe. A família Mackenzie morava numa casa grande, com muitos ambientes, a maioria desnecessários, visto que mal eram visitados pelos moradores. Havia muitos quadros decorando as paredes revestidas com belos papéis de parede, os mais luxuosos, os mais caros.

Lindas cortinas douradas cobriam as janelas gigantes. Havia luxuosas obras-primas arrematadas por exorbitâncias nos leilões mais bem conceituados do país. O jardim dos fundos da mansão era quilométrico, a piscina gigante.

Gilbert Mackenzie, o famoso pastor, gabava-se do dinheiro que tinha e de tudo que ele podia lhe propiciar somente, logicamente, no meio das altas rodas, diante dos que frequentavam sua igreja, pregava descaradamente, que fizera voto de pobreza, que tudo que tinha seria tombado um dia em nome do senhor Jesus e todos acreditavam nele, piamente. Viviam não só luxuosamente como gozavam de regalias pudicamente veladas.

Tom, diante da mãe, rasgou o verbo:

– Acontece que eu amo Enzo, mãe.

– Ama? – duvidou ela, levantando a sobrancelha, enquanto sorria ironicamente. – Só existe amor, amor de fato, profundo e verdadeiro entre um homem e uma mulher. Tudo mais que esteja fora dessa combinação é fictício, irreal e imoral.

– Para a senhora e para todos de mente estreita que se importam mais com o que outro vai pensar dele do que com os próprios sentimentos – retrucou o rapaz, coberto de razão. – Tenho uma importante notícia para a senhora, minha mãe: não importa o que o outro pense de você o que importa é o que ele pensa de si próprio.

A senhora e o papai falam tanto sobre Deus e convidam todos a se espiritualizar mais e mais, mas quem precisa mesmo se espiritualizar é a senhora e ele porque, assim como muitos, estão completamente por fora da realidade que cerca a vida.

– Você é mesmo uma vergonha... – afirmou dona Angelina, indignada. – Um castigo de Deus, na minha vida, imerecido.

– Que mal fazemos nós para a sociedade que a senhora tanto preza e quer proteger? Não somos terroristas, assassinos, estupradores, pelo contrário, somos trabalhadores, criativos, alegres... Temos algo a acrescentar à sociedade, não a denegrir.

A senhora, como muitos, acha que nós somos como uma praga que vai se alastrar pela humanidade destruindo todos, mas o que destrói e destruiu as pessoas ao longo dos tempos até hoje tem sido mesmo o preconceito. Veja o que o racismo fez e faz com a humanidade. Agora imagine um mundo, como diria John Lennon, onde todos aceitam todos igualmente, sem racismo e preconceito.

Dona Angelina, disposta a dramatizar ainda mais a situação, fazer-se de vítima na esperança de comover o filho, falou em tom de lamúria:

– Cria-se um filho com tanto carinho para um dia ele aprontar uma coisa dessas com os pais...

– Cria-se um filho para o mundo, mamãe. Chega de drama, vai...

Ela continuou ainda pior:

– Eu gastei horas e horas dando o melhor de mim para você crescer sadio e educado.

– Eu sei e lhe sou muito grato por isso. Acredite-me.

– Se fosse, não estaria me causando todo esse transtorno, essa vergonha tamanha para mim e seu pai.

– Por que a senhora tem de encarar a homossexualidade como uma vergonha?

– Porque é! É imoral, vergonhoso, uma vergonha para todos os pais e, especialmente, para Deus!

– A senhora e o papai também são, de certa forma, uma vergonha para mim e para Deus. Vocês enganam milhares de pessoas com palavras de fé roubadas da Bíblia para tirar proveito próprio, enriquecer, tornar-se o oposto do que pregam.

– Então estamos quites.

Ao dar-lhe as costas para partir, a mãe berrou:

– Vá, ingrato! Cuspa no prato que comeu! Mas um dia você há de se arrepender por estar estragando a sua vida com essa vida indecente que escolheu para si. Vá!

Quando Tom voltou para casa, Lorenzo o consolou.

– Eu amo minha mãe – desabafou Tom, quase chorando. – Não queria que as coisas fossem assim para nós. Se tudo pudesse ser diferente...

Lorenzo nada disse, apenas afagou o rapaz, procurando lhe dar algum conforto.

Capítulo 13

Algum tempo depois, no meu terceiro mês de gravidez, dona Angelina Mackenzie mandou me chamar até sua casa, num horário, logicamente, em que Tom e Enzo não estavam presentes, para uma nova conversa com ela. Uma mais séria do que tivéramos até então.

A anfitriã me recebeu numa sala espaçosa, cheia de quadros até o teto. As janelas estavam abertas e podia-se ouvir ao longe o murmúrio da cidade.

Dona Angelina desculpou-se pela ausência do marido.

— Meu esposo queria muito estar aqui para conversar com você, dar-lhe conselhos, mas está numa turnê por todas as igrejas que temos pelo país.

Expressei pesar pelo fato.

A mulher, então, foi direito ao assunto:

— Sabe por que sua vida foi uma desgraça, Marina?

Diante do meu ar de interrogação, a senhora Mackenzie explicou:

— Porque as forças espirituais já previam que um dia você tomaria parte de uma afronta às leis de Deus, como está agora. Porque gerar um filho para dois homens mal vistos por Deus, totalmente desaprovados pelo Criador, só pode trazer consequências graves para um indivíduo.

— A senhora acha, mesmo?

A sra. Mackenzie aquiesceu, enfaticamente, com a cabeça.

— Nossa, eu nunca pensei que...

– Você precisa se redimir dos seus pecados e não criar outros, ainda piores do que já fez – alertou a sra. Mackenzie com voz muito amável, mas que, de certa forma, parecia dar um sentido ameaçador às palavras.
– Sabe por que meu marido teve um infarto? – continuou ela.
– Porque o filho virou o que virou. Ele se tornou uma desgraça em sua vida. Luto para salvá-lo do inferno, para que no dia do "juízo" Jesus o absolva de seus atos escusos contra as leis de Deus.
Aquelas palavras me deixaram com as ideias em rodopio.
– Você quer se queimar no quinto dos infernos, Marina, quer?
– Não, é lógico que não!
– Então, ponha um fim nessa loucura. Por favor, em nome de Deus. Assim, você será reconhecida num futuro próximo como uma mártir da moral e dos bons costumes.
– A senhora está me sugerindo que eu faça um aborto, é isso? Já estou grávida há três meses não dá mais para interromper esse processo.
– É, eu sei... Mas que escolha tem você agora senão o aborto, ainda que seja um pecado grave e o único meio de consertar sua estupidez. Eu pago tudo, fique tranquila. Conheço um médico excelente para isso. Você não sofrerá nada, garanto.
– O problema, dona Angelina é que... bem... aceitei gerar os bebês para Tom e Enzo porque...
– Bebês?!
– Sim. São gêmeos!
– *Oh, my God!* Um pecado duplo.
– Pois bem, como eu dizia... aceitei a proposta dos dois porque eles vão pagar a cirurgia plástica que tanto preciso para ter meu rosto de volta, digo, sem essas cicatrizes horríveis deixadas pelo acidente que sofri anos atrás.
A mulher, olhos abobados agora dirigidos a mim, me perguntou:

---

*"Oh, meu Deus!" Em inglês no original. (N. do A.)

– Quer dizer que você vendeu sua barriga... vendeu essas crianças que estão sendo geradas no seu útero em troca de dinheiro? Que atitude mais baixa da sua parte, hein? Muito mercenária, você, minha cara. Isso denigre ainda mais a sua imagem diante do Senhor.

– O que esperava que eu fizesse, dona Angelina? Há quase dez anos que sonho com essa plástica e a proposta de Tom e Enzo foi a única coisa que me apareceu nesse ínterim para me ajudar a realizar meu sonho. Eu preciso ter meu rosto recuperado, dona Angelina. Voltar a ser, senão 100%, pelo menos 90 ou 80% do que foi.

– Tenho pena de você, minha cara. Pena de você diante de Deus.

– Que Deus me perdoe.

– Não lhe perdoará. Se quiser se redimir de toda essa estupidez dê um basta em tudo isso, o quanto antes. Ouça meu conselho. Reflita e volte a me procurar aqui, pois estarei esperando por você para pagar pelo procedimento. Para a sua salvação diante do Senhor.

Voltei para casa com a cabeça ainda mais confusa... Deveria eu acatar ou não o conselho de dona Angelina? Haveria inferno maior do que o que passara nos últimos 8 anos de minha vida?, perguntei-me. Acho que não!, foi a resposta que eu mesma me dei. Além do mais eu precisava do dinheiro que o Tom e o Enzo iriam me dar em troca dos bebês. O dinheiro que me permitiria refazer meu rosto e me vingar de Luciano. Ainda que eu me queimasse no quinto dos infernos, decidi seguir em frente.

Incrível que mesmo depois de ter ouvido Enzo ler aquele trecho tão especial extraído de entrevistas com Chico Xavier, deixei de levar em conta suas sábias palavras. Mais incrível era ter vários de seus livros na estante da sala da casa de Enzo, bem a minha disposição, uma fascinante leitura que poderia muito me ajudar a superar dúvidas, inseguranças, momentos difíceis, ajudar a me tornar uma pessoa melhor para mim mesma e para o próximo e, mesmo assim, deixava passar batido. O que prova definitivamente que a felicidade ou os meios para obtê-la de forma saudável podem estar bem ao seu lado e você ignorar plena e injustamente.

Nos meses que se seguiram me peguei admirando a minha barriga de grávida, chegando a me emocionar quando senti os primeiros movimentos dos bebês dentro de mim. Eu disse bebês, no plural, sim. Por meio do ultrassom já havíamos descoberto que seriam gêmeos. Dois garotos. O que me surpreendeu um bocado, pois jamais pensei que um dia, daria à luz a gêmeos.

Ao completar exatamente nove meses de gestação os meninos nasceram sãos e robustos. Um se chamou Ben e o outro Kim.

Sob a luz amortecida do quarto de um hospital repousava eu após o parto. Minhas pálpebras tremeram e abriram-se. Meus olhos castanhos olharam para o aposento com uma certa perplexidade, fecharam-se e tornaram a se abrir. A perplexidade aumentou. Era porque, de repente, me vi no quarto da Santa Casa da minha cidade onde fui internada após o acidente. Bem no momento em que recobrei os sentidos e o médico veio me dar a triste notícia sobre os danos que meu rosto sofreu após a fatalidade.

Não, eu não podia ter voltado no tempo. Não merecia viver tudo aquilo novamente.

O pensamento fez tremer meus lábios justamente quando a médica entrava. Ela tomou-me a mão, com os dedos no pulso, e olhou para mim.

— Como está passando?

Suas palavras foram repetidas por mim, como num sonho, e a voz era tênue e sem fôlego.

Com esforço, ergui os olhos para ela e disse:

— Deu tudo certo, não?

— Sim, Marina, tudo certo. Os gêmeos nasceram fortes e sadios.

Lorenzo que estava um pouco atrás da médica se postou junto à cabeceira da cama e ali ficou, derramando seu carisma e todo o seu encanto sobre mim.

– Correu tudo às mil maravilhas, Marina.
– Que bom, Lorenzo. Que bom...
– As crianças são lindas.
– Eu vou poder vê-las novamente, não?

Lorenzo voltou os olhos para o Tom e mesmo diante do seu olhar reprovador, respondeu:

– É lógico que sim, Marina.

Nisso a médica lembrou sobre a importância do leite materno. Tom, nesse instante, deu um passo à frente e se opôs terminantemente à ideia de eu amamentar os bebês.

Atendendo a um sinal da médica, os dois acercaram-se da mulher. Com discrição, ela explicou:

– É muito importante que os bebês recebam o leite da mãe. A amamentação é de extrema importância para o crescimento delas...

Tom novamente se opôs:

– Não há outro meio de eles serem amamentados com a mesma eficiência e qualidade?

A médica foi novamente enfática:

– Nenhum leite industrializado se compara ao leite materno.

Lorenzo pediu licença à médica e puxou Tom para o fundo do quarto para lhe falar em particular. Todavia, sua atitude foi em vão, se eu ouvi o que eles conversaram, a médica certamente também ouviu.

– Calma, Tom, não se afobe. Pense nas crianças, nas saúde delas! – falou Lorenzo.

Tom inclinou a cabeça para um lado, como frequentemente o fazia e falou com todas as letras:

– Eu não quero, Lorenzo!

– Por favor – insistiu Lorenzo com doçura, verdadeiramente preocupado com aqueles que agora eram seus filhos.

Tom foi enfático mais uma vez:

– Isso está totalmente fora de cogitação, Lorenzo! Se ela permanecer próxima dos bebês é capaz de se apegar a eles e...

179

Não quero nem pensar no que isso pode nos acarretar. Além do mais o combinado é que ela após o parto se afastaria dos nossos filhos, isso se ela quiser realmente o dinheiro para pagar a cirurgia plástica como combinamos.

— Eu sei, Tom. Eu sei... Mas é a saúde dos nossos filhos que está em jogo. Você deve pensar melhor. Deixe-a amamentar nossos bebês até que eles estejam bem nutridos.

Três meses é mais do que suficiente. Depois substituímos o leite materno pelo leite em pó que muitas mães que não têm condições de dar leite materno usam para alimentar seus bebês.

Tom refletiu rápido e respondeu, sério:

— Três meses?! Está bem.

— Você não vai se arrepender por ter consentido, Tom.

— Espero que não, mesmo, Lorenzo.

Ele assentiu com a cabeça e voltou para junto da médica que naquele instante conversava comigo.

Minutos depois os gêmeos eram trazidos para o quarto para eu dar de mamar. Eram dois meninos lindos, quase idênticos. Mamaram em meu peito com tanta vontade que fiquei levemente dolorida e impressionada.

Diante das duas crianças, os filhos que gerei em meu ventre, repeti para mim mesma:

"São adoráveis, mas não se apaixone por elas, Marina, elas não lhe pertencem. Elas são de Tom e Lorenzo. Eles serão seus pais. Você foi apenas parte do processo para elas nascerem tal como é um médico na hora do parto."

Acho mesmo que o lembrete não me era necessário, por nenhum momento eu me vi "mãe", depois de tudo que me aconteceu. Tampouco pretendia me tornar uma após a cirurgia. Eu, Marina, só tinha um objetivo na vida até então, recuperar meu rosto e ir atrás de Luciano Segabinassi.

Nas semanas que seguiram eu amamentei os gêmeos com toda dedicação de uma mãe e eles se tornavam cada vez mais lindos e robustos. Quando seus olhinhos batiam com os meus, algo de muito bom, indescritível se acendia dentro de mim. Mas a pedido do Tom, eu só ia à casa dele com Lorenzo nas horas determinadas para a amamentação, depois voltava para o quarto de um hotel ajeitadinho que pagavam para eu morar até que fizesse a cirurgia plástica e voltasse para o Brasil. Tom não me queria de hipótese alguma na mesma casa com os meninos para não me apegar a eles e, por mais que eu jurasse que isso não aconteceria, ele preferiu me manter distante dos dois.

Jamais pensei que Tom fosse tão austero, austero como a mãe, de quem puxou sua personalidade e determinação na vida, por isso os dois sempre se pegavam de frente.

Nesse ínterim, fui fazer a primeira consulta com o cirurgião plástico escolhido por Tom e Lorenzo, por ser considerado um dos melhores dos Estados Unidos.

O Dr. Harrison, encontrava-se em seu consultório, atendendo à sua penúltima paciente da manhã quando eu, acompanhada de Enzo, cheguei.

Eu estava ansiosa, visivelmente ansiosa e temi, por alguns segundos, que tivesse uma morte súbita de tanta ansiedade e alegria pelo que estava prestes a me acontecer. O que não poderia, não antes de eu realizar o meu sonho de ter meu rosto de volta.

Minutos depois, os olhos simpáticos e encorajadores do Dr. Harrison, observavam-me enquanto Enzo, na sua tranquilidade de sempre, descrevia, nos mínimos detalhes, o que se passou comigo.

De vez em quando, o cirurgião plástico balançava a cabeça em sinal de compreensão. Fazia perguntas, orientava. Por fim, deu seu parecer. Enzo gostou da ideia.

Ao ouvir seus honorários, arrepiei-me. Não pensei que custaria tanto. Temi, por alguns segundos, que Enzo e Tom voltassem atrás, por acharem caro demais ou por não terem dinheiro suficiente para a empreitada.

Depois de tudo combinado, o Dr. Harrison levantou e nos acompanhou até a porta. Enzo parecia mais animado do que eu quando deixamos o consultório.

– O que foi? – perguntou-me ele diante do meu estranho e inesperado silêncio.

Eu, olhos temerosos, perguntei:

– Vocês vão ter mesmo condição de pagar a cirurgia plástica?

Enzo, com um de seus sorrisos encantadores respondeu, prontamente:

– É lógico que sim, Marina. Não teríamos feito um acordo com você, aceitado um compromisso se não tivéssemos condições de cumpri-lo. Fique tranquila, tudo vai acontecer como combinamos.

– Eu estava tão nervosa que nem prestei atenção ao que vocês diziam. Só ouvi com atenção o valor da cirurgia e pensei "Nossa é muito, eles não vão ter todo esse dinheiro..."

– O que eu e Tom lhe prometemos, cumpriremos! Agora você quer, por favor, relaxar e ficar feliz? Afinal, sua cirurgia já está marcada. Está mais do que na hora de você esbanjar felicidade. Agradecer a Deus pela oportunidade.

Quer saber de uma coisa? Vamos comemorar.

Eu, a moça rancorosa, neurótica e infeliz que há pouco deixara o consultório seguia agora com um passo mais firme, o rosto mais corado, a sensação de que minha vida, finalmente, valeria a pena.

No restaurante, após brindarmos o grande acontecimento. Meus olhos, subitamente, pousaram, preocupados, no saleiro.

– O que foi? – estranhou Lorenzo, perceptivo como sempre.

De repente, minha mente oscilava entre a felicidade e uma súbita preocupação. Após breve hesitação, disse:

– Posso lhe pedir um favor? Mais um?

– Se eu puder ajudar...

– Você poderia ir comigo à clínica no dia da cirurgia? Não gostaria de ir só. Não quero me sentir desamparada. Tampouco, quero que me deixe lá, sozinha... Seria pedir muito?

As mãos dele, grandes e bonitas, tomaram as minhas num aperto quente, amigo, encorajador. A voz dele também era encorajadora, cheia de interesse e simpatia.

– Não, Marina. Isso não é pedir muito. Eu estarei lá com você e por você. Para lhe dizer a verdade eu já planejava estar ao seu lado nesse momento.

E depois, como uma guinada súbita no humor:

– Façamos um novo brinde!

Lorenzo era mesmo uma daquelas pessoas que gostava da vida. Não da vida em si, mas do prazer de existir. Quem me dera ser como ele.

– O que foi agora? – perguntou-me ele, minutos depois, diante do meu ar combalido.

– Eu estava pensando. Tem algo cutucando a minha mente, sabe? Se algo acontecer comigo durante a cirurgia...

– Nada de mal vai acontecer com você, Marina. Relaxa!

– Mas se acontecer. Muitas mulheres não voltam da anestesia.

– Pense positivo.

– Depois de tudo que passei na vida?

"Talvez tenha passado pela falta de positividade", pensou Enzo, mas guardou para si.

– Enfim – continuei –, se eu não voltar, ou melhor, se eu morrer durante a cirurgia quero que vá ao Brasil e encontre essa pessoa.

Tirei da bolsa uma foto e pus em sua mão. Lorenzo a olhou com atenção e perguntou:

– É o tal rapaz, é ele, não é?

– Ele mesmo. Luciano Segabinassi.

– Você ainda não o tirou da cabeça? Mesmo agora que está prestes a realizar o seu maior sonho?

Meus olhos se abriram, minha voz se alterou:

– Será que você ainda não entendeu, Lorenzo? Só quero meu rosto de volta por causa dele. Para mostrar a ele que dei a volta por cima sem precisar da sua ajuda. E também para lhe dizer poucas e boas.

Lorenzo mordeu os lábios, parecendo em dúvida se deveria ou não opinar.

Terminei meu pedido:

— Pois bem, meu amigo, pegue o dinheiro que me restou e destrua a vida desse desgraçado de alguma forma.

Lorenzo foi enfático ao dizer:

— Não seria melhor dar o dinheiro para a sua família, digo, para os seus pais, segundo você, eles precisam.

— Eles precisam, mas esse dinheiro só foi aceito por mim para eu poder acabar com a vida desse moço. Levá-lo ao inferno de algum modo. O mesmo inferno em que ele me atirou.

— Cuidado, Marina. Muito cuidado. Pois na tentativa, pode acabar levando você junto com ele para o inferno.

— Pouco me importa, Enzo. Contanto que ele apodreça por lá, qualquer podridão vale a pena.

— Jogar uma vida fora, uma vida linda, cheia de oportunidades por uma vingança. Acha mesmo que vale a pena? Pensei que uma vez ajudando você a realizar seu sonho, o de fazer a plástica, você abandonaria o passado, seus traumas, seus rancores e começaria uma vida nova, cheia de alegria.

— Talvez até eu faça o que diz, mas não antes de devolver aquele demônio ao inferno que é seu lugar de direito.

Sabe, penso que ele é mesmo um demônio que por algum meio escapou do inferno e eu fui escolhida, por alguma força lá de cima, para devolvê-lo ao seu lugar de direito.

— Depois da plástica você vai mudar de ideia com relação a tudo isso. Vai ficar tão feliz e radiante que nunca mais vai querer olhar para o passado.

Apertei a mão bonita de Enzo e enfatizei meu pedido:

— Prometa que me fará o que lhe peço caso eu morra na mesa de cirurgia.

Ele, denotando admiração, falou:

— Está bem, Marina. Prometo!

Era uma promessa totalmente mentirosa, Enzo jamais se envolveria com algo do tipo, nascera para ser bom e bom seria até que a vida o levasse para o outro lado. Mas era preferível me deixar acreditando que ele cumpriria a promessa, mesmo porque, acreditava que eu passaria pela cirurgia sem nenhum agravante e quando estivesse com o rosto refeito esqueceria aquela maldita vingança.

Mas eu estava tão decidida a me vingar que seria capaz de sufocar meu corpo e minha alma se preciso fosse para poder realizar meu intento.

O dia marcado para a cirurgia plástica finalmente chegou.

– Muito bem – disse para mim mesma, sentindo-me radiante –, chegou o grande momento. O primeiro dos dois grandes momentos que reservei para a minha vida.

Pouco antes de ser levada para fazer os procedimentos gerais, despedi-me de Enzo.

– Me deseje sorte.

Ele, com lágrimas nos olhos, falou:

– Toda sorte do mundo, Marina.

Contive-me para não chorar.

– Obrigada.

As enfermeiras me direcionaram a seguir.

– Marina! – tornou Lorenzo.

Ao voltar-me na sua direção, ele falou:

– Estarei aqui, o tempo todo aqui, não se preocupe.

Sorri, sincera e segui meu rumo.

Não vi nada mais depois da anestesia. Só vim a saber que a cirurgia levou mais tempo do que o Dr. Harrison calculou depois de desperta.

– E então, doutor – perguntei com a voz mole, por ter ficado um bocado desacordada. E também por estar com o rosto tomado de ataduras.

– Não fale, é melhor, para que os pontos não se rompam.

Assenti com os olhos. Ele então respondeu a minha pergunta:
– A cirurgia demorou mais tempo do que previ. Mas estou confiante de que ela teve excelentes resultados.
Meus olhos encheram-se d'água.
– Agora acalme-se. O processo de recuperação é longo, mas passa, quando vir você já estará novinha em folha.
De fato, o processo de recuperação demorou um bocado. Praticamente um mês e meio, mas como o doutor havia dito, passou. Meu rosto desinchou, os hematomas foram embora, eu podia agora ver no espelho o resultado pelo qual tanto aguardei.
Sim, até então eu não vira a minha imagem, prometera a mim mesma só ver quando meu rosto estivesse cem por cento recuperado.
– Agora você já pode ver o resultado, Marina – disse-me o Dr. Harrison, parecendo bem contente com o resultado.
Eu trêmula, me dirigi até o espelho.
Quando meus olhos viram meu reflexo, a emoção foi forte demais para contê-la dentro de mim. Ali estava eu novamente, a Marina Mendes Arcanjo que conhecera um dia. É lógico que meu rosto apresentava algumas diferenças, afinal, eu já não tinha mais meus dezoito anos de idade quando o vira pela última vez no espelho, pouco antes da tragédia.
Era o rosto de uma mulher de vinte e sete anos, quase vinte e oito, e apesar do tempo e tudo que sofri ainda se mantinha lindo.
Apalpando a minha face e chorando, falei:
– O senhor conseguiu, doutor. Devolveu-me, como jurou que faria, o meu rosto lindo... Obrigada.
O médico fez uma mesura em agradecimento e falou:
– Fico feliz que tenha gostado.
Voltando-me para o Lorenzo que até então não se manifestara, perguntei:
– Não vai me dizer nada?
Ele, trêmulo de emoção, com a voz embargada falou:
– Você está linda, Marina. Perfeita.

– Essa sou eu, Lorenzo. Essa sou eu! – Afirmei com satisfação.
– A Marina de verdade, a original.

Ele veio até a mim e me perguntou:

– Posso te dar um abraço?

Sorrindo, afirmei que sim. Ao me sentir envolvida por aqueles braços bonitos, trabalhados em musculação, relaxei e chorei, como há muito não chorava.

– Pode chorar, minha querida. Vai ficar com os olhos roxos, mas é bom pôr para fora a emoção contida.

– É, não é? Eu esperei tanto por isso, Lorenzo. Tanto...

– Eu sei...

– Sim, você sabe.

Recuando o rosto, olhando para ele, bem nos olhos agradeci:

– Obrigada. Muito obrigada a você e ao Tom pelo que fizeram por mim.

– Nós é que temos de agradecer a você pelo que nos propiciou.

Tornamos a nos abraçar. O médico, então, nos pediu licença para poder atender a outro paciente. Deixamos o consultório como duas crianças sapecas que acabam de entrar num parque de diversão.

– Vamos brindar a esse grande momento, Marina! – sugeriu Lorenzo, como não podia deixar de ser. O rapaz amava fazer brindes, nunca vi alguém que gostasse tanto.

Ao entrar no meu quarto do hotel, abri as venezianas e deixei o perfume da noite penetrar no ambiente. Acima, as luzes das estrelas pareciam brilhar intensamente como nunca haviam brilhado, na minha opinião.

Pela primeira vez, em muitos anos, senti-me calma e em paz.

Era como se eu tivesse nascido de novo, um renascimento, e dessa vez, mais forte do que antes. Mais mulher, com poderes jamais sonhados para se defender das agruras da vida.

O ar da noite estava suave e ligeiramente úmido, sem aquele langor exótico dos trópicos. Era bom estar ali pronta para recomeçar a minha vida. Linda como sempre fora. Com a mesma disposição de antes.

A primeira atitude a ser tomada na manhã do dia seguinte seria ajeitar o cabelo, dar um corte diferente. Nunca mais usaria franja tampouco aquele cabelo vasto que usei para encobrir minha face. Não havia mais necessidade de esconder meu rosto, nunca mais haveria. Ele fora feito para ser visto e apreciado e voltaria a ser de agora em diante e sempre.

Fechei os olhos uns instantes e recordei os vários incidentes que cercaram a minha vida nos últimos anos. Especialmente os que ocorreram no dia em que tudo em minha vida mudou. O dia que tanto amaldiçoei e ainda amaldiçoava. Que me deu forças para chegar ali, aceitar a proposta de Tom e Enzo e a cirurgia delicada em meu rosto.

Eu me sentia como o pássaro Fênix da mitologia. O pássaro que renasceu das cinzas.

Poderia descrever a minha história como um gesto de amor...

Voltou a minha memória uma canção da qual gostava muito e traduzia muito bem a realidade que vivi. O que sentia agora, que explodia em minha alma feito fogos de artifício.

A tempestade atravessou os quatro cantos da minha terra
Se eu não fosse fera, teria sido arrastada, soterrada, por ela.
O meu vulcão já entrou em erupção, mas minha alma de água,
Fez sua lava virar um simples quentão de noite de São João.
Já veio o terremoto, a erosão, a geada na minha plantação,
O inverno rigoroso, os choques do coração...
Mas estou aqui, apesar de tudo, sobrevivi
E fazendo planos pro futuro

Ainda que incerto, o que há de mais seguro...
Porque há sempre uma mão estendida no meio de qualquer solidão!
Sempre alguém toda vez que a vida nos diz não
Há sempre alguém lá em cima ou talvez na esquina,
Ou mesmo dentro de uma bolha de sabão...
Alguém para iluminar nossa escuridão...

Diante das estrelas, declarei:
– Demorou, mas consegui. Agora só me resta o encontro. Ou melhor, o reencontro com aquele que desgraçou a minha vida. Aquele com quem usarei o resto do dinheiro que me sobrou para atormentar e destruir sua pessoa.

O futuro que eu tanto aguardei estava prestes a se realizar. Eu só tinha de ter um pouquinho mais de paciência, só isso.

Capítulo 14

No dia seguinte, após comprar a passagem de volta para o Brasil liguei para a Beatriz.
– Vou voltar para o Brasil, Beatriz.
– Jura?
– Sim, minha irmã. Agora eu posso voltar.
– Poxa, mamãe e o papai vão ficar tão felizes. Volte com o pé direito, Marina. Para uma nova vida. E dessa vez cheia de paz e amor.
Meu silêncio assustou Beatriz.
– Marina, você ainda está aí?
– Estou, Beatriz. Estou sim, só estava pensando em como posso localizar aquele desgraçado.
– Oh, minha irmã, você ainda não tirou isso da sua cabeça?
– Não, Beatriz. Eu vivi os últimos dez anos de minha vida por isso. Agora chegou a hora de concretizar o meu maior desejo.
– Marina, para que continuar alimentando uma raiva, um ódio por algo que...
– Não é por algo, Beatriz. É por alguém. E vou encontrá-lo, minha irmã, nem que eu tenha de percorrer todas as cidades desse nosso país tupiniquim.
– Eu gostaria tanto que tivesse tirado essa vingança de sua cabeça para que pudesse recomeçar a vida livre, definitivamente livre, desse passado que tanto a machucou.
– Se eu pudesse esquecer, certamente, teria feito, mas não pude. Está em mim esse ódio, enraizou-se no meu coração e acho que até mesmo em minha alma.

...

Quando ocupei a poltrona do avião que me levaria de volta ao Brasil, senti um furor no peito.

"Meu Deus, Brasil, depois de tantos anos...", murmurei em silêncio.

Só agora eu percebia que meu rosto voltara a ser o mesmo, mas meu interior não, e pelo que percebia, não haveria cirurgia de qualquer tipo para me devolvê-lo como ele fora um dia, antes do acidente que mudou tão drasticamente a minha vida.

Ao chegar na casa dos meus pais...

– Filha?! – exclamou minha mãe correndo para me abraçar. – Que alegria! Que alegria!

– Mamãe... – murmurei entre lágrimas.

– Que saudade, meu amor!

Minha garganta secou.

– Que bom, Marina, que bom que você está de volta, meu anjo!

Papai, tão emocionado quanto nós duas me abraçou a seguir:

– Papai, que alegria poder vê-lo novamente.

Nos abraçamos forte e demorado. Ambos choramos.

Só então mamãe se deu conta de que meu rosto parecia o mesmo de antes do acidente.

– Seu rosto, filha...

– Sim, mamãe. Ele voltou a ser o que era. Pelo menos 90% do que era.

– Que maravilha!

– Como conseguiu?

– É uma longa história. Outra hora conto para vocês. Sorrindo, mamãe indagou:

– Voltou para ficar, não é?

– Sim, mamãe. Para ficar.

Mamãe juntou as mãos em louvor aos céus. E quando restamos somente eu e ela na sala...

– E o que pretende fazer de sua vida agora, filha?

191

– A senhora sabe, não?

A expressão do rosto de minha mãe entristeceu.

– É, mamãe, – continuei, séria – a senhora acha que me esqueci de tudo que me prometi fazer?

– Filha...

– Ainda tenho algumas economias. E com elas, vou até o inferno para encontrar aquele demônio e acabar com a vida dele, mamãe.

– Filha, não vale a pena.

– Vale, sim. Se a justiça não for feita pelas próprias mãos nunca haverá justiça nessa vida.

– Perdoe, esqueça...

– Não, mamãe. Não posso. Não seria justa para comigo. Jurei para mim mesma que me vingaria dele e agora vou até o fim.

– Vai perder ainda mais tempo da sua vida com aquele moço que não vale nada.

– Vou!

Mamãe suspirou, tensa.

– Bem, se é assim que você quer...

– É assim que eu quero, mamãe.

– Como espera encontrar esse moço depois de tanto tempo? – perguntou-me ela após breve pausa.

– Um detetive pode localizá-lo para mim. Tenho o sobrenome da família, o nome dele por completo, não deve ser difícil. Há também as redes sociais pela internet para ajudar. Vou conseguir. A senhora vai ver. Vou conseguir!

Naquela noite fui a pé até a casa onde Luciano havia morado com a família. Diante do lugar, afirmei:

– Aguarde Luciano Segabinassi, aguarde que estou chegando, seu ingrato, falso e mau caráter. Aguarde, porque eu vou acabar com você como acabou comigo. Vou transformá-lo em pó, você e todos da família que deve ter construído nesses últimos dez anos.

Capítulo 15

Dois meses depois de minha volta para o Brasil, o detetive que contratei para localizar Luciano o encontrou. A notícia foi recebida por mim com grande alegria. Assim que me passou seu endereço peguei um avião em Curitiba e fui para lá.

O pensamento de reencontrar Luciano me deixou nervosa e excitada. Minha ansiedade era tanta que, nos ponteiros do meu relógio, o tempo parecia passar com uma lentidão de enlouquecer.

Do aeroporto, peguei um taxi direto para o hotel que me indicaram. Pelo caminho fui colhendo informações do taxista. Se ele conhecia a rua que o detetive havia me passado, onde Luciano trabalhava. Ele respondeu que sim, então lhe perguntei se não havia um hotel razoavelmente bom nas imediações e ele também me respondeu que sim. Então decidi ir para lá. Quanto mais próxima do local de trabalho de Luciano, melhor.

Assim que me vi só no quarto do hotel, tirei algumas roupas da mala, coloquei no guarda-roupa e desci pela escada que conduzia à recepção em busca de um lugar para almoçar. Meu estômago, misteriosamente, roncava. Achei que era de fome, mas não, era mesmo por ansiedade e nervosismo, pois pouco provei do apetitoso prato *a La Carte* que escolhi para comer.

Voltei para o meu quarto, depois do almoço, e me espichei na cama. Deixei um abajur aceso, mais para dar a sensação de aconchego do que por necessidade. Acabei cochilando.

Despertei agitada, procurando pelo meu relógio de pulso para ver a hora. Foi como se eu tivesse marcado um encontro e temesse que houvesse dormido demais e perdido o horário. Mas que nada, ainda era cedo, havia passado por um soninho rápido, de não mais que vinte minutos.

Bom, chegara a hora de eu ir atrás de Luciano no seu trabalho. "Coragem!", falou um diabinho em algum lugar da minha cabeça. E repeti para mim mesma: "É isso aí, coragem!".

Ainda assim, não conseguia juntar forças para me levantar. Minha mente ia e vinha em desespero... como um animal preso numa armadilha. "É *isso* o que você chama de coragem? Vamos lá, mostre que você é superior a tudo e a todos.", insistiu o diabinho interior.

– Vamos sua tola – disse para mim mesma, em tom severo –, levante-se e se dê coragem para concretizar finalmente o que tanto sonhou. Vamos!

Funguei. Veio uma tremedeira, depois uma falta de ar. Eu não podia fraquejar, não agora, depois de todos aqueles anos de martírio e desespero. De longa e tortuosa espera para destruir Luciano Segabinassi.

Eu tinha de ser forte para concretizar aquele momento tão ansiado.

Tomei ar e fui para o banheiro limpo com severidade. Lavei o rosto e as mãos e comecei a me maquiar. Minhas mãos ainda tremiam, seria melhor eu tomar um calmante, pelo menos um copo de suco de maracujá para relaxar. Sim, talvez eu o fizesse.

Depois de maquiada, ajeitei meu cabelo com laquê, escova e tudo mais e vesti o vestido preto que reservara para a ocasião. Um dos muitos que tinha, pois preto tornara-se a minha cor favorita nos últimos anos.

Diante do espelho me admirei por alguns segundos. Eu estava linda, por fora, por dentro, era o avesso da beleza externa. Algo muito feio e, ao mesmo tempo, triste de se ver. Ainda bem que era por dentro, onde a visão humana não tinha acesso.

Deixei o hotel depois de pedir informações na recepção de como chegar à rua tal. Caminhava pela calçada com a pressa de um homem que tinha uma missão a cumprir, ansioso por chegar ao encontro o mais depressa possível.

Três quadras depois, virei na esquina, à esquerda, como haviam me instruído e segui por uma rua estreita até meu destino. Sem sentir, diminuí o passo.

Meus próprios olhos pareciam cegos enquanto andava. Não via nada ao meu redor. Sentia-me mal, nauseada, infeliz...

De repente, me vi no passado, indo ao encontro do Luciano por estar apaixonada por ele, perdidamente apaixonada, por acreditar que ele me amava tanto quanto eu o amava, e que compartilhava os planos pro futuro que eu fazia para nós dois com tanto gosto.

Entrei na rua que procurava, restava apenas encontrar o número que localizei bem mais rápido do que esperava. Lá estava eu em frente ao endereço que o detetive me passou. Tratava-se de uma loja de autopeças onde, supostamente, Luciano trabalhava atualmente.

Temi, subitamente, que o detetive tivesse se enganado, localizado um Luciano Segabinassi diferente do qual eu procurava. Como nome homônimo. Uma loja de autopeças não combinava com Luciano Segabinassi, pelo menos com o Luciano que eu conhecera.

Respirei fundo, endireitei os ombros, tensos, a coluna e entrei.

Que as forças do mal, sustentadas pelo inferno, me ajudassem agora, supliquei.

Um homem bastante obeso estava ajeitando alguma coisa na prateleira quando me aproximei do balcão. Ao perceber minha chegada, virou-se para mim e perguntou:

– Posso ajudá-la em alguma coisa, moça?

Por ter saído da rua iluminada pelo sol e entrado num lugar na penumbra e também por estar de óculos escuros e nervosa, minha vista estava ligeiramente embaçada, parecia que havia entrado areia em meus olhos. Era o nervosismo, logicamente, que me causava tudo aquilo.

— Pois não? — tornou o gordinho, enviesando a testa.

Baixei os olhos, respirei fundo e procurei me controlar.

— S-sim, sim... — gaguejei enquanto procurava pelas palavras certas para me expressar. — Não sei se estou no lugar certo...

— Que lugar a moça procura?

— Autopeças Támaraka.

— É aqui mesmo.

— Sim, eu sei, li na placa, mas...

Ri de minha própria falta de eloquência.

— É que tantas pessoas têm o mesmo sobrenome e, talvez, não seja...

Calei-me ao me ver desprovida de palavras para me explicar. Ele, então, me perguntou:

— Já nos vimos antes, não?

— Não, provavelmente, não. Sou de longe, de outro Estado.

— Você não me é estranha. Se bem que...

— Se bem quê...?

— Ninguém é estranho para ninguém.

— Como assim?

— Somos velhos conhecidos de outras vidas. Todos já se esbarraram pelo menos uma vez ao longo delas.

— Você acredita em outras vidas?

— Acredito, você não?

Lembrei-me de Enzo nesse instante. Dei de ombros. Achei melhor dizer ao que vinha. Respirei fundo e perguntei:

— Eu gostaria muito de falar com o Luciano Segabinassi. Não sei se é exatamente o Luciano Segabinassi que procuro. Disseram-me que ele trabalha aqui.

— Sim, há um Luciano Segabinassi trabalhando aqui, moça.

Percebi que o gordo me olhava mais atentamente.

— É o proprietário, presumo — perguntei a seguir, continuando a me sentir intimidada pelo olhar do estranho.

— Não, moça. Ele é um dos empregados.

– Empregados?! Não pode ser.
– Por que não?
– Bem... não sei... bobagem minha. Ele está, por acaso?
– S-sim. Quem quer falar com ele, digo, o nome da senhora.
– Prefiro não dizer, gostaria de lhe fazer uma surpresa.
– São velhos conhecidos?
– Sim, de uma cidade do Estado do Paraná. Você sabe se o Luciano daqui morou em alguma cidade do Paraná há cerca de dez anos?
– Morou, sim. Por um tempo curto, mas morou.
– Então deve ser ele mesmo. Você quer chamá-lo, por favor?
O atendente balançou a cabeça em concordância.

Fiquei no aguardo, umedecendo meus lábios ressequidos, ajeitando o cabelo num tique nervoso, tremendo por dentro. Ao notar que o gorducho não havia se movido, perguntei:

– Você já o chamou?! Não ouvi.

O grandalhão soltou um risinho amarelo.

– O que foi? Contei alguma piada, por acaso?
– É que moça...
– Diga!

Eu estava aflita.

– Bem...

O atendente limpou a garganta.

– Luciano Segabinassi sou eu.

Juro por Deus, apesar de saber que não se deve usar o nome do Criador para tais fins, que a resposta do homem debruçado sobre o balcão demorou a alcançar meus ouvidos, e quando o fez não conseguiu ser absorvida pelo meu cérebro.

Fiquei que nem uma tonta olhando para ele, à espera de uma atitude.

– Você vai ou não vai chamá-lo?!

Eu atingira o ápice da paciência.

– Moça – repetiu Luciano, calmamente. – Luciano Segabinassi sou eu.

197

Só então compreendi suas palavras e gelei. Meus olhos, num espasmo de terror concentram-se no rosto do atendente a minha frente.

Pelos céus, era ele mesmo, Luciano Segabinassi em pessoa que estava bem diante dos meus olho o tempo todo. Eu perdi a fala, do choque pelo encontro e pela surpreendente mudança que havia ocorrido nele naqueles dez anos em que nos distanciamos.

Os poucos fios de cabelos que haviam restado sobre sua cabeça já eram grisalhos, os ombros agora eram caídos... Nem as linhas características do rosto eram as mesmas, a obesidade também as apagou.

Pouco lembrava o bonito rapaz, cujo ar impudente e levemente irônico eu conhecera, no patamar da escada do clube, quando fui ensaiar meus passos para desfilar no concurso de Miss do Estado do Paraná.

O Luciano Segabinassi a minha frente em nada mais lembrava o rapaz de personalidade, vaidoso e orgulhoso, um pavão apaixonado pela sua própria aparência, do passado.

Fiquei surpresa ao perceber que o Luciano de agora me causava pena e não raiva.

– Eu, por acaso, conheço você? – perguntou ele pela segunda vez.

Diante da minha ausência, ele tocou meu ombro e repetiu:

– Ei, você está bem? Está passando mal ou algo assim?

Ressurgindo de minhas reflexões, eu, finalmente, respondi:

– Estou bem, sim...

Ele ficou analisando o meu rosto mais uma vez, em silêncio, depois disse:

– Bem que eu disse que a conhecia de algum lugar.

Voltando a encará-lo, perguntei:

– Por quê?

– Por que, o quê?

– Por que acredita em vidas passadas, reencarnação? Desde quando passou a acreditar nisso? Porque no passado, segundo me lembro, nunca, sequer, mencionou o fato.

Ele, pacientemente, explicou:

– Um dia eu procurei um sentido maior para a minha existência e descobri na teoria das reencarnações esse sentido. Só quem já passou por um mal de amor, pela perda de alguém, só mesmo quem já se feriu na vida acorda para outras realidades que há nela.

– ...mal de amor... perda de alguém... só quem já se feriu na vida acorda para outras realidades que há nela... – murmurei.

Luciano concordou com a cabeça que mal se movia por estar atarraxada aos ombros.

– É isso mesmo. Por incrível que pareça, a dor nos eleva.

Fiquei distraída por uns segundos. Despertei ao ouvir a voz do chefe de Luciano chamar sua atenção.

– É melhor eu ir.

– Você ainda não me disse de onde nos conhecemos. Quem é você, na realidade?

A pergunta me deixou ainda mais desconcertada.

– Você não se lembra mesmo de mim?! – perguntei, incrédula.

Ele nem precisou responder.

– Não lembra mesmo! – exclamei, baixinho. – Inacreditável!

Fiquei tão estática, que mais parecia uma estátua de cera. Sua pergunta seguinte me surpreendeu ainda mais:

– Eu deveria me lembrar de você? É que conheci tantas garotas quando jovem que, sinceramente, não me lembro de todas.

Ele ainda falava quando eu disse:

– Adeus.

– Aonde vai, espere?

Não esperei, continuei andando, estugando os passos.

– Que mulher doida – comentou Luciano com os colegas de trabalho.

Mal sei como cheguei no hotel e me tranquei no quarto. Tirei os óculos escuros e apertei a ponta dos meus dedos contra as minhas

199

pálpebras, fechadas. O choro contido até então vazou. Era um choro desesperado.

Meu Deus, não fora aquilo que planejei. Meus planos haviam saído totalmente fora do prumo. Eu fora para lá para encontrar o Luciano que conheci, lindo e encantador tanto quanto cafajeste e mulherengo. Todavia, ele, agora, era muito diferente do que conheci, não tinha mais beleza, tinha um trabalho chinfrim e acreditava em reencarnações. Que estranho, sim, como tudo agora se tornara estranho. Voltara a ser pior, como antes.

Pensei em pegar um avião e voltar para casa, mas detive-me na última hora. Precisava explorar um pouco mais a vida de Luciano, saber o que lhe aconteceu naqueles anos que mudaram tanto a sua pessoa. Eu tinha de ter coragem de voltar à loja e convidá-lo para tomar um sorvete ou qualquer coisa num local onde pudéssemos conversar mais à vontade. E foi o que eu fiz naquele mesmo dia.

Ao me ver novamente, Luciano sorriu.

– Voltou?! Pensei que nunca mais a veria.

– É que... bem... fiquei meio desconcertada naquela hora...

– Vai me dizer seu nome, agora?

– Vou sim. É Beatriz.

– Beatriz?... – pensou ele, não me lembro de nenhuma Beatriz.

– Bem, como você mesmo disse, foram tantas garotas...

Ele riu, concordando:

– E foram mesmo. Ah, a juventude me possibilitou tanta coisa boa.

– Faço ideia.

Fez-se um breve silêncio.

– Voltei para convidá-lo para irmos tomar um sorvete ou qualquer coisa num local onde possamos conversar melhor. Você tem um tempinho para mim?

– Todo tempo do mundo.

– Está livre essa noite?

Fez que, sim, com a cabeça.

Só, então, notei que ele não usava aliança nem no dedo apropriado da mão direita nem no da esquerda.
– A que horas fica melhor para você?
– Eu saio às seis. Aonde você está hospedada? Pois bem, há uma sorveteria muito boa que fica a uma quadra do hotel. Que tal marcarmos lá às 18:15?
– Combinado.
– Até mais Beatriz.
– Até mais, Luciano.
Nem bem deixei a loja, ouvi os demais empregados me elogiarem.
"Que mulherão, hein?"
"É de uma dessas que eu estou precisando lá em casa e não o tribufu da minha esposa!"
"Eh, Luciano, hein, tirou a sorte grande!"
"É muita areia pro seu caminhãozinho, meu *brother!*"
As 18:15 eu já estava aguardando pelo Luciano no local combinado. Cinco minutos depois, ele chegava, caminhando com dificuldade, como que se arrastando por causa da obesidade. Estava pingando de suor e com visível falta de ar.
– Percebo que a caminhada foi puxada, hein?
– É – respondeu ele, coçando a nuca. – Já não sou mais mocinho. Além do mais ando tão desleixado com meu corpo que... deu pra perceber, né?
– Como isso foi acontecer? Segundo me lembro você era um rapaz forte e robusto, de abdômen definido.
Ele, balançando a cabeça feito um pêndulo, explicou:
– Fui comendo e comendo e engordando e engordando e quando dei por mim já estava deste tamanho.
– E o esporte que você praticava? A academia?
– Fui obrigado a parar com tudo depois que o meu pai morreu.
– Ah! Eu sinto muito.
– É... foi um choque e tanto para a nossa família!

Ali estava algo que jamais me passou pela cabeça que pudesse acontecer ao Luciano.

Sem prestar atenção a minha cara de espanto, ele continuou falando dele:

— Hoje só uma operação de redução do estômago para evitar que a obesidade me mate na flor da idade.

— Pelo visto creio que lhe falta coragem para fazer a operação. Já ouvi dizer que este é o maior problema enfrentado pela maioria das pessoas que necessitam da cirurgia.

— Se falta de coragem fosse o meu problema, eu estava feito.

— Qual é o problema, então?

— O problema de todo mundo nesse país, minha cara. Dinheiro.

— Dinheiro?!

— Vai me dizer que os seus problemas não provêm da falta de dinheiro como o de todos?

Refleti, mas não opinei. Ele continuou:

— Como lhe disse a morte do meu pai foi um choque para nós, mas especialmente, porque ficamos na pior depois dela. Quando foi mesmo que você me conheceu?

— Há cerca de dez anos.

— Então, deve se lembrar que eu era de uma família abastada, não?

Concordei com a cabeça.

— Pois bem, com a morte do meu pai, infarto fulminante, não tínhamos mais o seu salário para nos sustentar. Como minha mãe nunca trabalhara fora, nem nenhum de nós, digo, eu e meus irmãos e também não estávamos dispostos a trabalhar, começamos a fazer dívidas e para pagá-las tivemos de vender as propriedades que o meu pai havia conseguido comprar com seu trabalho. Ficamos tão mal, financeiramente que nem dinheiro para pagar a luz tínhamos. Quando a cortaram foi preciso fazer um gato no poste para continuarmos com energia na casa que havíamos alugado e estávamos prestes a ser despejados.

Ele tomou ar, e continuou:

— Eu não me preocupei em trabalhar, pois na época, namorava uma moça de família muito rica aqui da região, deduzi que, ao me casar com ela, não precisaria trabalhar; com a mesada que ganhava do meu pai e o dinheiro dela seria o suficiente para passar o mês. Aí então papai morreu, a fonte por parte dele secou, acabei dependendo inteiramente da minha esposa para me sustentar. Acho que ela não gostou muito disso e acabou me pedindo a separação.

E olha que ela dizia que me amava, que eu era o homem da vida dela. Em menos de um ano arranjou outro e juntaram os trapos.

— Mas se foi ela quem lhe pediu a separação, suponho que você receberia algo, não?

— Fizemos um acordo pré-nupcial por exigência dos meus pais. Para não ter de dividir a minha herança, caso houvesse um divórcio. Foi assim com os meus dois irmãos também. Diante da condição, os pais de minha ex-esposa também quiseram que eu assinasse um acordo nos mesmos termos para garantir o lado dela. Hoje percebo que foi uma tremenda besteira tudo isso. Se não tivesse havido acordo algum eu não estaria nessas condições que me encontro hoje. Se a gente pudesse prever o futuro, não? Seria tudo tão mais fácil.

Ele suspirou.

— Vou pedir uma água, você quer?

— Sim.

Ele fez sinal para o atendente. Depois de umedecer a garganta com água, Luciano olhou bem para mim e perguntou:

— Você não vai tirar os óculos escuros? O sol já quase se foi por completo.

Ri, sem graça.

— Estou tão acostumada a ficar de óculos escuros que sempre me esqueço de tirá-los.

— Por que está sempre de óculos escuros? Ou é porque você não quer ver algo nos outros ou na vida ou é porque não quer ver algo em você.

— Ou...
— Ou?!...
— Porque não quero que vejam algo em mim.
— Também. Ou as três alternativas ao mesmo tempo.
— Talvez.
Foi a minha vez de umedecer a garganta. Luciano tomou mais um copo d'água numa golada só e falou:
— Mas já falei demais de mim, fale-me agora de você.
— O que quer saber?
— Um pouco da sua vida, ora. As pessoas geralmente falam um pouco de si mesmas quando se conhecem ou se reencontram, não?

Marina concordou com um meio sorriso.
— O que posso dizer de mim? Sei lá... Sou uma pessoa comum... Sou... Sabe, assim como você enfrentei muitas barras na vida. Mas sobrevivi, estou aqui não estou?
— É engraçado, não? A gente pensa que não vai conseguir superar as dificuldades e, de repente, um dia, a gente olha pra trás e vê que tudo já passou. Aquilo que a gente pensava que nunca iria superar já passou, não é incrível? A vida é muito doida, não?
— Nem diga.

Hesitei por uma, duas vezes antes de prosseguir:
— A pior coisa que passei na vida foi um acidente de carro que sofri quando ainda era adolescente.
— Eu já passei por isso também e muitas vezes. Só não cheguei a atropelar uma velhota na rua. Em compensação, o resto, fiz de tudo. Nem sei como sobrevivi.

Ele riu.
— E você acha engraçado?
— A gente ri para não chorar.
— Nunca ninguém que estava com você no carro se feriu gravemente durante uma de suas batidas?

Ele pareceu puxar pela memória.

– Houve uma garota uma vez, não me lembro exatamente o nome dela...

Achei que deveria refrescar sua memória:

– O nome dessa garota por acaso era Marina?

Ele pensou, pensou e respondeu ainda pensativo:

– Não. Era Ana... Ana alguma coisa. Ana Paula, Ana Rita... acho. Mas acho que houve uma Marina também.

– ...acho que houve uma Marina também... – murmurei indignada.

– O que foi que disse?

– Apenas repeti o que disse.

– E o que foi que eu disse que a impressionou tanto?

– Simplesmente: "acho que houve uma Marina também."

– Você é engraçada. Diferente... Mas diga-me, de onde nos conhecemos exatamente? Sabe, as drogas afetaram um bocado o meu cérebro.

– Ah, você teve problema com drogas?

– E com bebidas.

– Nossa!

A exclamação soou com desdém.

– Papai gastou um bocado comigo em clínicas de reabilitação para drogados e alcoólatras. Mas foi numa dessas clinicas que melhorei. Deixei o vício de lado. Em compensação, ganhei esses mil quilos a mais.

Ele riu.

– Você não vai me dizer mesmo de onde me conhece? Quando foi que nos conhecemos? Se tirasse os óculos eu poderia ver melhor seu rosto e assim refrescar a minha memória.

Deveria ou não tirá-lo, perguntei-me. Não, ainda era muito cedo, conclui. Ele, rindo suavemente, comentou:

– Você pensa tanto que chega a ficar ausente por quase um minuto da realidade a sua volta, sabia?

– Acho que já me disseram.

Ele, sem graça, voltou os olhos para o balcão e comentou:

– Se eu pudesse tomaria um sorvete de casquinha.
– E por que não pode?
– Porque além de eu estar *duro,* tenho de controlar meu peso senão daqui a pouco vou explodir.
Achei graça no seu modo de falar.
– Você não concorda?
– Concordo. Se você está dizendo, quem sou eu para discutir?
Ao vê-lo, umedecer os lábios por duas vezes ao olhar discretamente para as pessoas chupando sorvete, sugeri:
– Tem certeza de que não quer mesmo uma bola de sorvete?
– Quero muito, mas tenho de me controlar.
Ele suspirou, por fim acabou cedendo.
– Ok. Você venceu. Quer uma também?
– De morango.
– Ok.
Ele foi até o balcão e fez o pedido. Depois voltou segurando cada sorvete de casquinha na mão. Entregou o meu e ficamos, em meio a uma conversa descontraída, da parte dele, degustando do saboroso sorvete.
Então, ele consultou o relógio de pulso e fez uma careta. Perguntei:
– Você já tem de ir?
– Não. É que já são mais de sete horas e você ainda está usando óculos escuros. Usa drogas, por acaso? Porque quem usa vive sempre de óculos escuros para esconder a vermelhidão que a droga provoca na vista.
– Não. Não uso drogas, tampouco bebo ou fumo.
– Bom para você.
Ele deu mais algumas lambidas no sorvete e insistiu na velha pergunta:
– Diga-me então de onde me conhece. Estou começando a ficar constrangido por não me lembrar.
– Você, constrangido?
– Sim. Por que, não?

– Porque o Luciano que conheci era tão dono de si.
– É porque se escondia atrás das drogas.
Arqueei minhas sobrancelhas.
– Faz sentido.
– Então, quem é realmente você, Beatriz. De onde é que me conhece?
Suspirei.
– Antes disso me responda. Por que não exerce a profissão que se formou na faculdade?
Ele riu.
– O que foi?
– Que profissão? Nunca cheguei a me formar em nada. Quando decidi levar a faculdade a sério, já era tarde demais. Meu pai havia morrido, meu casamento estava em crise. Tive de desistir.
– Não acha que desistiu cedo demais?
– Não. Desisti porque fiquei com uma mão na frente e outra atrás. Fui morar com minha mãe na casa humilde que ela aluga na periferia da cidade e tive de trabalhar. Até cachorro quente vendi na praça.
– Nossa que reviravolta, hein?
Havia um certo prazer em minha voz, mas Luciano, empolgado com o que dizia, não percebeu.
– Uma p... reviravolta! Desculpe-me pelo palavrão.
– Não foi nada.
Novo silêncio.
– E então – insistiu ele mais uma vez – onde nos conhecemos Beatriz?
Ainda que trêmula decidi tirar os óculos que cobriam boa parte do meu rosto e joguei o cabelo para trás para que meu rosto ficasse o mais evidente possível.
Ele franziu a testa, semicerrou os olhos, abriu a boca, fechou.
– Agora, lembra-se de mim, Luciano?
Levou quase dois minutos para que eu percebesse que não, espantosamente, ele não se lembrava.

– Sinceramente Beatriz, não. Você não me é estranha, disso estou certo, mas não me recordo...

Minha voz se alterou.

– Você só pode estar brincando comigo.

Ele engoliu em seco.

– Não, Beatriz. Não mesmo. Eu juro!

– É feio jurar em falso, sabia?

– Digo a verdade, acredite-me.

Levantei-me e deixei a sorveteria, pisando duro; segurando-me para não chorar de ódio e revolta. Ele então correu até mim e me segurou pelo braço.

– Espere – pediu, esbaforido.

Quando falei, minhas palavras destilavam tanto veneno que ele se encolheu.

– *Acho que odeio você, Luciano Segabinassi, mais do que pensei ser capaz de odiar alguém.*

– Por que, Beatriz? Por que me odeia tanto?

Chorei, não houve outro jeito.

As pessoas que passavam, olhavam para nós com olhos espantados.

– O que fiz de mal para você me odiar tanto, Beatriz. Diga-me, pois não me recordo.

Procurei me controlar para lhe dar a devida explicação, mas levou quase dez minutos até que conseguisse dizer alguma coisa:

– Houve uma namorada, mais uma aventura, certamente, para você, no passado, quando tinha por volta dos vinte anos. Ela ganhou o concurso de Miss Brasil. Lembra-se dela?

O rosto dele transformou-se.

– Sim, lembro-me. Ela era linda. Maravilhosa. Mas depois de um acidente tornou-se um caco.

– Um acidente que você provocou, não foi?!

Ele perdeu a fala.

Palpitei.

– Essa moça era você, por acaso?

Aproximei meu rosto do dele e mostrando as pequenas cicatrizes que haviam sobrado na minha face, disse:

– O que acha?

– Mas o nome dela não era Beatriz. Era...

Aguardei. Ao perceber que não se lembraria, indignei-me mais uma vez.

– Você não se lembra, não é mesmo?

– Sinceramente, não. É importante para você que eu me lembrasse?

– O que acha depois de termos namorado por quase um ano?

– Entendo agora porque me olha tão decepcionada.

– Decepcionada?! Estou chocada, arrasada com a sua falta de consideração.

– Não é falta de consideração e sim, falta de memória mesmo. Foram tantas garotas com quem me envolvi. Tanta droga que usei...

– Você nunca prestou mesmo.

– Não é isso, é que homem é homem, né? Sabe como é. Não pode ver um rabo de saia dando em cima que traça mesmo!

– Você, certamente, enquanto esteve comigo não me foi fiel.

– Eu nunca fui fiel à mulher alguma até me casar com uma. Quando fui, levei um pé no traseiro. Irônico, não?

Balancei a cabeça, inconformada.

Ele segurou em meu ombro e me falou, adquirindo um tom mais sério:

– Seja lá como você se chama, saiba que hoje sou outra pessoa. Mudei muito ao longo do tempo, apesar de uns afirmarem que ninguém muda. Mas, eu, pelo menos, mudei. Nada mais do que eu queria para mim até completar trinta anos é o que quero para mim hoje aos trinta e cinco.

Enxuguei os olhos, a face, recuperei a seriedade perdida.

– É melhor eu ir – anunciei, baixando o rosto, querendo sumir da frente daquele canalha.

— Pode ir, mas antes me responda, por favor: Por que veio atrás de mim depois de tantos anos?

A pergunta me desmontou.

Ele a repetiu:

— Por que veio atrás de mim?

Decidi mudar de assunto:

— O meu nome, Luciano, é Marina... Marina Mendes Arcanjo.

Os lábios dele curvaram-se num sorriso bonito.

— Marina! S-sim, agora me lembro... A garota mais linda da cidade... Vencedora do concurso de Miss Brasil, não é? Você é ainda muito bonita, sabia?

— Não. Se não me dissesse não saberia — ironizei.

— Não precisa ser irônica comigo.

Houve uma breve pausa, enquanto nossos olhos admiravam um ao outro.

— Agora, por favor, me diga... — insistiu ele mais uma vez.

Eu, rapidamente, cortei o assunto ao meio:

— Preciso voltar para o hotel, já são oito horas, não sei se é seguro andar por aqui.

— Eu a acompanho se não se importar.

Hesitei.

— Por favor.

Ele me acompanhou perguntando sobre a cidade em que me conheceu e conforme eu ia falando, mais e mais, ele ia recobrando a memória.

Ao chegarmos ao hotel, na recepção, ele falou:

— Bem, está entregue.

Nossos olhos se congelaram um no outro mais uma vez.

— Obrigada por ter me acompanhado — agradeci.

— De nada.

Silêncio. Olhos ainda fixos um no outro.

— Você não vai me dizer mesmo por que veio atrás de mim? — insistiu ele, novamente.

Suspirei.

— Na verdade vim visitar uma amiga que mora aqui. Aí, quando soube que você havia se mudado para cá, decidi ir fazer-lhe uma visita. Pelos velhos tempos em que... bem, você sabe.

Ele fez que, sim, com a cabeça.

— Poderíamos nos encontrar amanhã?

— Amanhã?! Por quê?! Pra quê?!

— Para conversarmos mais um pouco. Se quiser ir conhecer minha casa, rever minha mãe. Acho que chegou a conhecê-la, não?

— Sua mãe? S-sim... Conheci, sim...

Naquele momento, voltou a minha memória as palavras que dona Wilma Segabinassi me disse no dia em que fui a sua casa tirar satisfações do Luciano.

"Vai tarde. E, por favor, não nos aborreça mais com seus problemas. Aqui não é casa de caridade, nem asilo, nem Centro Vocacional, nem o Muro das Lamentações."

Diante da minha ausência, Luciano perguntou:

— O que foi?

— Nada, não. Apenas uma lembrança do passado.

— E então? Podemos nos ver amanhã?

— S-sim. Podemos, sim.

— Ótimo. A que horas fica melhor para você?

— Você que sabe.

— Por ser sábado, eu trabalho até à uma. Depois estou livre, posso passar aqui e daqui irmos almoçar. Há um boteco aqui perto que serve uma feijoada muito boa e é bem barata.

— Para mim está bem.

— Ok. Até amanhã, então.

— Até...

Ele sorriu, puxou a calça para cima que estava quase caindo, permitindo que se visse parte de suas nádegas e se foi.

Fiquei observando sua retirada e só depois que ele se foi é que subi para o meu quarto.

211

Voltaram-me à lembrança as palavras que usei, destilando veneno, para expressar meus sentimentos, minha indignação por ele não ter se lembrado de mim:

"Acho que o odeio mais do que pensei ser capaz de odiar alguém."

Nesse ínterim, liguei para contar as últimas para Beatriz.

– E então? Era ele mesmo?
– O próprio.
– E vocês já conversaram?
– Sim.

A seguir, contei minuciosamente no que se transformou a vida da família Segabinassi. Beatriz ficou horrorizada.

– Beatriz, você ainda está aí?
– Estou pasma, Marina. Sem palavras!
– Chocante, não?!
– Sim, sem dúvida.
– E o que pretende fazer?
– Ainda não sei.

Ouvi a exalar um suspiro tenso do outro lado da linha, pouco antes de me aconselhar, novamente:

– Não faça nada contra esse moço, Marina. Ele já teve mais do que merecia.

– Tenho de desligar, agora, Beatriz.
– Marina?
– Sim?
– Ouça o meu conselho, minha irmã. Esqueça todo e qualquer tipo de vingança. Não vale a pena. A vida já ensinou um bocado para esse moço e sua família.

– Ok.
– Quando você volta?
– Ainda não sei.
– Qualquer coisa me liga.
– Está bem. Beijos a todos.
– Fique com Deus.

Desliguei o telefone e as palavras de Beatriz voltaram a ecoar no meu cérebro.

"Ouça o meu conselho, minha irmã. Esqueça todo e qualquer tipo de vingança. Não vale a pena. A vida já ensinou um bocado para esse moço e sua família." Ela tinha razão, a vida já havia judiado de Luciano, um bocado. Eu, na verdade, sentia agora muita pena dele. Por incrível que pudesse parecer para mim mesma.

No dia seguinte, almoçamos como combinado. Conversamos sobre amenidades, e para variar: espiritualidade.

– Há um amigo meu, americano que se interessa muito também por estudos que envolvem a reencarnação.

– Americano?! Onde o conheceu?

– Na própria América. Morei lá por quase seis anos.

"Fiu", ele assoviou.

– É tempo pra chuchu. Como conseguiu ficar longe daqui, da sua terra, da sua gente?

– Só Deus sabe...

– Casou-se por lá?

– Não.

– Mas aposto que teve muitos interessados, não?

– Não.

– Não? Como assim? Que eu saiba há macho na América, não somente gays.

– Há machos, como você diz, mas eu não estava aberta para o amor.

– Por quê?

– Por que o amor me feriu muito no passado. Eu também não tinha esse rosto que você está vendo agora.

– Não?! Como não?!

– Ah, Luciano, como você é mesmo displicente. Será que é tão lesado para não se lembrar que fiquei com o rosto todo marcado de cicatrizes após o acidente? Que precisava de uma plástica para pô-lo em ordem novamente e não tinha um centavo para fazê-la?

Você não se lembra porque nem sequer chegou a ir ao hospital para me visitar e quando fui a sua casa tirar satisfações, você me escorraçou de lá como se eu fosse um gato indesejado.

Sua mãe também não foi nada simpática para comigo e minha mãe. Fomos humilhadas por ela.

– É... Mamãe foi sempre casca grossa. Ainda é, um pouco.

– Eu faço ideia.

– Bom, mas... deixemos as amarguras do passado para lá e vivamos o presente.

– É tão fácil falar, não? Quando não foi com a gente que algo aconteceu é sempre muito fácil aconselhar: deixemos as amarguras do passado para lá e vivamos o presente. Mas a verdade é que as pessoas não se importam mesmo com os problemas dos outros.

– Não é bem assim, Marina.

– Como não?!

– Minha vida também não foi um mar de rosas, perdi meu pai, o nível de vida que tínhamos, tive um casamento fracassado, passei anos arrependido por não ter tido juízo para fazer uma faculdade enquanto tive oportunidade. Sem contar o tempo que passei nas clinicas de reabilitação para drogados e os problemas que tive por causa das drogas. Fui preso por porte de maconha. Quase linchado por traficante por ter feito dívida com eles. Eu posso não ter passado os mesmos horrores que você passou, mas passei também alguns, sem contar os problemas que venho tendo por causa da obesidade.

Portanto, quando aconselho "deixemos as amarguras do passado para lá e vivamos o presente" é porque me aconselharam o mesmo e me fizeram compreender que não há outra escolha para nós senão fizermos isso, pois o passado não pode ser refeito. Compreende?

– Sim. Ainda assim, não consigo deixar de tomar o conselho como uma ofensa. Chegar à conclusão de que pimenta na boca do outro é refresco.

– Não é bem na boca que diz o ditado.

– Eu sei, quis ser apenas educada.

Ele riu. Ri também. Houve uma breve pausa até que ele comentasse, voltando os olhos para o passado:

– É... para a maioria das pessoas é difícil mesmo se desapegar dos traumas do passado e seguir em frente. É difícil, mas não é impossível, respondeu-me uma senhora no Centro Espírita que frequento. Se não se importar, quero levá-la até lá para conhecê-la.

– Talvez, eu vá. Mas o que eu gostaria mesmo de conhecer é a sua casa, onde vive com a sua mãe.

– Podemos ir lá agora, se quiser.

– Boa ideia.

– De ônibus leva apenas uns quinze minutinhos.

– Ok.

Lá fomos nós para a periferia. Eu ansiava por rever dona Wilma Segabinassi, olhar bem no fundo dos olhos dela da mesma forma que fez quando humilhou a mim e a minha mãe no passado.

– Mamãe?! – chamou Luciano assim que entramos na humilde casa em que viviam. – Tem visita!

A voz de dona Wilma soou da cozinha.

– Já vou filho, estou terminando o molho do cachorro-quente.

Luciano voltou-se para mim e explicou:

– É que ela tem um trailer de cachorro-quente e misto-quente numa pracinha aqui perto.

– Ah! – exclamei sem saber o que dizer.

Nisso, dona Wilma entrou na sala, enxugando as mãos no avental avermelhado de molho de tomate.

Ao me ver parou, a boca se abriu, os olhos se esbugalharam.

– Lembra-se dela, mamãe?

O rosto da mulher enrijeceu, seriamente falou:

– Sim. Aquela que concorreu a Miss Brasil, não é mesmo?

– Chegou a ganhar o concurso, mãe.

– Eu me lembro.

– Poxa a memória da senhora tá bem melhor do que a minha.

Dona Wilma ficou me estudando atentamente com os olhos.

– Como vai dona Wilma? – disse eu, esticando a mão para cumprimentá-la.

Ela fez uma careta e falou:

– Vou bem... só não dá para lhe apertar a mão, como vê, estou suja.

Recolhi a mão e assenti.

– Consegue se lembrar do nome dela, mãe? – quis saber Luciano, com certa empolgação.

– Sim, Luciano. O nome dela é Marina.

– Isso mesmo! Mas que memória!

A mulher me olhando desconfiado, perguntou:

– O que a traz a esta cidade? Como encontrou Luciano depois de tanto tempo?

Luciano poupou-me de dar as devidas explicações.

Conversamos sobre outras amenidades até que Luciano sugeriu:

– O Centro Espírita fica aqui pertinho, se quiser ir fazer uma visitinha.

– Vamos, sim.

Despedi-me de dona Wilma e partimos. Ao atravessar o portão de metal, com a pintura gasta, voltei o olhar para a casa. Wilma Segabinassi estava na janela que dava para a rua, nos observando. Tive a sensação de que ela não gostara nem um pouco da minha visita e desconfiava da minha bondade e minha gentileza.

Foi como se soubesse da minha verdadeira intenção por ter procurado o filho tantos anos depois.

Sorri e fiz um aceno para ela, mas ela não me retribuiu, fingiu não ver, sumiu de frente da janela.

Seguimos a pé até o Centro Espírita.

Era um lugar simples, mas que nos transmitia um enorme bem-estar.

Assim que encontramos dona Dalva, Luciano me entregou às suas capacíssimas mãos.

– Essa senhora é como uma mãe para mim – admitiu ele com sinceridade. – Não só para mim, mas para todos que frequentam o Centro.

– Que nada... – falou a senhora num tom amável – faço apenas o meu dever: não há evolução sem caridade. E quando se fala em caridade é em todos os sentidos, um ombro amigo, um ouvido para um desabafo, um conselho são também formas de caridade.

Sorri.

– Como vai? – perguntei ao cumprimentá-la, a seguir.

– Bem e você?

– Bem, também.

– Estimo. Com licença, preciso ir me preparar para a palestra de hoje. Veio para assisti-la, não?

– Não era a minha intenção. Vim mesmos porque...

– Seu grande amigo...

– Não tão grande assim.

– Na altura, digo eu.

Marina riu, Luciano também.

– Ah, sim, na altura. Pois bem, ele queria que conhecesse o Centro, por isso veio, certo?

Concordei. A mulher me olhando mais atentamente confessou:

– Eu me lembro de você. De quando ganhou o concurso de Miss Brasil. Deve ter sido tão emocionante.

– Eu, sinceramente, já nem me lembrava mais.

Dona Dalva sorriu de forma reconfortante.

– Com licença.

Assim que a mulher se foi, olhei para Luciano.

– Simpática, hein?

– Sim, muito simpática. Como disse: dona Dalva é como uma mãe para mim.

Estávamos de saída quando parei de frente a um quadro de avisos e li algo que me chamou a atenção.

"Que eu não perca a vontade de doar este enorme amor que existe em meu coração, mesmo sabendo que muitas vezes ele será submetido a provas e até rejeitado." a autoria era de Chico Xavier.

– É bem verdade o que está escrito aí, não? – questionou Luciano, lendo a seguir outro poema, digamos assim, de Chico Xavier:

– "O ódio não é senão o próprio amor que adoeceu gravemente"

Tive de admitir que esse era também tocante. Mas os dois últimos me atingiram em cheio:

"Embora ninguém possa voltar atrás e fazer um novo começo, qualquer um pode começar agora e fazer um novo fim."

"Deus nos concede, a cada dia, uma página de vida nova no livro do tempo. Aquilo que colocarmos nela, corre por nossa conta."

Todavia, o que li se perdeu de minha memória uma hora depois como acontece com a maioria das pessoas. Eu deveria é ter registrado as palavras do Chico em minha alma, não só essas, mas outras tão sabias quanto essas, que tive acesso depois, porque na alma seria parte de mim e sendo parte de mim direcionaria melhor minhas atitudes perante a vida, perante mim mesma e perante Deus.

Quando eu e Luciano voltamos a ficar a sós, ele aproveitou para me perguntar mais uma vez o que não queria calar em seu interior:

– Por que veio atrás de mim, Marina?
– Você já me fez essa pergunta.
– Eu sei. Mas você não respondeu a verdade.

Corei.

– Diga a verdade, por favor. O que a fez me procurar depois de tantos anos? Você ainda sente alguma coisa por mim?
– Não, Luciano. Nada.
– Tem certeza?
– Sim, como dois e dois são quatro.

Ele calou-se, porém não tirou os olhos de mim. Estava aguardando a minha resposta. A verdadeira dessa vez.

— Você tem razão – disse eu, por fim –, eu vim procurá-lo por outro motivo. Um bem diferente do que aleguei.

Ele assentiu com os olhos e aguardou.

Não que eu estivesse ensebando, eu estava, na verdade, procurando coragem em mim mesma para expor a verdade. Enfim, falei:

— Você realmente não faz ideia do porquê vim procurá-lo?

— Vaga ideia. Mas quero que você me diga.

— Oh, meu Deus, é tão simples de se deduzir o porquê vim atrás de você, porque fui capaz de contratar um detetive para descobrir onde estava.

— Detetive?

— Sim, Luciano, detetive. Eu vim parar nesta cidade com o único propósito de te encontrar. Não tenho amiga nenhuma, morando aqui.

Ele mordeu os lábios. Prossegui, agora, sem piedade:

— Eu precisava te encontrar, Luciano. Para...

Parei. A voz embargou.

— Para? – ajudou-me ele.

Suspirei e falei de uma vez:

— Para devolver a você tudo o que fez para mim. Inconsciente ou conscientemente. Direta ou indiretamente. Mas tudo, tim-tim por tim-tim.

— Você veio até aqui para se vingar de mim, é isso?

— Exatamente isso.

Calei-me, ele aguardou, disfarçando o impacto que a minha revelação lhe causara.

— Mas...

— Diga.

— Mas o Luciano que eu esperava encontrar era bem diferente deste que está aqui sentado a minha frente. Pensei em encontrá-lo feliz, com filhos, rico, bem sucedido nos negócios e lindo, ainda lindo, como era na adolescência.

219

— E você encontrou o oposto de tudo isso.
— Sim. Como o avesso da alma.
— Curioso, não?
— É como se a vida tivesse se vingado de você por mim.
Ele analisou minhas palavras até perguntar:
— Por que essa revolta contra mim, Marina?
— Você ainda me pergunta o porquê? Ora, Luciano, você destruiu a minha vida. Acabou com minhas oportunidades, com os meus planos, com os meus sonhos de amor para com você.

Foi por sua causa que fiquei enfurnada dentro da casa dos meus pais por mais de três anos. Foi por sua causa que perdi meu rosto naquele acidente provocado por você, por estar bêbado e drogado. Foi por causa de você que não pude participar do concurso de Miss Universo. Por causa de você perdi a oportunidade de ganhar dinheiro e poder ajudar a minha família que prezo tanto. Toda a minha desgraça, como vê, se deu por sua causa, por sua culpa.

— Eu sinto muito.
— Como se não bastasse tudo isso, eu o amava, amava de verdade e você me fazia de tonta, me usava, quando deixei de ter um rostinho bonito me jogou às traças, bem no momento em que eu mais precisava.

É pouco ou quer mais?
— Não, Marina, é o suficiente.
— Que bom. Porque ainda me dói muito falar sobre tudo isso.

Ficamos em silêncio por quase três minutos. Ele então me perguntou:
— Sou mesmo um lesado. Esqueci de perguntar a você como conseguiu o dinheiro para fazer a cirurgia plástica que tanto necessitava e para estar aqui hoje.

Contei então tudo que vivi ao lado de Lorenzo e Tom. E os filhos que gerei em meu ventre para os dois.

Ao término, Luciano estava pasmo:
— Você foi mesmo capaz de tudo isso para...

– Sim, Luciano, só para me vingar de você. Destruir a sua vida.

– Nunca pensei que alguém pudesse me odiar tanto assim.

– Pois agora sabe. E eu o odiei mais do que tudo.

– Odiou ou ainda me odeia?

– Isso ainda não sei responder. Só sei que me sinto diferente agora depois de te encontrar. É como se me sentisse mais aliviada.

Foi um martírio ter de viver longe dos meus pais, do meu país, naquele país estranho, de pessoas estranhas e de língua estranha só para poder juntar dinheiro para eu fazer a cirurgia plástica e vir atrás de você.

– Por que não veio antes, antes de fazer a cirurgia?

– Porque você e sua mãe me humilhariam como da outra vez. Dessa vez eu queria estar por cima, entende? Mostrar que dei a volta por cima sem precisar de vocês.

– Eu, bem, nem sei o que dizer.

– É melhor não dizer mesmo nada, para não incitar meu ódio temporariamente adormecido.

– Mas você tem toda razão em sentir ódio de nós. Hoje estou lúcido o suficiente para compreender isso, com a mente entorpecida por entorpecentes não se vê nem se ouve nada claramente. Não se raciocina direito e, sim, de forma totalmente egoísta e errada.

Não vou lhe pedir desculpas, Marina, porque é muito simples e fácil pedir depois de tudo que aconteceu.

Só lhe peço que perceba que hoje sou diferente, melhor ou menos pior, como queira, mas diferente.

Assenti enquanto minha face era riscada por lágrimas e mais lágrimas.

– Acho melhor eu levar você de volta para o hotel.

– Sim, por favor.

Seguimos calados durante a volta toda de ônibus até o hotel onde eu estava hospedada. Quando lá, na portaria, Luciano se despediu.

– Bem, eu já vou indo. Talvez você não me queira ver mais, nunca mais, mas eu, se não achar muita cara de pau da minha parte, gostaria de manter contato com você.

Baixei a cabeça, entristecida.

– Marina? – chamou ele.

Quando nossos olhos se encontraram pude ver os meus refletidos nos dele e havia um brilho, como se fosse uma chama acesa em meus olhos.

– Bem, eu já vou indo...

Ele já havia me dado as costas quando o chamei.

– Luciano.

Ele voltou-se para mim, e, humilde e pacientemente, aguardou por minhas palavras.

– Sabe, eu vim aqui com o único objetivo de fazê-lo passar por algo tão ruim quanto o que eu passei, mas agora, depois dessas poucas horas ao seu lado, minha raiva se esvaneceu. Até meu ódio se foi, se é que ódio e raiva têm alguma diferença.

Ele sorriu. Eu também. Ele se aproximou de mim e disse, com sinceridade:

– É muito bom ouvir isso de você, Marina. Isso mostra que você, assim como eu, assim como muitos, preferiu escolher o perdão, o amor, a luz à escuridão, ao ódio e o desejo de vingança. Isso é evolução.

– Acho que sim, Luciano.

– Admiro você agora, ainda mais. Já admirava por ter tido a coragem de fazer tudo o que fez pelo simples intuito de fazer a cirurgia plástica que tanto necessitava e vir atrás de mim para se vingar.

Baixei os olhos, por certo constrangimento.

Fez-se um breve silêncio até que eu sugerisse:

– Amanhã, se quiser ir, almoça comigo?

– Adoraria, mas só tenho o dinheiro para o ônibus da semana.

– Sou eu quem está convidando e quem convida paga.

– Não acho isso legal. Por que não vai almoçar em casa, a comida é simples, mas saborosa.

– Irei um outro dia. Mas amanhã, domingo, quero que me leve a um restaurante com comida boa e um ambiente agradável. Conhece um, não?
– Sim.
– Ótimo. E à tarde poderíamos ir a um cinema, que tal? Tem cinema na cidade, não?
– Tem sim, no Shopping.
– Ótimo. Até amanhã, então.
– Até amanhã. Marina.

Ele novamente puxou a calça que, como sempre, estava caindo e partiu. Fiquei por um minuto, ali, reflexiva e, só então, segui para o meu quarto. Jantei ali mesmo no hotel tendo como companhia somente a solidão, a qual, havia muito, tornara-se a minha única companhia.

No dia seguinte, domingo, eu e Luciano fizemos tudo que havíamos combinado. O restaurante que ele me levou era ótimo, o filme que escolhemos, ótimo também. Foi uma tarde muito agradável, tão agradável que fomos jantar, a meu convite, numa lanchonete do Shopping.

Quando lá, em meio a uma mordida e outra no lanche regado com refrigerante, perguntei:

– Você gostaria mesmo de fazer a cirurgia de redução de estômago?

– Sim. Por que pergunta?

– Curiosidade. Muita gente diz que quer fazer uma coisa porque não tem condições de fazer, quando tem, não faz. Ou seja, é algo dito somente da boca para fora.

– Não, Marina, eu realmente desejo fazer mesmo a cirurgia e, no meu caso, é por questão de saúde, não de estética.

– Foi o médico quem lhe disse isso?

– Foi. Ele me alertou: ou você começa a malhar e fazer uma dieta ou faça uma cirurgia de redução de estômago.

– Compreendo.

Após breve reflexão, perguntei:

— O plano de saúde do governo, SUS, creio eu, não cobre essa operação?

— Eu não sei exatamente, mas minha mãe não quer que eu faça com essa gente. Se for para eu fazer, por questão de segurança, que eu faça com um médico bastante conceituado na especialidade. Para evitar riscos.

— Você tem medo de morrer?

— Quem não tem, Marina?

— Mesmo acreditando em vida após a morte?

— Mesmo assim.

Refleti e perguntei:

— Você já procurou saber quanto custa uma cirurgia de redução de estômago com um médico particular, um especialista?

— Sim. Uma fortuna. Ao menos para mim.

— Quanto, precisamente?

Ele me disse o valor.

— Não é tanto assim.

— Como te disse, para mim é uma fortuna.

Assenti.

— Acho que você anseia por essa cirurgia tanto quanto eu ansiei pela cirurgia plástica.

Ele concordou com um aceno de cabeça.

— Pois bem, Luciano. Eu poso ajudá-lo a fazer essa cirurgia que tanto quer.

— Esqueça, Marina... você já tem os seus problemas, seus compromissos.

— Tenho, sim, Luciano. Mas essa quantia que vai precisar para fazer a cirurgia acredite-me, não me fará falta alguma.

— Você está querendo dizer...

— Isso mesmo, Lu. Que vou pagar a cirurgia de redução de estômago para você.

Os olhos de Luciano Segabinassi parecia que iam saltar as órbitas.

– Eu não posso aceitar.
– Aceite, é um presente.
– Mas...
– Eu quero muito ajudá-lo, vou me sentir melhor se eu fizer isso por você.
– Justo por mim que te causei tanto desgosto?
– Mas será a prova definitiva para mim e para você de que o passado mal cicatrizado se cicatrizou de vez.
– Você tem certeza de que é isso mesmo que você quer?
– Absoluta.
– Só aceito se me der esse dinheiro como um empréstimo. Com a promessa de que vou reembolsá-la um dia.
– Não precisa.
– Mas eu faço questão.

Ele estudou meus olhos por dois minutos e falou, surpreso e comovido:

– Você realmente está disposta a fazer o que disse! Posso ler nos seus olhos... estou abismado. Jamais pensei que pudesse...
– Nem eu, Luciano. Nem eu pensei que pudesse sentir vontade de ajudá-lo como sinto agora. Estou tão pasma comigo quanto você.
– Nossa!...

Ele enxugou o canto dos olhos antes que lágrimas escorressem.

– Estou tão emocionado que sinto vontade de chorar. Mas tenho de ser forte, afinal, homem não chora.
– Bobagem.
– Eu sei que é bobagem. Só estava brincando.

Ficamos entregues a um silêncio temporário.

– Sabe, Marina, você não faz ideia o quanto desejo fazer essa cirurgia de redução do estômago. Para recuperar, senão por completo, parte do físico que eu tinha. Elevar minha estima, sentir-me com mais vitalidade, energia e disposição.
– Eu sei exatamente o que sente, Luciano. Pois eu desejei o mesmo para mim por dez anos. Dez longos anos.

Ele respirou fundo, fazendo grande esforço para não chorar.
– Quero o nome do médico, endereço, telefone, tudo, enfim, que puder me arranjar. Quero amanhã mesmo marcar uma consulta para você para podermos agilizar o processo.
– Está bem... Se é isso mesmo o que você quer, assim será!

No dia seguinte, tudo foi feito como eu programei. Marquei a consulta e, no dia em questão, fui com o Luciano ao médico. Um daqueles que se formou somente para rechear suas contas bancárias com muito dinheiro. Um materialista nato.

Marcamos a data da cirurgia e, no dia seguinte, Luciano começou a fazer os exames necessários e a dieta pré operatória. Ele parecia estar nas nuvens.

Enquanto isso, eu ia ligando para Beatriz e mamãe para situá-las sobre o que estava acontecendo em minha vida. Ambas estavam surpresas e emocionadas por eu ter decidido fazer o que estava fazendo por aquele que odiei ardentemente durante aqueles últimos dez anos.

"Você ainda gosta dele, filha", comentou minha mãe, ao telefone.

Ao que respondi, instantaneamente:

"Feio como ele ficou, mamãe, é impossível uma mulher como eu, gostar!"

O único "senão" nessa história foi a mãe de Luciano a qual, segundo ele, não punha fé em mim, na minha bondade e generosidade para com ele.

"Não confio nessa moça, Luciano!", disse ela reticente. "Para mim ela não é flor que se cheire."

"Calma, mãe. Não se precipite no seu julgamento. Alguém que quer me ajudar não pode ser mau."

"Ainda assim, se eu fosse você, ficaria com um pé atrás com ela."

"Não vou ficar, não! Confio na Marina. Confio mesmo! Fui muito burro em tê-la tratado como tratei no passado, se tivesse lhe dado o devido valor, talvez minha vida não tivesse se tornado esse caos."

"Se pudéssemos prever tudo o que vai nos acontecer, aí sim, a vida valeria a pena!"

"A senhora não quer mais nada, né, dona Wilma?!"

"Quero apenas que a vida pare de fazer pirraça com a minha pessoa!"

"Não reclame, mamãe. Há pessoas em condições muito piores!"

"Pior que ser obrigada a ficar dentro de um trailer cheirando a batata frita, óleo, preparando lanches, sanduiches e cachorro-quente, não há! Não pode haver!"

– Mamãe exagera um bocado, Marina – completou Luciano após me contar o pequeno diálogo entre ele e a mãe, descrito acima.

– É dramática e mimada. Papai a mimou muito, os pais dela tanto quanto, agora que nenhum deles existe mais, ela sente na pele o quanto foi imprudente deixar-se mimar, viver só de mimo, esquecendo-se de aprender a se virar na vida por conta própria, assumir as suas responsabilidades.

Durante os dias que se seguiram até o dia da cirurgia, eu e Luciano nos víamos depois da seis da tarde, quando ele deixava o trabalho, ou quando eu ia com ele fazer os exames.

– Estou ansioso, Marina – revelou-me ele quando faltava apenas um dia para sua internação no hospital.

– É natural que fique assim – confessei. – Eu também fiquei muito ansiosa antes da minha cirurgia.

Sorri. Ele retribuiu o sorriso, ainda que tenso.

– Quero te pedir uma coisa – falou, então, seriamente.

– Fale – disse eu um tanto insegura sem saber ao certo o porquê.

– Se eu não voltar da cirurgia. É, se eu morrer durante ela, quero que realize o meu último desejo.

– E qual é?
– Quero ser cremado.
Minhas sobrancelhas se arquearam.
– Está bem. Farei o que me pede. Mas você há de sobreviver. Deus não me daria esse desgosto, não depois de tudo que fiz para ver você feliz.
Ele sorriu.
– Otimismo sempre?
– Otimismo sempre.
No dia determinado, Luciano foi internado na clínica do próprio doutor que iria lhe fazer a cirurgia de redução do estômago. Deu-se início, então, ao procedimento para a operação.
Pouco antes da cirurgia ter início ele pediu a uma enfermeira para falar comigo. Fui até ele, que já estava deitado na maca de rodinhas para ser levado para a sala de cirurgia.
– Eu precisava te falar antes de eu... – disse ele, enfim, com voz emocionada.
Segurei em sua mão como ele me pedia.
– Obrigado, Marina. Obrigado mesmo por essa oportunidade.
– De nada, Luciano – respondi com voz embargada. – E boa sorte!
– Obrigado.
Voltei para a sala de espera onde havia deixado dona Wilma, tensa, aguardando por mim.
– Vai correr tudo bem, dona Wilma – disse eu, procurando tranquilizá-la – a senhora vai ver.
– Espero que, sim. Cirurgias, apesar de todo aparato técnico de hoje em dia, ainda são cercadas de risco.
– Sejamos otimistas.
– Otimista é algo que nunca fui nem nunca serei.
Fiz ar de compreensão.
A operação durou o tempo estipulado pelo médico e, segundo ele, correu às mil maravilhas.

Dona Wilma era só sorrisos, chegou a chorar de emoção. Eu também estava feliz, muito feliz, pois só mesmo a cirurgia tendo sucesso é que Luciano poderia compreender realmente o que fiz por ele.

– Bom, eu vou até o banco, providenciar o dinheiro para começar a acertar tudo por aqui – expliquei à dona Wilma.

– Mas os cheques – lembrou-me ela –, eu já os entreguei na administração da clínica.

– Mas falta eu transferir o dinheiro para a conta do Luciano. Senão serão devolvidos.

– Ah, sim, é verdade. Havia me esquecido desse detalhe.

Antes de eu deixar o hospital, dona Wilma parou em frente a mim e, num gesto raro de humildade, falou:

– Eu fiz um julgamento muito apressado da sua pessoa, Marina. Não devia. Você não é nada do que pensei, do que minha mente intuiu. Você é boa, honesta, de caráter. O Luciano estava certo quando me disse que deveria ter levado a sério o relacionamento de vocês no passado, que poderia ter sido feliz se tivesse se casado com você.

Assenti, com meus olhos, vertendo-se em lágrimas.

– Preciso ir – falei em tom de urgência.

– Volte rápido. Ele vai querer vê-la assim que recobrar os sentidos.

– Volto, sim.

Parti.

Conto agora tudo o que se passou desde então por meio do diálogo que tive com Beatriz assim que cheguei em sua casa.

Beatriz perguntou-me:

– Como foi a cirurgia do Luciano? Correu tudo bem?

Fiz que sim, com a cabeça.

– Que bom. Fico feliz que tenha dado tudo certo.

Fez-se um breve silêncio. Então, Beatriz ainda me olhando com profunda admiração falou:

— Sabe, irmã, estou curiosa para saber o que a fez desistir do que pretendia fazer contra o Luciano. Foi porque sentiu pena dele? Porque ouviu meu conselho, o meu e de mamãe? Ou porque...

— Por quê...?

— Ainda tem algum sentimento por ele.

Permaneci calada.

— Diga, Marina. Não judie de mim.

Mirei seus olhos e deixei que eles falassem por mim. Beatriz, agora me olhando estranhamente, perguntou:

— Por que me olha assim, com tanta frieza no olhar?

Voltei os olhos para o chão sem pender a cabeça.

— O que foi Marina...?

Falei, por fim:

— Nenhuma das três alternativas está certa, Beatriz. Eu não fiz o que fiz por Luciano, porque senti pena dele, nem porque ouvi seus conselhos ou os da mamãe, ou porque eu ainda sinto algum coisa por ele.

— Por qual razão, então...

— Será que você ainda não entendeu? Fiz o que fiz para me vingar dele. Daquele infeliz que acabou com dez anos da minha vida!

Minha voz perdeu o controle. Alterou-se tanto quanto eu.

— Você acha que eu ia deixar barato os dez anos de horror que passei? Não, minha irmã, não mesmo! Eu tinha de me vingar dele, sim! Eu jurei a mim mesma que não sossegaria enquanto não o fizesse passar todo o horror pelo qual passei. Jurei!

Os ombros de Beatriz se arriaram.

— Nem vou lhe perguntar o que fez. Tenho medo de saber.

— Nada que se compare ao que ele me fez passar nos últimos dez anos de minha vida.

O clima pesou no recinto. Foi Beatriz quem, cinco minutos depois, rompeu o silêncio fúnebre:

— Como se sente?

Não respondi de prontidão.

– Como se sente, Marina, agora que se vingou dele?

A pergunta me paralisou. A voz de Beatriz se alterou e se elevou:

– Diga-me, vamos, Marina. Quero saber qual é a verdadeira sensação que uma pessoa tem depois de se vingar de quem tanto quis se vingar. De quem tanto odeia?

Por mais que tentasse, eu não conseguia responder.

Enquanto isso, no quarto da clínica onde Luciano havia feito a cirurgia...

Luciano olhou para a mãe que, atendendo a um sinal de seus olhos, acercou-se dele.

– Onde está a Marina? – perguntou em voz baixa, assim que ela achegou-se a ele.

Dona Wilma estava tentando falar, mas a voz não saía.

Uma interrogação dolorosa assomou aos olhos do filho, que fitavam atentamente a mãe.

– Ela sumiu – disse ela, por fim com grande dificuldade.

As sobrancelhas do paciente se arquearam.

– Sumiu?!

– Sim. Quando a responsável pelo departamento de cobrança da clínica me procurou para informar que o primeiro cheque da cirurgia e do quarto na clínica havia voltado duas vezes, fui ao hotel onde Marina estava hospedada, para saber por que ela não depositara a quantia que lhe prometeu e, também, porque não aparecera mais aqui, tampouco ligara para saber de você.

Foi então que descobri que ela já havia partido e fora bem no dia da cirurgia, pelo que deduzi, logo após saber que tudo havia ocorrido conforme o esperado e que você estava bem.

Agora entendo por que ela esperou saber que você estava bem, lúcido, para depois sumir. Foi porque queria que você estivesse lúcido o suficiente para passar por toda essa humilhação. Verifiquei o extrato da sua conta bancária e não há nenhum depósito feito por aquela pilantra.

Os olhos de Luciano fecharam em súbita agonia.

— Então ela conseguiu — murmurou ele entristecido — ela finalmente conseguiu se vingar de mim como tanto queria...

As palavras foram repetidas, como num sonho, e a voz era abafada e sem fôlego. As pálpebras do paciente tremeram, fecharam-se e tornaram a se abrir.

Wilma Segabinassi agora olhava para o filho com uma mistura de perplexidade e horror, transparecendo em seu olhar.

— Do que está falando, Luciano?

Mesmo enfraquecido pela cirurgia e pelo duro golpe que recebera, o moço contou à mãe o verdadeiro motivo que me levou a procurá-lo dez anos depois do acidente.

Dona Wilma, chorosa, explodiu:

— Você deveria ter me contado tudo isso, Luciano! Se tivesse, eu teria pressentido as verdadeiras intenções daquela infeliz para com você.

— Achei desnecessário, mãe. Eu confiava em Marina. Achei que ela estava sendo tão sincera para comigo.

— Eu avisei a você que ela não me passava confiança, que não era flor que se cheirasse. Você tinha de ter me ouvido, filho!

Dona Wilma enxugou as lágrimas no dorso da mão e comentou:

— Vamos manter a calma. Não é hora de se desesperar.

Luciano, após breve reflexão, comentou:

— Por isso que ela me pediu para pagar a cirurgia e a clínica com cheques meus, pré-datados. Para que sujasse meu nome assim que caíssem no banco e não houvesse os fundos que ela prometeu depositar para cobri-los. A senhora sabe, por acaso, se algum cheque já voltou.

— Aquela moça não presta mesmo, é uma ingrata, uma sem coração.

— Talvez tenha acontecido algo com ela e por isso...

A mãe curvou sobre o filho e falou seriamente:

— Não alimente ilusões, Luciano. Elas só o farão sofrer ainda mais.

A mãe deu um beijo na testa do filho e acrescentou, ponderada:
– Nós daremos um jeito, meu querido. Não se preocupe.
– Jeito?! Como, mãe? Não temos crédito na praça. Estamos cheios de dívidas.

Ela tomou-lhe a mão, com os dedos no pulso, e olhou para ele e afirmou, querendo muito acreditar no que dizia:
– Algum jeito... Acredite.

A afirmação apenas fez tremer os lábios do acamado justamente quando o médico entrava para examiná-lo.
– Como está passando o meu paciente? As melhoras até ontem eram notáveis.

Diante da estranheza com que Luciano o tratou, o médico questionou:
– Há alguma coisa errada com você? Você não está se sentindo bem?

Com esforço, Luciano ergueu os olhos para o médico e disse:
– O problema é o seguinte, doutor. Nós não temos um centavo para pagar a cirurgia.

As pálpebras do médico tremeram e semicerraram-se.
– Como assim não têm um centavo?

Os olhos agonizantes de Luciano fecharam-se outra vez.

O doutor voltou a cabeça para o lado e encontrou o olhar assustado e envergonhado de Wilma Segabinassi.

Ao perceber que o assunto era sério, o médico não completou o exame que deveria ser feito em Luciano, simplesmente, disse:
– O pagamento dos meus honorários não sou eu quem resolvo. Vocês terão de falar com a Débora do financeiro.

Sem mais delongas, sequer um "passar bem" o médico deixou o quarto.

Os olhos de Luciano fecharam-se outra vez. Em seu coração o desespero ganhava grandes proporções.

Mãe e filho estavam sós agora no aposento, com a impressão de estarem sós no mundo. Sem ninguém para estender-lhes a mão, nem mesmo Deus.

Minutos depois, a moça do departamento financeiro da clínica, entrou no quarto. Nem bem deu uma batidinha na porta, entrou.

Restou à dona Wilma explicar tudo que aconteceu, é lógico que a moça não acreditou em uma palavra sequer, era dramalhão demais a história da ex-namorada (Eu) que voltara dez anos depois para se vingar do namorado (Luciano – o paciente). Que prometera lhe pagar a cirurgia e depois se escafedeu.

Diante da situação, a responsável foi sincera: bem, seus cheques serão depositados nas datas devidas e serão protestados. Entraremos também com uma ação, pois você assinou o contrato conosco, assumindo que iria pagar pela cirurgia. Você permanece na clínica até estar devidamente recuperado, caso descubram como cobrir o primeiro cheque, por favor, avise-nos para não protestá-lo.

Sem mais deixou o quarto.

O drama foi se agravando com o passar das horas e com a chegada do dia seguinte. O que foi espantoso para mim, quando vim a saber tempos depois de tudo que se passou ali, era que Luciano ainda contava com a minha volta para salvá-lo daquele caos em que eu o havia deixado.

No dia seguinte, após um breve cochilo, Luciano abriu os olhos que, com esforço, percorreram o quarto e fixaram-se na mãe. Fez um pequeno gesto, e Wilma, instintivamente, segurou sua mão branca e fria entre as suas.

– Estou aqui, filho. O que foi?
– Nenhum sinal dela?
– Não, filho. Ainda não.

Ele fez beiço.

A mãe explodiu mais uma vez:

– Marina não podia ter feito o que fez com você, Luciano. Não podia! Sou capaz de esganá-la se a encontrar. Onde já se viu dar as costas a alguém quando esse alguém mais precisa?

– Nós fizemos o mesmo com ela no passado, mamãe...

Dona Wilma pareceu não ouvi-lo, cortou suas palavras, bruscamente:

– Liguei para o tio Gumercindo, tia Honória, mas aqueles dois sovinas disseram-me que não têm condições, no momento, de nos emprestar sequer um rolo de papel higiênico. Tiveram a pachorra de me perguntar quando vamos pagar o dinheiro que emprestaram da outra vez. Aquele que seu pai acabou deixando de pagar.

A mãe suspirou para relaxar, mas não conseguiu, voltou a metralhar com palavras:

– Falei com seu irmão também, mas ele, no momento, está sem um centavo, investiu tudo o que tinha no apartamento que comprou com a esposa. Sua irmã se recusou a pedir ajuda ao marido, não se julga íntima o suficiente dele para abordar esse tipo de assunto. Para todos os demais que liguei a resposta foi a mesma "Eu emprestaria se tivesse, mas...".

A mulher bufou e completou:

– É incrível como nunca se consegue alguém, quando mais se precisa!

Luciano permaneceu calado.

Enquanto isso, eu, Marina Mendes Arcanjo, havia voltado para casa dos meus pais no Paraná. Pensei que haveria paz depois de ter feito o que fiz contra o Luciano, mas não, a paz que a paixão por Luciano me roubou no passado ainda não fora resgatada. E eu me perguntava o porquê. Por que a paz dentro de mim não voltou a ser como antes, depois de tê-lo deixado na pior?

Enquanto isso, Luciano continuava isolado num quarto da clínica, entregue ao destino que eu reservei para ele. Sua mãe estava ao seu lado, mais uma vez, com os olhos atentos ao filho.

Sua recuperação tornara-se lenta, na verdade, havia retrocedido e, dona Wilma, estava certa de que isso acontecia devido ao nervoso que estava passando pelo que lhe fiz. E ela estava totalmente certa.

...

Eu, no meu quarto na casa de meus pais, olhava para o meu reflexo no espelho, procurando algum traço em mim de felicidade por ter feito o que fiz com Luciano. Infelizmente, não havia nenhum.

Lembrei-me então de trechos da nossa conversa:

"É muito bom ouvir isso de você, Marina. Isso mostra que você, assim como eu, assim como muitos, preferiu escolher o perdão, o amor, a luz à escuridão, ao ódio e ao desejo de vingança. Isso é evolução."

"Acho que sim, Luciano."

"Admiro você, agora, ainda mais. Já admirava por ter tido a coragem de fazer tudo o que fez pelo simples intuito de fazer a cirurgia plástica que tanto necessitava e vir atrás de mim para se vingar.

Sabe, Marina, você não faz ideia o quanto eu desejo fazer essa cirurgia de redução do estômago. Para recuperar, senão por completo, parte do físico que eu tinha. Elevar minha estima, sentir-me com mais vitalidade, energia e disposição."

"Quero te pedir uma coisa", falou ele, seriamente.

"Fale", disse eu um tanto insegura sem saber ao certo o porquê.

"Se eu não voltar da cirurgia. É, se eu morrer durante ela, quero que realize o meu último desejo."

"E qual é?"

"Quero ser cremado."

Minhas sobrancelhas se arquearam.

"Está bem. Farei o que me pede. Mas você há de sobreviver. Deus não me daria esse desgosto, não depois de tudo que fiz para ver você feliz."

Ele sorriu.

"Otimismo sempre?"

"Otimismo sempre."

Voltou-me a lembrança quando ele, pouco antes da cirurgia ter início, pediu para falar comigo.

"Eu precisava te falar antes de eu..."

Segurei em sua mão como ele me pedia.

"Obrigado, Marina. Obrigado mesmo por essa oportunidade."

"De nada, Luciano", respondi com voz embargada. "E boa sorte!"

"Obrigado."

Lembrei-me então de como o amaldiçoei:

"Acho que o odeio mais do que pensei ser capaz de odiar alguém."

Voltou então à memória o que minha mãe me disse ao telefone semanas atrás:

"Você ainda gosta dele, filha".

E eu, retruquei:

"Feio como ele ficou, mamãe, é impossível uma mulher como eu gostar!"

Só agora eu percebia que mentira, tanto para ela, quanto para mim mesma. Eu ainda amava Luciano Segabinassi e o que era pior, na mesma intensidade de quando me descobri apaixonada por ele, cerca de onze anos atrás.

O mais incrível e chocante era perceber que ele ainda me despertava interesse mesmo estando gordo e feio. Acabado, desleixado e na miséria.

Lembrei-me então do que Beatriz disse a minha mãe, certa vez:

"Como alguém pode continuar gostando tanto de alguém que o despreze?", perguntou Beatriz.

"Você quer dizer: como uma mulher pode gostar tanto de um homem que a despreze?"

"Sim, mamãe. Como? Sei que o Danilo me despreza, sei que me acha horrível, talvez a moça mais feia do planeta, faz chacota de mim com os amigos e, ainda assim, não consigo parar de pensar nele, com amor. Sim, amor. Isso não é triste?

"Não se entristeça por isso, filha. Um dia isso passa."

E eu me fiz a mesma pergunta naquele instante:

– Como posso continuar gostando de quem me fez tanto mal? De um homem que acabou com a minha vida? Como?!

Por mais que eu fizesse a pergunta aos céus, não conseguia obter a resposta.

Uma semana depois, lá estava eu novamente na clínica em que Luciano estava internado. Quando dona Wilma me viu, sua expressão mudou radicalmente. Olhou-me a princípio assombrada, depois com fúria demoníaca.

Um leve estertor chegou até a sua garganta. Seus lábios tremeram. Foi com muito custo que ela se segurou para não me estapear.

— A minha vontade é de esbofeteá-la até deixar sua face tão feia quanto aquele acidente a deixou — admitiu ela com um ódio mortal.

Tentei dizer alguma coisa, mas não consegui. O ódio da mulher então deu lugar a um pranto repentino e agonizante.

— Ele está morrendo, eu sei, eu sinto e a culpa é sua. Totalmente sua.

Tentei encontrar novamente palavras para acalmá-la, mas foi em vão.

— Saiba que se ele morrer — continuou ela retomando a fúria —, eu jamais lhe perdoarei. Jamais, ouviu?

Assenti e perguntei com certo receio:

— Posso vê-lo, agora?

— Para quê? Para humilhá-lo ainda mais do que já o humilhou?

— Vim em paz, dona Wilma...

— Você já fez isso antes e só nos causou desgosto.

Inspirei o ar, e, silenciosamente, entrei no quarto. Luciano estava estirado sobre a cama, com os olhos voltados para o teto, vazios e a respiração estava pesada. Ao me ver, sua expressão mudou.

Aproximei-me da cama a passos lentos. Ele tentou me dizer alguma coisa, mas a palavra soou tão fraca que fiquei sem entender. Palavras quase inaudíveis soaram a seguir. Uma interrogação dolorosa assomou aos olhos dele que me fitavam atentamente.

Os olhos profundos, de um azul esverdeado, sob as sobrancelhas regulares e escuras. Sua boca curvou-se, então, ligeiramente para cima, denotando alegria por me rever.

Eu não queria admitir para mim mesma, mas sentia agora uma grande compaixão pelo homem que ali estava se recuperando.

Luciano pareceu-me, temporariamente, sem saber o que pensar ou dizer, percebi.

– Eu sempre acreditei que voltaria... – disse, por fim.

– Mesmo?

– Sim. Achei que seu instinto de bondade era bem mais forte que o instinto de vingança.

Mordi os lábios, tomada de súbita apreensão.

– O médico e a clínica já foram pagos por mim. Você não precisa mais se preocupar com isso. Precisa somente se restabelecer para que possa voltar para casa, o trabalho, sua vida normal. Prometa-me que vai se esforçar para isso.

– Eu prometo – jurou ele, procurando firmar a voz.

– Muito bem. Agora tenho de ir. Adeus.

– Nunca mais nos veremos?

– Não. Nunca mais.

– Tem certeza de que é isso mesmo o que você...

Adiantei-me na resposta:

– Sim. É isso mesmo o que eu quero. Adeus, Luciano e seja feliz. Muito feliz.

Sem mais, deixei o quarto e parti. Ainda que gostasse dele, ainda que tivesse voltado atrás na minha vingança, eu estava decidida a nunca mais ver a sua pessoa. Nem que houvesse uma outra chance numa vida no Além.

Capítulo 16

Assim que cheguei à casa de Beatriz, contei tudo o que havia acabado de fazer por Luciano, por minha vida. Omiti apenas o fato de eu ter descoberto que ainda sentia algo por ele.

– Fico feliz, Marina – começou ela –, orgulhosa de você por ter tomado essa decisão, minha irmã. Foi um gesto de amor... O que era para ser vingança tornou-se um gesto de amor e isso a meu ver é maravilhoso, admirável, digno de orgulho.

Sorri, um sorriso amarelo e me abri um pouco mais com ela:

– E agora, Beatriz?

– Como assim e agora?

– E agora o que faço eu da minha vida? Meus únicos objetivos de vida eram fazer a cirurgia plástica e me vingar daquele demônio, agora que realizei as duas coisas, não vejo mais sentido na minha vida... Eu me sinto novamente tão infeliz quanto nesses últimos dez anos de minha vida, sem nenhum objetivo para viver... para continuar viva...

Beatriz pegou no meu braço, ergueu a voz e falou seriamente:

– Como assim, sem objetivo na vida, Marina? Você agora é mãe de dois lindos meninos, esqueceu?

– Eles não são meus, Beatriz. Não mais, esqueceu?

– São, sim. Você ainda é a mãe deles e tem todo o direito sobre eles. Se busca algo para preencher sua vida, não há nada melhor que filhos para isso e você os tem, vá atrás deles.

Eu deveria?, perguntei-me em silêncio.

– Eles de fato me encheram tanto de alegria depois que nasceram... Pelo pouco tempo que convivi com eles...
– É o sentimento de mãe, Marina. Por isso você sentiu o que sentiu.
– Confesso que depois de dar à luz a eles, eu me apaixonei pelos dois e quis, intimamente, jamais me separar deles, mas... a necessidade da plástica e da vingança falou mais alto.
– Eu sei... Mas agora é diferente, você pode voltar atrás.
– Não, Beatriz, não posso! Assinei um acordo! Tenho de honrá-lo.
– Você não disse que o tal de Enzo é um cara e tanto. Um grande amigo, então ele vai compreender a sua necessidade de querer viver ao lado dos gêmeos.
– Duvido muito.
– Tente falar com eles.

Caminhei em direção à janela e fiz um muxoxo. Depois, subitamente, senti-me revitalizada. Tinha ideias claras agora. Tomaria providências na manhã do dia seguinte para voltar aos Estados Unidos e assumir meus dois filhos.

– Você tem razão, Beatriz – afirmei, indo ao seu encontro e abraçando-a com ardor. – Vou voltar para os meus dois filhos.

Joguei-me na cama e dormi, sentindo-me mais leve naquela noite. Ao acordar e ver a luz da manhã invadindo o quarto, me senti novamente cheia de vida, saltei da cama, tomei um banho delicioso, fiquei perfumada, cheia de beleza e frescor, saúde e vitalidade radiante...

De volta aos Estados Unidos...

Quando cheguei à casa de Tom e Enzo, fui recebida com extrema precaução, para não dizer desconfiança, por parte de Tom.
– O que faz aqui, Marina? – questionou-me ele envisando o cenho, olhando-me com desagrado.

Ao me ver, Enzo me saudou com certa alegria.
– Marina, você aqui?! Que surpresa!

– Sei que não esperavam por minha volta, mas...

Nisso, a visão de Ben (um dos gêmeos) me tirou o ar e as palavras de minha boca. O menino tinha um jeitinho de jogar a cabeça para trás, de olhar para as pessoas com os olhos semicerrados e depois sorrir terno e meio zombeteiro ao mesmo tempo.

– Posso vê-lo? – perguntei entrando na casa sem ouvir um consentimento.

Ao sentir o meu filho em meus braços, algo se incendiou dentro de mim. Como se uma fogueira tivesse sido acesa em meu coração.

– Ele parece me olhar, como se dissesse: "Deixe-me dar uma olhadela na mamãe, essa mamãe linda, chamada Marina, deixe que eu me afaste o suficiente para observá-la..."

Tom, esfregando o queixo bem barbeado com o dedo indicador, mostrava-se cauteloso e seus argutos olhos azuis avaliavam o meu semblante, pensativamente.

– O que a traz de volta aos Estados Unidos, Marina? – perguntou ele outra vez, agravando a voz.

Demorei para responder e quando fiz foi com cautela:

– As crianças...

As sobrancelhas de Tom e Enzo ergueram-se pronunciadamente, revelando grande surpresa por parte dos dois.

– Crianças? – murmurou Tom, gravemente.

– Sim, Tom. As crianças. Meus filhos.

Com um sorriso subitamente irônico, Tom comentou:

– Você só pode estar brincando, não?

– Antes estivesse, Tom. Eu prometi não perturbá-los mais depois que eles nascessem. Foi um...

– Um trato! Um acordo! Um pacto! – adiantou-se ele, impaciente.

– Sim. Só que depois de voltar para o Brasil e não encontrar mais sentido para viver eu simplesmente percebi que o sentido da minha vida ficara aqui, na América. Meus dois filhos.

– Você vendeu essas crianças para nós, Marina! – inflamou-se Tom.

– Calma, Tom – acudiu Enzo, também nervoso.

Tom estremeceu. Mostrava-se irado, com a secura típica dos americanos. Quando falou, falou com visível desagrado:

– Pensei que fosse honesta. Uma mulher de palavra, mas percebo que me enganei. Que nos enganamos.

– Eu sou mãe, Tom...

– Você não é mais nada dos gêmeos. Eles são nossos, agora, meu e de Enzo. Nós agora é que somos os seus pais.

– Eu só quero...

– Você não tem direito a nada, Marina. Assinou um contrato conosco.

– Só quero o direito de ter meus filhos...

– Pensasse nisso antes de vendê-los!

– Não foi uma venda, foi uma troca!

– Uma venda, sim!

Enzo interferiu na discussão:

– Quando eu lhe fiz a proposta, Marina, eu lhe disse para pensar bem nela antes de aceitar. Uma vez feito o acordo, não haveria como voltar atrás.

– Eu não sabia que iria me apaixonar por eles como me apaixonei...

– Que paixão que nada, Marina. Você só veio atrás dos meninos porque não encontrou mais sentido na vida. Só por isso, se tivesse, nem se lembraria deles.

Seria mesmo verdade aquela acusação?, perguntei-me em silêncio. Pus Ben no chão e peguei Kim no colo, a seguir.

– Quero que saia desta casa, Marina e nunca mais apareça aqui.

– Calma, Tom – insistiu Enzo, mais uma vez. – Não torne as coisas piores para nós.

Ele bufou.

– E depois de tudo que você fez a ela, Enzo. Depois de tudo, é isso que recebe em troca, ingratidão, uma punhalada nas costas.

Ele jogou para trás a cabeça loura e deu um largo sorriso de inconformado. Tentei me defender novamente:

– Eu não tenho mais nada na vida a que me apegar.

– E daí? – berrou Tom, descontrolado. – Problema seu!

Não deixei barato, respondi à altura:

– Quando o problema era seu aí tinha importância, não é mesmo?

O mero comentário deixou Tom ainda mais aborrecido. Continuei, afiada:

– Você deve a mim a realização de seu sonho, Tom! Do seu e de Enzo. Você me deve...

Ele rapidamente tirou-me as palavras da boca:

– Eu não lhe devo nada! Paguei e muito bem pelos seus serviços prestados, lembra-se? Foi com o meu dinheiro que você fez a cirurgia plástica. Que pôde se ver livre daquelas cicatrizes horríveis na sua face.

– Sim, eu sei. Mas...

Tom prosseguiu, dramaticamente:

– Eu não me conformo... é muita falsidade.

– Calma – acudiu Enzo, pegando Ben no colo.

Observando o companheiro, atentamente, Tom prosseguiu:

– Quem diria, hein, Enzo... Que a sua amiguinha, em quem você tanto confiava voltaria para tirar de nós os nossos filhos, hein?

Enzo deteve os olhos atentos em mim

– Isso não é direito, Marina... – comentou, com um suspiro.

Fugi dos olhos dele. A pergunta tornou a atravessar seus lábios:

– Você não pretende fazer nada contra nós, pretende?

Finalmente fixei meus olhos nele e respondi, com uma ponta de cansaço:

– Pretendo sim, Enzo. Vocês continuarão a vê-los, sair com eles e tudo mais, mas quero-os morando comigo.

Seus olhos abriram-se um pouco mais. Respondeu:

– Mas nós fizemos um trato...

Tom voltou a jogar a cabeça loura para trás e riu, irônico:

– Pouco importa para ela o trato.
A cor subiu lentamente ao rosto pálido e altivo de Enzo.
– Estou chocado com a sua atitude, Marina!
– Eu só quero eles morando comigo, Enzo...
– No Brasil?
– Não. Aqui mesmo na América.
– Aqui? Como?! Como pretende se sustentar se não tem permissão para trabalhar no país?
– Eu consegui uma.
Tom explodiu novamente:
– Isso não vai ficar assim. Não vamos permitir que tire de nós os nossos filhos.
– Meus filhos também.
– Nós iremos à justiça, Marina. Pode estar certa disso.
– Eu já entrei na justiça para adquirir a guarda dos meninos.
– Já?! Com que dinheiro?...
– Isso não interessa agora.
O clima pesou ainda mais no local.
Eu então dei o bebê para Tom segurar e saí sem me despedir.
– É uma falsa mesmo. Uma traidora – sibilou ele, espumando de ódio. – Mas ela não terá chances... Não tem dinheiro para pagar um bom advogado com gabarito para uma causa desse nível.
Enzo manteve-se calado, apenas abraçando o menino agora com muito medo de perdê-lo. Subitamente, colocou Ben no carrinho e saiu correndo atrás de mim.
– Marina! – chamou ele.
Assim que me virei, ele, com lágrimas nos olhos falou:
– Você nunca quis ter um filho, lembra? Teve, porque foi ideia nossa. Minha e de Tom. Você mesma me disse que não pretendia ter filhos. Pelo contrário, quis morrer, se não fosse eu, você estaria morta a essa hora. Agora quer os filhos que nós quisemos ter por amor, por paixão, por vontade de sermos pais. Por isso digo e de boca cheia: eles (os gêmeos) são mais nossos do que seus. E digo mais: acha justo fazer uma coisa dessas conosco, comigo?

Minha resposta foi prática:

— Justo ou não, o que importa é que mudei de ideia e se você e Tom não a aceitam, problema de vocês dois. Eu agora estou determinada a ficar com meus filhos.

Dei as costas e segui para o carro que me aguardava estacionado logo ali.

E eu estava mesmo disposta a recuperar meus filhos. A audiência aconteceu duas semanas depois. Enzo e Tom chegaram pontualmente ao local e mal puderam acreditar quando me viram ao lado de dona Angelina. Não foi preciso muito para compreenderem que eu havia me aliado a ela, por isso conseguira dinheiro para pagar por um dos melhores advogados do país com relação àquele tipo de causa, uma casa para morar, trabalho e carta para a imigração, pedindo minha permanência nos Estados Unidos. Agora, tudo ficara muito claro para eles dois.

O rosto bonito de Tom, agora zangado, falou:

— É obvio que ela só podia mesmo ter-se unido a minha mãe.

— Calma, Tom – pediu Enzo, pacientemente, com receio de que o companheiro pusesse tudo a perder por causa do seu temperamento explosivo. Baixando o tom, quase num cochicho, Tom acrescentou:

— Agora essa desqualificada vai acabar com fama de boa moça. Só nos faltava essa! Que mundo injusto! Ou melhor, que pessoa injusta!

Percebi que dona Angelina não tirava os olhos do filho nem ele dos dela. Ambos se afrontavam com o olhar. Fulminavam um ao outro por meio do olhar.

A audiência, então, teve início.

O juiz, um senhor de aparência bondosa, pediu que todo o caso fosse exposto. Assim foi feito. Foi deixado bem claro diante do homem que os filhos haviam nascido por ideia de Tom e Enzo e não por minha vontade. Que me fora feita uma proposta em troca de dinheiro para fazer uma cirurgia plástica e poder voltar para o Brasil, a fim de recomeçar a vida. Enzo deixou bem claro, alegando me conhecer bem, que só me escolheu para ser a mãe de seus filhos para dar-me um sentido à vida e o dinheiro, que eu tanto queria, para restaurar a minha face danificada pelo acidente.

Ouviu-se então o depoimento de Tom que pouco falou, apenas mostrou o acordo assinado entre eles a respeito da inseminação artificial. O juiz leu e releu o acordo, atentamente.

Ouviu-se então o meu depoimento em que admiti tudo o que eles haviam me proposto mas que depois caí em mim e percebi que não podia me separar dos meus filhos.

Ouviu-se então o depoimento de dona Angelina:

– Esses dois moços usaram e abusaram da fragilidade dessa moça em benefício próprio. Aproveitaram-se da sua tristeza por estar só num país estrangeiro, incentivando-a com dinheiro, para gerar um filho contra os princípios de Deus. A pobrezinha por estar totalmente desolada, acabou aceitando por ver na oferta a única forma de ter seu rosto refeito por meio de uma plástica. Se foi uma atitude precipitada por parte dela, assinar um acordo desse tipo? Foi. Mas temos de levar em conta o estado mental, fragilizado, da coitadinha, naquele momento.

Por isso, senhor juiz, eu, como avó desses dois lindos meninos, como uma mulher da sociedade que preza a moral e os bons costumes, que luta para manter a dignidade e a moral, peço que essas duas crianças, meus netos, sejam protegidas pela justiça de um mal que pode afetá-los profundamente a vida. Crescer sob os cuidados de dois homens, não é exemplo para uma criança crescer sadia e ter um caráter formado com dignidade, como deve ser o caráter de todo filho de Deus.

Sugiro que elas voltem para as mãos da mãe, que sustentarei financeiramente até que tenha condições de fazer por si só, ou as duas sejam, entregues a mim, que como avó darei todo o amor e exemplo de vida de que elas precisam para crescerem fortes e sadias

247

física e mentalmente. Mais do que isso, com todo o apoio financeiro para que possam receber estudo digno para uma bela formação no futuro.

Não foi preciso dizer muito mais. O juiz deu causa ganha para mim. Os meninos agora estavam sob minha total responsabilidade e caso houvesse algum tipo de relapso da minha parte no modo de tratá-los, a guarda passaria a ser de Dona Angelina que, no fundo, era o que ela mais queria. Não somente pelos meninos, percebi, mas para poder afrontar o filho, mostrar-lhe que ela o vencera de alguma forma e mostrar a todos os frequentadores de sua igreja, que Deus estava ao seu lado, por isso fez com que o juiz tirasse os gêmeos do casal de gays.

Se fiquei feliz com a decisão do juiz, é lógico que sim, eu queria mais do que tudo aquelas duas crianças que gerara em meu ventre durante aqueles surpreendentes nove meses. Digo surpreendentes, pois jamais pensei que a gestação fosse cercada de tanta emoção. Emoção, sim. Pois toda vez que me via grávida no espelho, com os bebês se movendo, dando-me chutes, meu coração se enchia de uma alegria jamais sentida em toda a minha vida.

Só quem experimentou uma gestação pode me compreender o quanto tudo me emocionou. O quanto foi também emocionante entrar em trabalho de parto e o próprio parto em si e a hora em que o menino saiu de dentro de mim e chorou e depois o outro e então foram postos ao meu lado e as lágrimas que derramei ao vê-los...

Poxa, eu os queria mais do que tudo, agora entendia o que era ser mãe e por que todas se apegam tanto aos filhos, por que eles se tornam tão especiais e essenciais em sua vida. Só mesmo quem é mãe para me entender e compreender porque quis tanto lutar na justiça para ter meus filhos junto de mim.

O senhor juiz, de aparência bondosa, consternado com a minha situação, veio até a mim e me desejou boa sorte.

– Obrigada, meu senhor. Muito obrigada pelo que fez por mim.

Ele, sacudindo a cabeça afirmativamente, respondeu:
– De nada, moça. O que é certo, é certo. Uma mãe tem sempre direito sobre os filhos sob qualquer circunstância.

Sorri e tornei a agradecer-lhe. Depois foi a vez de agradecer ao advogado renomado contratado por Dona Angelina.

– Obrigado ao senhor também pelo que fez por nós, digo, por mim e meus filhos e Dona Angelina.

– Fiz o que fiz porque era o certo, Marina. Deus determinou que somente um casal, composto de um homem e uma mulher é que deve criar um filho ou mais. Essa é a lei de Deus e quem não cumprir é porque está sob o domínio do mal.

Assenti, e, pensativa, perguntei:

– Deus determinou que as crianças devem crescer sob a guarda de um casal composto de um homem e uma mulher, mesmo que um deles só dê maus exemplos para essas crianças?

O advogado franziu a testa e questionou:

– Como assim? Não entendi.

– Digo... Se um dos pais tem problema com drogas, bebida, torna-se agressivo por causa do vício, bate na esposa, nos filhos, berra, ainda assim as crianças devem crescer nesse lar, sob a guarda desses pais?

– Pai é pai, mãe é mãe, Marina.

– É que conheço bem Enzo e Tom e sei que eles, pelo menos, dariam bons exemplos aos filhos...

– Não se deixe debandar para o lado deles, minha cara. Isso pode acarretar complicações graves para você e seus filhos no futuro, diante de Deus. Ouça o meu conselho, quando tiver dúvidas ouça os conselhos da bispa Angelina. Ela é uma mulher sábia, seu marido também.

– Obrigada pela sugestão.

Espantei-me mais uma vez com o poder de persuasão de Dona Angelina e seu marido sobre as pessoas e acreditei que foram realmente escolhidos por Deus para manter a moral e os bons costumes da sociedade; caso contrário, não teriam tanta força assim sobre as pessoas.

Enquanto isso, Enzo e Tom deixavam o tribunal. Os olhos de ambos estavam vermelhos de nervoso e de tanto chorar. Quando ambos deixaram o recinto encontraram Dona Angelina aguardando por mim, porém, tive a impressão de que ela na verdade esperara ali para aguardar pelos dois, para afrontá-los mais um pouco com o olhar e com palavras como fez a seguir:

– A justiça divina sempre vence no final – começou ela – nunca se esqueçam disso.

– E quem disse que esse é o final, minha mãe? – perguntou Tom com voz comprimida pelo choro. – Vamos recorrer...

Ela o impediu de continuar:

– Faço isso pelo bem dessas crianças, Tom.

– Seus netos.

– Sim. Meus netos. Meus herdeiros. Mais um bom motivo para salvá-los da desgraça, do pecado, da vergonha e do inferno que você e esse moço ao seu lado, o qual chama de companheiro, reservou para os dois.

– A senhora...

– Eu poderia ter me tornado uma dessas mulheres que passam o dia todo sentadas no seu canto predileto da casa, geralmente da sala de TV e gastam o seu tempo, assistindo a programas inúteis.

Com isso teria me tornado uma mulher cansativa, para mim mesma e para os outros, tão inútil quanto os programas de TV.

Mas eu não, eu fui à luta, juntei-me a seu pai no seu maior objetivo de vida. Construir uma igreja que recuperasse a decência e a moral perdida da sociedade.

Tom não deixou por menos:

– E para que recheasse a conta bancária de vocês.

Dona Angelina foi tão afiada quanto o filho:

– Quem trabalha, quer ganhar.

– E a senhora e o papai viram na criação de uma igreja a possibilidade de enriquecer, de se tornarem milionários como de fato aconteceu.

– Cada centavo angariado foi pensando em propiciar um futuro melhor para os meus filhos.

– E para si própria! Vocês fizeram das palavras de Cristo uma fonte de renda que lhe rendeu mansões, casas de campos, iates, aviões particulares... Vocês exploram os pobres coitados que frequentam a igreja. Exigindo deles que paguem o dízimo. Fazendo acreditar que o dízimo é algo de Deus.

– Eles frequentam por querem e se frequentam têm de colaborar com o dízimo. Nesta vida nada se faz de graça.

– Vocês não têm nada de espiritual. Essa é a verdade.

– E você?! O que tem de espiritual vivendo nessa indecência que vive?

– Pelo menos não engano as pessoas, não me aproveito de Cristo. Sou decente muito mais que...

Ela o calou com um tapa.

– Sou sua mãe, me respeite! Já suportei suas provocações por demais, agora chega!

Ela deu as costas e partiu.

– Mãe! – berrou ele.

Ao voltar os olhos para ele, Tom, chorando, suplicou:

– Meus filhos, mãe. São meus filhos.

Ela tornou a usar de rispidez:

– Abandone essa vida promíscua que vive ao lado daquele ordinário e então conversaremos. Permitirei que volte a ver seus filhos com mais assiduidade.

O rapaz caiu de joelhos, chorando. Enzo também chorando pousou a mão sobre a sua nuca e o incentivou a se levantar.

– Vamos, Tom. Vamos embora. A vida continua.

Quando os dois me viram olhando para eles, Tom por pouco não correu atrás de mim para fazer, sabe lá Deus, o quê, de tanto ódio que sentia agora de mim.

Dona Angelina me chamou, ríspida:
— Marina! Venha!
Atendi ao seu chamado prontamente.

Quando Enzo e Tom voltaram para casa, a sensação que tiveram era de que acabavam de voltar de um funeral. A casa cheirava a velório. Tom deixou seu corpo cair no sofá e chorou mais um pouco. Continuava inconformado com o rumo que tudo havia tomado.
— Não consigo me conformar, Enzo. Não consigo!
— Fizemos tudo que estava ao nosso alcance, Tom. Nós perdemos a briga, lutando.
— Mas nós vamos recorrer à justiça.
— Duvido que adiante...
— Foi tudo culpa daquela desgraçada da Marina. Quando penso nela sinto um ódio mortal. Como ela pôde ter sido tão falsa?
— É... confesso que também me espantei com sua reação.
— Falsidade, você quer dizer?
— Como queira. Eu sinceramente não esperava por essa reação por parte dela. Não mesmo.
Ao voltar os olhos para o porta-retrato com a foto dos dois com cada um segurando um dos gêmeos nos braços, Tom intensificou o choro.
— Veja, Enzo... O nosso sonho acabou...
— Não seja radical. Ainda podemos ver os meninos e passar o dia com eles pelo menos uma vez por semana.
— Mas não era isso que eu queria.
— É melhor do que nada, Tom. Poderia ser pior.
— O que mais me incomoda é que a gravidez foi ideia nossa e Marina se aproveitou da nossa ideia...
— É... ela não agiu corretamente.
— Sabe o que penso, Enzo? Que tudo que ela teve na vida ela mereceu. Ela era o que chamamos de falso brilhante.

– Um falso brilhante... Sim, Tom, eu já pensei a mesma coisa... E quantos falsos brilhantes há espalhados pela sociedade, hein?...
– Minha mãe e meu pai são um deles. Parecem lindos e perfeitos, raros e privilegiados pela natureza, mas por trás de todo brilho há uma escuridão indecente e imoral. É a sombra que o Yung se referia. Quanto maior a luz sobre alguém, maior a sombra...
– De uma coisa você pode estar certo, Tom. Nós juntos vamos superar tudo isso. Juntos, sempre juntos!

Uma semana depois da causa ganha, um fiel, após o culto, chegou em Dona Angelina, conhecida na igreja como bispa, e perguntou:
– Se os gays são indecentes e imorais, por que Deus permite que eles se unam?
– É um teste para ver quem cede ao desejo e às artimanhas do satanás.
– O filho da senhora, como a senhora encara o que aconteceu com ele?
– Foi uma vitória temporária do satanás.
– Mas sendo a senhora e seu marido tão espirituais, fundadores de uma religião, por que seu filho não foi poupado por Deus das artimanhas do demônio?
– Não é por falta de fé da nossa parte, não mesmo, você sabe o quanto somos dedicados a Deus, o quanto seguimos seus mandamentos... Como disse, nosso filho foi dominado pelo satanás, temporariamente.

Nas semanas que se seguiram passei a integrar o departamento que administrava a renda da igreja. Era dinheiro, arrecadado em cada culto, que não acabava mais. Nunca vi tanto dinheiro passar pelas minhas mãos ou de alguém como passava por ali. Se não visse com meus próprios olhos, não seria capaz de acreditar que uma igreja desse tanto dinheiro para seus donos. E o mais interessante, na minha opinião, foi descobrir que as igrejas eram isentas de pagar impostos para o governo.

Creio que era com esse dinheiro que Dona Angelina pagava o aluguel da casa em que passei a viver com os gêmeos e a babá para ficar com eles, quando eu necessitava sair, sem poder levá-los. Era com esse dinheiro do dízimo que ela também pagava o meu salário e de muitos outros que trabalhavam ali e, mesmo assim, o lucro para o casal Mackenzie era absurdo, cerca de milhões todo mês. Até conta na Suíça descobri que tinham.

Ainda assim, eu nada podia reclamar de Dona Angelina. Ela era simplesmente ótima para comigo e os gêmeos. Não deixava faltar nada para nenhum de nós e permitiu até que eu recebesse mamãe, papai e Beatriz na América para uma visita. Logicamente que eu pagaria a passagem dos meus pais por eles não terem condições.

Enquanto isso os ataques aos gays nos Estados Unidos se intensificavam, provocando mortes e mais mortes, dor e mais dor nos amigos das vítimas e nos parentes, causando medo e revolta nos de coração aberto para o bem.

Capítulo 17

Um ano depois dos últimos acontecimentos
(Começo de 2011 – eu já com quase 30 anos completos)
Eu estava saboreando uma xícara de chocolate como lanche matinal, com os dois meninos ao meu lado, no carrinho de bebê para gêmeos quando fui interrompida pelo tilintar do telefone.
– Alô!
Devido aos resmungos dos meninos e também por ser uma ligação de longa distância, não conseguia ouvir direito o outro lado da linha.
– Alô! Pode falar mais alto?
Só então percebi que a pessoa falava português.
– Quem fala? – perguntei já em português.
– Marina, sou eu, Leandro.
– Leandro?! – exclamei erguendo ainda mais a voz. – Tudo bem?!
– Ouça – continuou ele, assim que teve chance. – É Beatriz. Ela está hospitalizada. Achei que gostaria de saber.
Perdi a fala.
– O que houve?!
– Ela entrou em coma após receber uma anestesia...
– Anestesia?! Para quê?!
– Para fazer uma cirurgia plástica no rosto.
– Uma... Deus meu... E o que o médico diz sobre o seu estado...

– É grave, Marina. Por isso estou te ligando.
– Você fez muito bem em ter me avisado, Leandro. Estou indo para aí no próximo vôo que conseguir passagem – respondi, sacudindo a cabeça afirmativamente e, com grande cautela, recoloquei o fone no gancho.

Olhei para o Ben e para Kim e, de repente, desabei num choro angustiante.

– Beatriz hospitalizada... em coma... por causa de uma cirurgia plástica... – murmurei, entre lágrimas. – Que horror...

Pensei em ligar para a mamãe para obter mais informações, mas se ela estivesse sabendo de alguma coisa, com certeza, estaria ao lado de Leandro e de Beatriz no hospital a uma hora daquelas. O mais sensato a se fazer no momento era comprar uma passagem para o Brasil, para o próximo vôo, o mais urgente possível. Antes, porém, precisava conversar com Lorenzo.

Tom falava descontraidamente com Enzo quando cheguei à casa. Ao perceber que a porta da frente estava destrancada, abri sem fazer ruído e entrei. Ele suspendeu imediatamente o que dizia, com um ligeiro susto, ao me ver entrando pela porta da frente da casa. Diante de seu rosto sério, enraivecido, na verdade, tratei rapidamente de me desculpar:

– Desculpem-me por entrar assim... é que a porta estava aberta...

Tom gritou. Literalmente, gritou:

– Fora! Você não é bem-vinda nesta casa!
– Eu... – tentei falar, mas uma tremedeira me perturbou a voz.

Tom me interrompeu:

– Será que você não me entendeu?!

Eu estava prestes a me explicar quando Tom, mais uma vez, não me deixou:

– É uma cara de pau, mesmo!

Enzo voltou-se para o namorado e procurou acalmá-lo:

– Vamos ouvir o que Marina tem a nos dizer, Tom. Por favor.

Ao primeiro sinal de trégua de Tom, Enzo me pediu para falar a que vinha.

– E-eu...

De repente, senti lágrimas quentes correndo pela minha face. Lorenzo, com ar surpreso, veio até a mim e disse, gentil como sempre:

– Acalme-se, Marina.

Retirou as almofadas do sofá e fez com que eu me sentasse ali com uma almofada às costas. Ajeitei os cabelos desalinhados que me caíam sobre a testa e falei depressa, em tom confuso:

– Vim até aqui porque...

A voz de Tom se sobrepôs à minha outra vez:

– Aconteceu alguma coisa com os meninos?!

Havia desespero agora em sua voz. Lorenzo também ficou preocupado.

– Não! – respondi aflita. – Eles estão bem!

– Mesmo?!

– Sim. Pode acreditar. É minha irmã, no Brasil, é ela que não está nada bem.

Os dois moços olharam-se, surpresos.

– O que ela tem?

A pergunta partiu de Enzo.

– Eu não sei... Leandro, meu cunhado não quis me dizer.

O choro convulsivo calou minha voz, a seguir. Enzo tratou logo de me dar um copo com suco de maçã para eu me acalmar.

– Tenho de ir para o Brasil, urgentemente – continuei após beber o líquido. – Minha irmã está em coma... Meu cunhado e meus sobrinhos precisam agora muito de mim.

– É compreensível – afirmou Lorenzo.

– Por isso estou aqui. Para pedir a vocês que fiquem com os meninos durante a minha ausência. Se puderem, é lógico.

Foi Enzo quem se prontificou a responder:

– É claro que podemos, Marina.

Meus olhos demoraram-se, pensativamente, no rapaz.

— Sei que me odeiam – comentei –, mas eu não tinha ninguém a recorrer senão vocês...

A voz de Tom subiu num uivo:

— Tinha sim, Marina. Você tinha, sim!

— Tom?! – repreendeu Lorenzo.

— É isso mesmo, Lorenzo. Por que ela não foi procurar a minha mãe, sua aliada, sua cúmplice em todas as maldades que fez contra nós?

Adiantei-me na resposta:

— Porque eu confio mais em vocês para tomar conta dos meninos.

Tom revidou no mesmo instante:

— Pois não foi isso que você disse naquele tribunal.

Um ar de espanto passou pelo meu rosto.

— Eu não tenho muito tempo... – prossegui, crispando as mãos, mordendo os lábios. – O próximo avião para o Brasil parte em poucas horas.

Lorenzo foi solícito mais uma vez:

— Pode ir tranquila, Marina, que cuidaremos dos meninos com todo carinho de sempre. Carinho redobrado.

— Oh, Lorenzo, eu nem sei o que dizer...

O rapaz me convidou para um abraço; eu chorei em seu ombro como uma criança assustada, com medo do pior pesadelo: perder um ente querido.

— Mas, afinal, por que sua irmã entrou em coma?

— Ela... foi fazer uma cirurgia plástica em segredo e a anestesia não lhe fez bem. Afetou alguma coisa dentro dela e ela não mais despertou. Entrou em coma e corre risco de morte, se não corresse, meu cunhado não teria me ligado, pedindo-me para ir urgente para lá.

Palpitei.

— Ela não deveria ter feito nunca isso. Nunca! Tudo por causa da beleza... Se beleza fosse tudo, eu teria sido a mulher mais feliz do planeta. Mesmo depois da plástica, minha vida não é um mar de rosas. Acho que beleza, dinheiro e fortuna são as mesmas coisas, pensamos que com eles teremos mais e mais privilégios na vida, todavia, passamos pelos mesmos perrengues do dia-a-dia.

Assim que parti, Tom desabafou mais uma vez com o companheiro:
— Quem diria que essa filha da mãe iria...
— Tom!
— Ah, Lorenzo, não queira defender essa ingrata, falsa e fingida. Depois de tudo o que fizemos por ela, depois de ter nos dado um bote que nem uma naja. Não é à toa que o signo dela é escorpião. Bem que me disseram para tomar cuidado com esse signo e eu não dei ouvidos.
— Acalme-se. Veja o lado bom de toda essa história, poderemos ficar mais em contato com as crianças agora...
O rosto de Tom endureceu. Falou com secura:
— Para nos acostumarmos e depois sofrermos quando ela voltar e afastá-los novamente de nós dois?
Ele bufou, enfurecido.
— Bem feito... — murmurou, fulo. — Bem feito para ela...
— Não deseje o mal para as pessoas, Tom. Não é de bom tom. Fazendo assim, você se iguala a sua mãe. Fica ainda mais parecido com ela.
— Deus me livre!
Tom ficou mais espantado ainda, quando Lorenzo acrescentou, de súbito, com ar muito sério:
— Temos a mania de criticar os outros sem perceber que fazemos o mesmo que tanto nos incomoda nos outros. É preciso ficar atento antes de criticar, e, quando criticar, observar que a crítica que fazemos revela a nós mesmos.
Tom o olhou com o olhar estranho. Lorenzo prosseguiu, perspicaz:

– É verdade.

Olhando para o companheiro, Tom declarou mais uma vez:

– Eu o amo tanto...

– Eu também. Por isso estamos juntos para o que der e vier. Porque só quem se dispõe a amar se une ao grande amor para apoiar nos altos e baixos da vida.

– E como têm altos e baixos, hein? Parece até uma montanha russa.

Ele riu. Ambos riram.

– O que foi?

– Estava pensando na irmã da Marina. É incrível como nós, seres humanos, nos mutilamos para nos mudar. Para querer ser mais bonito, para deixar de ser preto, para deixar de ser tão branco, para ter um cabelo assim ou assado, para voltar a ter cabelo ou mais, para ser mais alto ou mais baixo, para ser mais homem ou mais mulher, para não ser tão feminino ou masculino, para nos adequarmos aos padrões de beleza adotados pela mídia que, amanhã, já deixarão de ser. Para ter uma casa de aparência mais bonita, para ter mais status...

Cruzes! É tanta exigência. Viver assim, cansa! A meu ver, podemos melhorar sim, mas sem nos mutilar, sem nos submeter a absurdos para isso.

Os animais são mais felizes. Nenhum deles está preocupado em fazer uma cirurgia plástica para se tornar mais bonito. Aceitam a si próprios como são e tudo bem. Na alegria e na tristeza.

– Talvez porque eles não tenham alma.

– Segundo Pitágoras, meu caro, *"Os animais dividem conosco o privilégio de terem uma alma."*

Tom refletiu antes de opinar:

– Será mesmo?

– Não posso afirmar que sim, só sei que se os animais não fossem tão importantes para a vida, Deus não teria se preocupado em mandar Noé fazer uma arca tão grande para poder garantir a sobrevivência de cada espécie.

Tom se surpreendeu mais uma vez com a observação do companheiro.

Depois de deixar os gêmeos aos cuidados de Tom e Enzo parti para o aeroporto. Deus meu, como eu estava ansiosa para chegar ao Brasil, desesperada para falar com Beatriz, receosa de que não chegasse a tempo de pegá-la viva. Tomei um calmante para me tranquilizar diante de tudo aquilo e acabei dormindo a viagem inteira. Só fui acordar quando os comissários de bordo passaram servindo o café da manhã. Do aeroporto, em São Paulo, peguei outro avião direto para a cidade onde morava Beatriz. Do aeroporto de lá fui direto para a clínica em que ela estava internada.

Assim que entrei no local, avistei meus dois sobrinhos, Samuel e Aline, e os abracei calorosamente. Leandro ao me ver, pôs-se respeitosamente de pé.

– Olá, Marina – cumprimentou-me, cortês e educado.

– Olá, Leandro.

Desfiz-me em desculpas por ter demorado tanto para chegar. Ele apertou a minha mão, afetuosamente e respondeu:

– O importante é que veio.

Seus olhos me causavam dó, de tanta amargura e preocupação. Davam a impressão de estar acordado há dias.

Onde ela está? Como ela está?

– Na mesma, infelizmente.

– O que deu nela, Leandro? Por que ela fez uma coisa dessas? Afinal, o que aconteceu com ela? Ao telefone ficou tudo muito vago... Gostaria de saber de tudo com detalhes... Quando foi que ela decidiu fazer essa cirurgia plástica? Nunca me disse nada a respeito.

Leandro então me explicou com toda a paciência do mundo. Minhas mãos flutuaram de modo expressivo. Meus olhos grandes e bonitos arregalaram-se. Falei:

– Deus meu, que loucura... Nunca pensei que Beatriz desejasse fazer uma plástica no rosto...

– Você, mais do que ninguém, sabe muito bem o porquê ela tanto quis fazer, Marina.
– E-eu?!
– Sim, você.
Mordi os lábios, apreensiva.
Uma voz soou em algum lugar do meu interior: "Por sua culpa, Marina! Por influência sua. Você jogou tantas vezes na cara dela o quanto ela era feia, como muitos, e foi isso que a incentivou a fazer o que fez!".
Procurei afastar aqueles pensamentos, antes que sugassem o que restou de minha energia. Mas não consegui. A sensação de culpa começou a emergir com uma voracidade surpreendente enquanto o nevoeiro de acusações por parte daquela voz mental adensou-se.
Decepcionada comigo mesma, resolvi assumir a culpa pelo que acontecera a Beatriz:
– A culpa é minha, Leandro.
Ele acolheu minha declaração em silêncio.
– É, sim – continuei. – É minha e de toda a sociedade que elege um padrão de beleza e faz aqueles que não fazem parte desse padrão se sentirem uma porcaria e quererem mudar seu corpo, sua face para tentar se enquadrar a ele. Mesmo que tenham de se mutilar para isso.
Eu balançava a cabeça, repetidas vezes, de maneira estranha, como uma mulher muito velha. Como um tique nervoso.
Leandro, pálido, sem saber mais o que dizer, abraçou a filha, expressando todo o seu amor por ela. A seguir, foi a vez de Samuel, que estava visivelmente triste e amargurado com tudo aquilo.
– Preciso vê-la. Por favor.
– Ela está na UTI. Não sei se permitirão sua entrada.
– Mas eu preciso.
Com o consentimento do médico pude ver Beatriz, de longe, na UTI. Ela parecia uma bela adormecida, e eu desejava, agora, mais do que tudo na vida, que um beijo a despertasse daquele coma.

Visto que tínhamos de tomar banho, jantar e repousar, fomos para a casa da família. Lá ocupei o quarto de Aline enquanto a menina foi dormir com o pai na cama de casal.

– É muito bom ter a senhora aqui, titia – admitiu a menina antes de deixar-me à vontade no quarto.

Eu lhe agradeci por suas tão gentis palavras, abracei e beijei-a, calorosamente. Ela deixou o quarto, fechando a porta assim que passou por ela. Tirei o vestido pela cabeça e deixei-o cair sobre a cadeira. Fiquei imóvel, a testa franzida, pensando em Beatriz.

– Beatriz... – murmurei com o coração, tomado de súbito pânico. – Não posso perder minha irmã. Ela tem de saber, antes de morrer, que eu a amo, que seria capaz de dar a minha vida por dela. Que me arrependi totalmente por ter feito o que fiz com ela e por ter lhe dito as piores coisas. Não, Beatriz não podia morrer sem saber a verdade. O quanto eu a amava!

Foi outra noite de horror em minha vida, outra fase desagradável pela qual tive de passar, como se fosse um túnel escuro que se atravessa em plena escuridão sem saber se haverá saída tampouco um abismo em meio a ele, se pisar em falso.

Beatriz permaneceu em coma por quase dois meses. Nesse período eu ligava constantemente para falar com Lorenzo a respeito dos gêmeos, saber se estava tudo bem com eles... Ele, procurando transparecer naturalidade me respondia que sim, que tudo estava bem e que eu não me preocupasse e ficasse no Brasil até que minha irmã tivesse recobrado os sentidos e estivesse melhor.

– Obrigada por tudo, Lorenzo – agradeci do fundo do meu coração. – É muito importante para mim ficar ao lado de Beatriz agora. Além do mais meus sobrinhos também precisam de mim nesse momento tão difícil.

Nesse ínterim paguei uma passagem para mamãe vir para cá, ficar ao meu lado, dos netos e da filha em coma. Papai só pôde vir ficar um fim de semana por causa do trabalho. Voltaria assim que fosse necessário. Os dois estavam arrasados com o acontecido, não era para menos, não era, nem nunca foi, nem nunca seria fácil para os pais ver um filho naquele estado.

Todo dia ficávamos na clínica, aguardando por uma notícia boa e eu perguntava ao médico sua opinião sobre o estado de Beatriz, o que pouco diferia do que ele me dissera na primeira vez em que o questionei a respeito.

Mamãe ficava com o terço na mão, rezando e eu, em certos momentos, a acompanhava sem perceber que o fazia. Quando me via já estava orando.

Nesse ínterim, Dona Angelina, mãe de Tom apareceu de surpresa na casa de Tom e Lorenzo. Com um andar retesado, entrou na casa. Sem cerimônia, invadiu a sala.

– O que é isso?! Quem deu o direito de vocês pegarem essas crianças?

Ela falava em voz alta e pausada, como se falasse a um surdo. Tom olhou-a com descaso.

– E desde quando eu ou o Lorenzo permitimos a entrada da senhora nesta casa? A boa educação manda bater à porta, não sabia? Por acaso, foi a senhora mesma quem me ensinou isso.

– Vou levar essas crianças para a minha casa agora mesmo. Vou acionar o *conselho tutelar* e expor tudo o que está acontecendo aqui. Aquela brasileira desmiolada não vai ter mais a guarda das crianças. Eu terei a guarda delas de agora em diante e...

Visto que a mãe não o deixava falar, Tom soltou um grito agudo e histérico que ribombou feito um trovão pelo aposento. A mãe, olhando assustada para filho, perdeu a fala.

– Feche essa matraca! – ordenou o filho. – Não fale do que não sabe. Meus filhos foram deixados comigo e com o Lorenzo, porque Marina teve de ir para o Brasil com urgência. Sua irmã entrou em coma após receber uma anestesia...

– E eu lá quero saber quais são os motivos que fizeram aquela desclassificada deixar os meus netos com você? Eu por acaso perguntei alguma coisa?

– Só lhe digo uma coisa, mamãe. Daqui, meus filhos não saem. Nem sobre o meu cadáver.

– Veremos!

Novamente com a permissão do doutor, pude entrar no quarto de UTI para ver Beatriz de pertinho. Fazia isso praticamente todos os dias. Aproximei-me da cama, com meus lábios apertados, ela estava com o rosto quase verde, numa palidez estranha e eu me concentrava nela, nem meus pensamentos deixavam de ser dela.

Eu pedia a Deus, às forças superiores, até mesmo a Chico Xavier de quem Lorenzo era tão fã e me ensinou, de certa forma, a ser também, para que ajudasse a minha irmã a despertar do coma e voltar à vida, ser novamente cheia de vida, ótima esposa e mãe como sempre fora.

Uma frase do Chico se propagou em minha mente a seguir, uma das mais queridas por mim.

"Em qualquer dificuldade, não nos esqueçamos da oração... Elevemos o pensamento a Deus, procurando sintonia com os espíritos bons..."

Foi então que meus olhos viram, mas não acreditaram. Beatriz abriu os olhos. Demorei a me dar conta do fato de tão acostumada que estava em vê-la naquelas condições.

Os olhos dela piscaram para minha total alegria. Retirei-me do quarto e fui em busca da enfermeira e do médico. Dali corri para a sala de visitas para dar a boa notícia a minha mãe.

– Ela despertou, mamãe!

– Jura?! – exclamou, mamãe com lágrimas nos olhos.

Nós duas nos abraçamos, choramos e como se fôssemos duas meninas sapecas, pulamos abraçadas.

Só voltei a ver Beatriz quando o médico achou conveniente. Quando ela já estava disposta a receber visitas. Até, então, não se sabia se ela havia ficado com alguma sequela por causa do choque da anestesia. Anafilático.

Um ar de espanto passou pelo rosto de Beatriz ao me ver próximo à cama em que repousava.
— Marina... — murmurou ela —, você aqui...
— Como está se sentindo, maninha? — perguntei com delicadeza.
— Não se esforce, relaxe.
Beatriz intensificou o olhar sobre mim, um olhar de curiosidade.
— Vim para cá assim que soube que não estava bem.
Ela, com pesar, falou:
— Desculpe-me, mana, desculpe-me por tudo que causei a vocês.
— O importante é que você está viva, Beatriz. É isso que mais importa, compreendeu?
— Eu só queria...
Segurei sua mão e pedi, gentilmente:
— Não se esforce...
Mas Beatriz falou porque queria pôr para fora o que tanto a angustiava:
— Eu só queria ser linda, entende? Linda como você.
— Você já é linda, meu anjo.
— Não, Marina, nunca fui e você sabe bem disso.
— Ah, minha querida, de que vale a beleza? Ela, hoje sei, terminantemente, não determina a nossa felicidade. Além do mais é efêmera. Sim, a beleza é efêmera. Passa e quando os vaidosos percebem que está passando, começam a sofrer e fazer de tudo para mantê-la, só que ninguém o consegue de verdade. Não há como retardar a idade.
Você não é a mulher mais linda do mundo, Beatriz, mas também não é a mais feia. Você é apenas você, nada mais. É preciso aceitar que somos o que somos, porque Deus nos fez assim.
Quantas e quantas mulheres que fogem aos padrões de beleza não fizeram sucesso na vida, casaram-se muito bem e foram felizes? Muitas. Celebridades por exemplo. Muitas delas são celebridades. Você, mesmo não sendo a mais linda, tem um marido maravilhoso, filhos maravilhosos, um casamento feliz. E eu? Não tenho ninguém...

– Mas eu queria...

– A gente quer tanta coisa na vida, que pensa ser importante para a nossa felicidade e, depois de lutar para conseguir, chegar até mesmo a fazer sacrifícios, percebe que não fez a menor diferença em termos de felicidade. Eu sou a prova viva disso tudo.

Apertei sua mão delicadamente e falei com seriedade:

– Escuta aqui, maninha: você tem um marido que a ama, filhos lindos, estudiosos e educados que são apaixonados por você, tem uma família maravilhosa, você não precisa nem nunca precisou de mais nada na vida. Você, sim, tem tudo. Sempre teve.

Beatriz emocionada, sorriu.

Curvei-me sobre ela e a beijei na testa, demorado. Procurando transmitir-lhe todo o meu amor por ela.

Depois de ter a certeza de que Beatriz estava bem, totalmente recuperada, decidi voltar para a América. Era preciso. Já fazia três meses que estava longe de lá. Sentia muita saudade dos meninos.

Estava prestes a marcar a passagem, quando decidi visitar o Luciano. Saber como estava se sentindo após a cirurgia. Por isso tomei um avião para a sua cidade. Eu precisava vê-lo, ver como ficara fisicamente depois da cirurgia e se estava feliz por tê-la feito. Hospedei-me no mesmo hotel que ficara da outra vez e fui até a loja de autopeças em que ele trabalhava, esperando ainda encontrá-lo empregado lá.

Por sorte, lá estava ele. Uns 30 quilos mais magro. Parecendo-me mais sadio e feliz.

– Marina, você aqui! Que surpresa boa! – exclamou ele, parecendo verdadeiramente feliz por me ver.

– Olá, Luciano. Achei que o encontraria aqui.

Um sorriso de encanto curvou seus lábios. Endireitou os ombros com resolução viril, apertou com fervor a minha mão e repetiu, olhando-me fundo nos olhos:

– Que surpresa boa!

Passou a mão sobre os lábios nos quais o sorriso ainda continuava e concluiu:
— Pensei que nunca mais a veria. Diante daquele adeus que me deu na clínica, achei que nunca mais quisesse me ver.

Um sorriso ligeiramente sem graça escapou-me dos lábios e tentei me explicar:
— Eu realmente pretendia nunca mais vê-lo, Luciano. Teria sido melhor...

Ele se opôs imediatamente:
— Não diga isso, Marina, não mesmo. Tenho uma dívida para com você. Se eu pudesse retribuir de algum modo.
— Não tem nada que me agradecer. Eu juro.
— Você foi a única pessoa que realmente se interessou por mim. Que foi capaz de fazer alguma coisa por mim...
— Seus pais, aposto, fizeram muito por você, Luciano.
— Além dos meus pais, é lógico.

Fez-se um breve silêncio até que eu dissesse:
— Estava curiosa para saber como havia ficado depois da cirurgia.

Ele deu uma voltinha e perguntou, sorrindo:
— Que tal?
— Ficou muito bom.
— Há muito ainda para melhorar. Mas estou me esforçando. Tenho feito longas caminhadas o que ajuda muito a recuperar o físico.
— Sem dúvida.
— O que tem feito da vida?
— Voltei a morar nos Estados Unidos. Só estou aqui, porque a Beatriz passou muito mal ao receber uma anestesia para fazer uma cirurgia plástica no rosto. Por pouco não morreu. Chegou a ficar dois meses em coma. Foi um horror. Eu quase morri com ela.
— Eu sinto muito.

Agradeci com um meio sorriso.

– Graças a Deus agora ela está melhor. E estou voltando para os Estados Unidos...

– Já?! Tão cedo!

– Tenho meus filhos para criar, lembra?

– Mas eu pensei que os houvesse deixado sob a guarda do casal de gays.

– Havia, mas depois mudei de ideia. Entrei na justiça e readquiri a guarda dos dois. Eu tive de fazer isso, Luciano, minha vida não tinha mais sentido, sabe... depois de...

Parei, respirei fundo e achei melhor mudar de assunto.

– Bom, agora que sei que está bem, recuperado, já posso ir.

– Poderíamos tomar um sorvete à noite, logo após eu deixar o trabalho.

– E-eu...

– Por favor.

– Eu agradeço o convite, mas já estou de partida. Só vim mesmo para vê-lo e já tomo o avião que parte às oito para São Paulo e poder chegar a tempo de tomar o vôo para Chicago.

– Que pena...

– É... Mas fico feliz em tê-lo encontrado, gozando de saúde e felicidade.

– Obrigado por ter-se preocupado comigo. Por tudo que fez por mim.

– Que nada... Adeus, Luciano.

– Adeus, Marina.

Fiz um aceno, sorri e parti.

Diante do estado que Luciano ficou, a moça que trabalhava no caixa foi até ele e perguntou:

– Você gosta dela, não?

– Demais – suspirou ele. – Creio, porém, que o meu amor por ela seja impossível de se concretizar.

– Ela sabe?

– O quê?

– O que você sente por ela?

269

— Não, e nunca saberá. Eu desgracei a vida dela. Ela, por anos, me odiou. Acho que me odeia até hoje.
— O amor e o ódio andam de mãos dadas, sabia? Você deveria tentar uma aproximação.
— Eu nem sei o que dizer para ela.
— Não diga nada. Deixe seus olhos falarem por si.
— Você acha mesmo?
— Quem acha, não acha nada. Ou se tem certeza de algo ou não.
A opinião fez Luciano dar uma boa gargalhada.
— Você tem razão, Felícia. Eu devo pelo menos tentar uma aproximação, se eu receber um fora, pelo menos tentei.
— Então vá, homem. Antes que ela parta.
— Mas e...
— Se o seu Manoel voltar ainda hoje para a loja, o que eu duvido muito, digo que foi ao pronto socorro. Agora vá! Lute pelo seu amor por essa moça.
O incentivo de Felícia foi o suficiente para fazer com que Luciano saísse apressado da loja para vir atrás de mim.
Não muito longe dali, quando eu estava a apenas uma quadra do hotel, o ouvi me chamar:
— Marina!
Fiquei surpresa, ao perceber que era sua voz e mais ainda quando me virei para trás e o avistei vindo na minha direção com um sorriso bonito na face.
— Luciano, você aqui?! O que houve?!
— Eu...
A ansiedade na voz dele era evidente.
— Diz...
— Eu...
Ele tomou ar, endireitou o corpo e impostou a voz:
— Desde que a reencontrei, não consegui mais tirar você da minha cabeça, Marina. Mas eu era tão gordo, tão feio, tão desleixado

que jurei para mim mesmo não ousar, sequer, me declarar para você, para não passar a maior vergonha da minha vida.

Seu rosto, que se iluminara, ficou novamente desapontado. Ele continuou num tom de voz agora mais denso:

– Além do mais você me odiava, de que adiantava eu me declarar para uma mulher que me odiava?

Sacudindo delicadamente a cabeça, respondi:

– Sim, eu o odiava.

Fiquei em silêncio por um instante, antes de completar:

– Ainda o odeio.

Novamente me silenciei. Ele então acrescentou:

– Mas o amor e o ódio andam de mãos dadas. Talvez no meio desse ódio ainda exista amor.

Ele sorriu para mim e explicou:

– Foi o que Felícia me disse há pouco.

Ele abriu-me um vasto sorriso e acrescentou:

– Ela me disse também para vir atrás de você para me declarar e é por isso que estou aqui.

Meus olhos brilharam. Os dele entristeceram.

– Sei que foi estúpido da minha parte. Mas antes ser estúpido do que viver um amor velado. Antes me arrepender por algo que fiz do que pelo que não fiz.

Acho que pareci a Luciano ligeiramente desconcertada.

– O que foi?

Franzi a testa e falei, porque tinha de falar:

– O que começa errado sempre termina errado, Luciano. Não devemos insistir num erro, esse é o conselho de todo mundo.

Os olhos dele entristeceram ainda mais diante da minha resposta.

– Será que não pode me dar uma chance pelo menos?

– De que adiantaria, Luciano? Tenho meus filhos nos Estados Unidos, não posso me distanciar deles. E também não quero de modo algum que cresçam longe dos pais, quero dizer, do pai... Não

fará bem para eles e também... eu prometi a ele, ao pai dos meninos que jamais os levaria para longe dele...
— Escuta aqui. Não há nada que me prenda ao Brasil. Nada que impeça que eu more com você no exterior, se você quiser, é claro.
— Você seria capaz?
— Pelo amor, Marina hoje sou capaz de tudo.
— Há um problema, um baita problema. Você, pobre como é, jamais conseguiria um visto americano para poder sequer conhecer os Estados Unidos.
— Será mesmo?
— Eles são rigorosos na hora de conceder um visto a um brasileiro, ainda mais depois do 11 de Setembro.
— Eu compreendo. Pelo visto não há mesmo como nos unirmos.
— Não há. Eu disse que não há. Que tudo que começa errado, termina errado. Além do mais eu não tenho um centavo. Não é porque moro nos Estados Unidos que consegui um Green Card* que sou rica. Que nada. Não tenho sequer um pé de meia. Nada. Como lhe disse: depois de ser garçonete fui empregada na casa do companheiro do pai do meu filho. Hoje trabalho na igreja da mãe dele, é com o dinheiro que ganho lá que me sustento e não é muito. Se você se mudasse para lá teria de trabalhar...
— Eu trabalho.
— Mas sem o Green Card não é permitido. A não ser que trabalhe em subempregos. E mesmo assim é ilegal.
— Subempregos? Você quer dizer...
— Encanador, pedreiro, pintor, mecânico, jardineiro, gesseiro, lavador de carros...
— Para mim tudo bem, trabalho é trabalho, o que importa é o salário no final do mês. O que importa é que eu estaria ao seu lado. Junto de você tudo vale a pena.

---

*É um documento que permite ao norte americano nativo ou um estrangeiro trabalhar legalmente nos Estados Unidos. (N. do A.)

– Você, um garoto mimado, que sempre teve de tudo, do bom e do melhor, num subemprego?!

– Há muito tempo que aprendi a me virar, trabalhar no que aparecesse e me dar por satisfeito pelo trabalho que conseguia e com o pouco ou muito de dinheiro que ganhava com ele. E digo mais: que bom que fui obrigado a trabalhar, pois isso ocupou a minha mente, me fez valorizar o dinheiro e parar de gastá-lo comprando drogas, e parar também de desperdiçar o meu tempo com inutilidades. Descobrir as minhas capacidades.

No começo parecia que minha vida havia saído dos eixos, quando na verdade estava entrando nos eixos. Quando perdi tudo, na verdade, estava começando a ganhar, isso sim. Ganhar! Quando a mulher com que casei me deu um pé na... ela me fez, na verdade, um grande favor. Fez com que eu conhecesse a solidão e a rejeição e, assim, pudesse me conhecer melhor.

Enfim, Marina, posso dizer com todas as letras: que bom que tudo isso de mal me aconteceu, pois esse mal me reconduziu ao bem, me devolveu ao que realmente sou em essência, em alma, ao que realmente importa nessa VIDA.

Arrepiei-me com suas palavras.

– Bem – hesitei e assumindo a minha real personalidade declarei: – Você me parece realmente uma pessoa muito diferente da que conheci, Luciano. Ainda assim...

Fiz uma pausa e acrescentei:

– Não moro nos Estados Unidos somente por causa dos meus dois filhos. Moro lá também para esquecer de tudo que me aconteceu por aqui. De tudo que a vida permitiu que você fizesse de mim.

– Você quer dizer que...

– Sim, Luciano... Que ainda o odeio e que não posso me esquecer disso, jamais!

Foi como se minhas palavras houvessem atraído uma nuvem negra sobre nossas cabeças. Levou quase dois minutos em completo silêncio até que eu dissesse:

273

– Por outro lado tenho a minha irmã, a quem tanto amo, meus sobrinhos, meus pais... Seria bom voltar a morar no Brasil, mas... Ai, meu Deus, que situação...

Hesitei antes de prosseguir:

– É horrível me sentir dividida... ficar entre o longe e o perto... A vida não nos dá trégua mesmo. Quando não é um problema, é outro.

Calei-me e respirei fundo. Luciano aproveitou a deixa para pacificar minha alma, sugerindo que tomássemos um passe.

– Calma – disse ele –, aprendi que a vida sempre nos pede calma. Nos pede sempre para contar até dez: 10, 9, 8, 7, 6, 5, 4, 3, 2, 1... Nos pede sempre para respirar fundo e termos mais um pouco de calma.

Acabei aceitando a sugestão dele de irmos tomar um passe desde que fosse num Centro Espírita ali pertinho.

– Como se sente? – perguntou-me ele depois de deixarmos o local.

– Mais serena, certamente. Obrigada por ter-me trazido até aqui. Eu estava precisando. Depois dos últimos acontecimentos que cercaram a minha vida, eu andava bastante carregada.

Ele sorriu. Mordi os lábios, acometida de insegurança. Era surpreendente para mim notar que um lado meu queria ficar e o outro partir. Mas o certo na minha opinião era ficar do lado que queria partir para poder ficar bem longe daquele que desgraçara a minha vida. Não podia me esquecer jamais do que Luciano me fizera. Ainda que sentisse algo por ele... amor, sim, amor... não seria certo aceitá-lo, depois de tudo que passei por sua causa. Ainda bem que eu tinha meus filhos, morando no exterior o que me obrigava a ficar por lá, impondo milhas e milhas de distância entre mim e Luciano Segabinassi.

Ainda bem também que ele era pobre o que o impossibilitava tirar um visto para os Estados Unidos, isso me garantia ainda mais sua distância de mim.

– Bem – disse eu, ressurgindo do meu silêncio para reflexão – preciso ir.
– Vamos manter contato.
– Acho melhor não, Luciano.
– Por quê?
– Quer saber de uma coisa, eu não deveria ter vindo atrás de você. Foi um erro grave da minha parte, tê-lo procurado. Por favor, não me procure mais...
– Nem que eu quisesse, eu conseguiria. A não ser que tenha uma página numa dessas redes sociais*.
– Não tenho.
– Então seria mesmo impossível.
– Adeus. E seja muito feliz.
– Adeus.
Nem bem me distanciei dele, ele veio atrás de mim, me chamou e quando virei, me abraçou e me beijou.
– Eu precisava fazer isso – admitiu, esbaforido. – Pelo menos um beijo eu tinha de lhe dar.
Fiquei séria. Friamente, falei:
– Agora vá embora, por favor. E me esqueça, assim como vou tentar esquecer as desgraças que você me causou.
Luciano dessa vez não sorriu, simplesmente fez um aceno triste e partiu. Fiquei ali, observando sua retirada, sentindo ódio e sentimento de pena se misturando dentro de mim, como um tufão mistura tudo que vai arrancando do chão.

De volta aos Estados Unidos...
Peguei um táxi no aeroporto e fui direto para a casa de Tom e Enzo para poder apanhar os gêmeos que haviam ficado sob seus cuidados. Sentia-me exausta, nunca um voo havia me sugado tanto.
Não fui recebida com muita simpatia por parte do Tom, quando cheguei a sua casa. Já era de se esperar. Ainda assim, procurei ser

---

*São sites que permitem aos amigos, novos e velhos, se comunicarem. Os mais famosos são Orkut e facebook. (N. do A.)

simpática e de modo quase mecânico, fui até uma cadeira e me sentei. Consciente de que tanto Tom quanto Lorenzo esperavam que eu dissesse algo, falei:

– Obrigada por terem ficado com os meninos. Eu realmente não sei o que teria feito sem vocês dois... Foi horrível. Só de pensar que Beatriz por pouco não morreu, arrepio-me inteira. E os meninos se comportaram? Estou morta de saudade deles.

Diante do rosto pálido e aflito de Enzo, perguntei:

– Vocês dois estão estranhos. Aconteceu alguma coisa? Alguma coisa com os meninos?

– Com eles, nada – respondeu Enzo mantendo a calma. – Fique tranquila.

Afundei na cadeira e relaxei. Ufa!

– O que foi, então?

Foi Tom quem respondeu:

– É minha mãe, Marina. Bem, ela chamou o *conselho tutelar**, fez mais um de seus escândalos e entrou na justiça para pegar a guarda dos meninos.

A informação pareceu-me insana. Meus olhos se esbugalharam de perplexidade e ultraje.

– Vocês estão brincando?

– Antes estivéssemos.

– Dona Angelina não faria isso comigo. Não depois de tudo o que fiz por ela.

– Pelo visto você ainda tem muito a aprender sobre minha mãe – opinou Tom, soltando um risinho escarninho.

Eu era pura inconformidade. Sentia-me apunhalada pelas costas.

– E eu diria mais – Tom acrescentou – você tem muito a aprender sobre a vida e sobre si própria, Marina. Você nunca ouviu dizer que aqui se faz, aqui se paga? Que tudo volta para si na medida

---

*O Conselho Tutelar é composto por membros, eleitos pela comunidade para acompanhar e proteger crianças e adolescentes. (N. do A.)

certa de suas atitudes? As pessoas acham que não, porque têm dificuldade de relacionar os fatos que ocorrem em sua vida com atitudes tomadas no passado.

– Onde está querendo chegar?

Tom não respondeu, deixou que eu mesma percebesse o que ele queria me dizer. O peso negro saiu de minha testa e se transferiu para a minha boca do estômago, fazendo-me sentir ligeiramente nauseada. Estremeci, com o mal-estar súbito que me tomou por inteira.

Tom sentou-se ao lado de Lorenzo, percebendo, com um prazer malicioso, meu ar de choque.

– As pessoas são traiçoeiras, Marina – continuou ele, me fuzilando com seu olhar bonito. – Você está se sentindo traída, não é mesmo? Exatamente como nós, eu e Lorenzo nos sentimos quando você descumpriu o trato que fez conosco e ficou do lado de minha mãe.

Olhava para ele, agora, sem saber o que responder.

– Isso não vai ficar assim – esbravejei. – Não pode! Vou falar com Dona Angelina agora mesmo.

– Tente. Não custa – opinou Tom, sabendo o quanto a mãe era irascível.

Uma hora depois, eu chegava à mansão onde vivia o famoso casal Mackenzie.

Dona Angelina levantou o queixo, decidida, mirou meus olhos e disse:

– Que bonito, hein, Marina?! Que bonito o que você fez! Onde já se viu ir para o Brasil, deixando seus filhos aos cuidados daqueles dois...

A voz áspera da petulante mulher soou furiosa.

Interrompi-a, falando de modo claro e firme:

– Eu não fiz nada de errado, Dona Angelina. A senhora está me compreendendo mal. Minha irmã...

277

– Você é mesmo uma desavergonhada, uma traidora, uma pecadora... – continuou a mulher quase gritando. – Você nunca mais terá a guarda dos meninos.

Trincando os dentes, continuei tentando me explicar, mas para Dona Angelina a minha explicação não parecia digna de crédito e eu não conseguia acreditar que a mulher não me desse crédito algum.

– Você ficou com a guarda das crianças com a seguinte condição: de que fosse responsável e não mais inconsequente, como foi ao aceitar gerar um filho para um casal de gays e, ainda mais, em troca de dinheiro. Ao seu primeiro deslize, a guarda das crianças seria minha e que será de agora em diante, porque só eu tenho realmente condições morais de criar esses meninos devidamente. Só eu tenho caráter e espiritualidade suficiente para lhes dar uma educação sadia.

Eu olhava agora para a mulher com ar confuso. Atrapalhando-me um pouco com as palavras falei, em minha defesa:

– A senhora não pode fazer isso comigo. Eu confiava na senhora...

– Eu também confiei em você.

Olhei para a mulher com ligeira aversão e disse:

– Se a senhora entrar na justiça...

– Já entrei, querida.

– A senhora será mesmo capaz de fazer uma coisa dessas contra seus netos? Digo, afastar a mãe deles, por uma bobagem dessas? Por eu ter me ausentado do país para ir socorrer minha irmã que estava à beira da morte?

A mulher não respondeu, continuou apenas me peitando com o olhar. Entristecida, continuei:

– É lógico que seria capaz, se foi capaz de fazer de tudo para afastar os filhos do próprio pai, seu filho...

Ela se descontrolou, ficando histérica.

– Eu não quero ouvir mais nada! Fora da minha casa! Você não é bem-vinda aqui. Nunca foi. Eu só a recebia antes por não ter escolha, agora tenho. Fora!

– A senhora retire a queixa, Dona Angelina. Retire-a o mais urgente possível, pois se não o fizer, vou contar para todo mundo o que se passa nos bastidores da sua igreja. A podridão que é tudo aquilo. A lavagem de dinheiro... Vou falar das mansões e fazendas que vocês compraram pelo mundo todo com o dinheiro do dízimo. As mansões, aviões, iates... Eu sei de tudo, Dona Angelina, eu trabalhei lá, eu vi...

– E eu vou dizer que está possuída pelo demônio como já fiz anteriormente com quem fez o mesmo para comigo e meu marido.

– Meu Deus, como não percebi isso antes? A senhora não presta! É má! Muito má.

– Sou humana, isso sim.

– Não é, não. É má. Bem que os rapazes tentaram me abrir os olhos. A senhora e seu marido enganam as pessoas em nome de Deus. Manipulam todos, em seu benefício próprio. A senhora não é de Deus. É do diabo. Tem pacto com o demo! Bem que Jesus dizia que no futuro haveria falsos profetas. Era de gente como a senhora a que ele se referia.

Não acreditei ter ouvido o que ouvi a seguir. Onde já se viu uma senhora que se dizia fina e de berço, espiritualizada, dizer:

– Se você fosse de país de primeiro mundo como o nosso, ainda eu lhe daria algum crédito – a voz de Dona Angelina demonstrava desprezo. – Mas não passa de uma moça de terceiro mundo, de terra de índio, canibal, sei lá mais o quê. Não passa de uma pobretona, acidentada, de rosto recauchutado com o dinheiro da venda dos próprios filhos. Dinheiro de duas bichas.

– Um deles é seu filho! – revidei no mesmo instante.

E a resposta dela, enfática e automática, me chocou mais uma vez:

– Ainda assim, uma bicha.

Procurei me controlar e tentei uma nova abordagem:

– As coisas não precisam ser assim, Dona Angelina...

– Precisam e serão. Agora saia da minha casa. Nos encontraremos na audiência que está marcada para depois de amanhã.

Sem ver outra escolha me retirei. Já dera cinco, seis passos, quando a voz da impiedosa mulher chegou novamente até meus ouvidos:

– E você está demitida da igreja. Passe amanhã para acertar sua demissão.

Voltei-me para ela e, com olhos e voz de súplica, falei:

– Eu não posso ficar sem esse emprego, Dona Angelina. Preciso dele para sustentar meus filhos.

– Não precisa mais. Eles ficarão comigo de agora em diante. O melhor que você tem a fazer é voltar para o Brasil. Lá é sua terra, lá está sua gente. Se insistir em ficar por aqui, vou denunciá-la à Imigração. Alegando qualquer inverdade.

Quando me vi diante de Enzo e Tom, contei-lhes tudo o que se passara entre mim e Angelina Mackenzie.

– Eu disse a você de que nada adiantaria procurá-la, Marina – lembrou-me Tom. – Minha mãe é terrível.

– Você acha que ela tem chances de ganhar a causa? – perguntei, apreensiva. – Digo, a guarda dos meninos?

– Total – respondeu-me ele sem titubear. – Ela tem dinheiro e lábia para convencer o juiz.

– Mas existe suborno também, aqui, na América?

– Existe em todo lugar do mundo, Marina. Onde quer que vá, dinheiro é poder e sempre falará mais alto do que a própria verdade e a sensatez.

– Estou chocada com tudo isso.

Tom foi ácido mais uma vez:

– Da mesma forma que ficamos chocados com você quando...

– Não precisa me jogar na cara isso toda vez que eu...

– Jogo sim, porque...

Enzo nos interrompeu:

– Vocês dois querem parar? Por favor, Tom...

Calamos. Minutos depois, Enzo compartilhava conosco sua inquietação.

– Temos agora de pensar em como vamos fazer para ter a guarda dos meninos.

E eu dividi com ele outro fato que me afligia:

– E eu preciso saber onde vou conseguir outro emprego já que fui demitida. Nossa, que reviravolta outra vez na minha vida!

– Você plantou o mal colheu o mal... – atacou Tom, novamente.

– Tom – repreendeu Enzo – por favor!

Silêncio novamente.

– Vou tomar um banho para relaxar – anunciou Tom, saltando do sofá e se dirigindo para a suíte da casa.

Quando restou somente eu e Enzo na sala, desabafei:

– Tom tem razão. Fui falsa, muito falsa com vocês. Estou recebendo em troca o que semeei.

Enzo preferiu não opinar. No minuto seguinte se ofereceu para me levar de carro até minha casa, que em breve teria de deixar, pois fora alugada por Dona Angelina e ela, certamente, rescindiria o contrato, agora. Agradeci a sua gentileza e combinamos de nos falar para irmos juntos à audiência.

Capítulo 18

Assim que entrei na casa, um estranho vazio tomou conta de mim. Algo se agitava em meu cérebro. Então um pensamento me assaltou a mente:

Eu fora induzida a ficar do lado do mal pelas vozes mentais que me incitavam à vingança contra Luciano, o que só serviu para transtornar a minha vida, deixar-me amarga e revoltada e, até mesmo, com pensamentos suicidas. Depois, foi Dona Angelina que me incitou a ficar do lado do mal, contra quem tanto me ajudou (Tom e Enzo), revelando agora que fora outra estupidez da minha parte ter ficado do lado do mal.

O que ganhei com isso? Nada, senão dor e infelicidade. A vida era muito curta e, até mesmo, amarga demais para torná-la mais amarga. Como eu poderia ter levado tanto tempo para perceber isso? Como?

A opinião de Dona Angelina a respeito do nascimento dos meus filhos com o Tom ecoavam freneticamente em minha cabeça, conturbando meus pensamentos. Como podia uma mulher, dona de uma igreja famosa, com milhares de fiéis, programas na TV, declarar-se porta-voz de Deus, querer que eu abortasse aquelas crianças lindas só para afrontar o filho? Como? Isso nada tinha de espiritual, de demoníaco, sim, de espiritual nunca!

A "proposta" que Tom e Enzo me fizeram não podia ser encarada como uma desgraça, um pacto com o demônio, pois dela nasceram os gêmeos, dois meninos lindos, de almas inocentes, cheios de vida e bondade.

Se Deus permitira o nascimento daquelas duas crianças lindas é porque abençoara sua existência. Se Dona Angelina era tão religiosa como dizia ser, cabia a ela aceitar e abençoar os meninos, seus netos, com a mesma graça que Deus os abençoara.

Infelizmente, demorei muito para perceber tudo isso, mas que Deus me desse a chance, mais uma vez, de reverter minha estupidez em sabedoria.

A audiência começou com pontualidade britânica. Havia muitos curiosos presentes e muitos repórteres. Uns a favor de Dona Angelina e outros da militância gay. O advogado contratado por Angelina Mackenzie, um dos melhores dos Estados Unidos, foi implacável. Restou a mim, entregar para Deus o meu destino. Quando fui chamada para depor, comecei minha defesa, contando tim-tim por tim-tim desde que minha vida virara de ponta cabeça, após o acidente com Luciano ao volante.

O juiz me ouviu pacientemente, todos ali, e creio que certa emoção aflorou no coração de cada um dos presentes. Meu drama não era fácil de ser encarado sem tirar lágrimas.

– Foi Enzo que me impediu de cometer uma loucura – expliquei. – Foi Enzo e Tom que me possibilitaram ter meu rosto de volta e, indiretamente, descobrir que de fato, a vingança é um prato que se come frio. Foi Enzo e Tom que me permitiram ter a minha maior alegria na vida, gerar um filho, no nosso caso, dois, gêmeos. Foi por meio deles que eu pude conhecer o prazer de ser mãe, amamentar um filho, descobrir o sentido que eles, os filhos, dão a nós, pais.

Tomei ar, limpei a voz embargada de emoção e continuei:

Dona Angelina Mackenzie tentou me convencer a abortar as crianças em nome da moral e dos bons costumes. Garantiu que me pagaria todo o procedimento e que tinha um médico conhecido que pratica abortos. Depois que os gêmeos nasceram, essa mulher me convenceu a tirá-los de Tom e Enzo não por amor às crianças, mas para afrontar o filho, impedi-lo de ser feliz e, consequentemente, Enzo de ser feliz ao seu lado. Penso que a afronta maior é contra o próprio Enzo. Por ciúme...

Encarei o juiz e levantei uma questão a se pensar:

– Eu me pergunto e acho que todos que tomarem conhecimento desta história vão se perguntar: pode uma mulher que se diz tão aliada a Deus cometer uma afronta dessas à vida de pessoas do bem?

Outro dia, repassando em minha mente tudo o que aconteceu, cheguei à conclusão de que a proposta de Tom e Enzo não podia ser encarada como uma desgraça, uma afronta a Deus. Pois dela nasceram os gêmeos, dois meninos lindos, de almas inocentes, cheios de vida e bondade.

Se Deus permitiu o nascimento dessas duas lindas crianças é porque abençoara sua existência. Se Angelina Mackenzie era tão religiosa como dizia ser, cabia a ela aceitar e abençoar os meninos, seus netos, com a mesma graça que Deus os abençoara e não querer matá-los por meio de um aborto.

Houve um *zum zum zum* entre os presentes. O juiz bateu o martelo para silenciar a todos e me pediu para continuar:

– Bem, hoje, estou certa de que Tom e Enzo são realmente bons pais para os meus filhos, que cresceram fortes e sadios, com uma mentalidade sadia. Eles, sim, têm bondade no coração e jamais gastam seu tempo, voltando as pessoas umas contra as outras, fazendo, enfim, mal ao próximo.

Respirei fundo e prossegui:

– Enquanto trabalhei na igreja do casal Mackenzie, ouvi dona Angelina dizendo, durante uma pregação, que Deus não aprecia os gays de jeito algum. Hoje, depois de muita reflexão cheguei à conclusão de que Deus os aprecia muito mais. Ainda mais do que os próprios gays, que têm dificuldade de se aceitarem. Porque os criou à Sua imagem e semelhança. Sim, à Sua imagem e semelhança, pelo menos é isso que afirmam todas as religiões: todos nós fomos criados à imagem e semelhança de Deus.

Pois bem... Desde que Deus é amor e nunca comete erros... Um gay é exatamente do jeito que Ele quis que fosse... Do jeito que ele planejou que fosse, assim, como qualquer outra pessoa do planeta, do cosmos, como tal. Tudo que há na Terra é exatamente como Deus quis que fosse. Qualquer parte do planeta... Desde as montanhas a cada grão de areia, desde uma canção a cada lágrima que rola por nossa face diante de uma forte emoção... e até mesmo uma *bicha*. Tudo, enfim, faz parte de Sua criação e Ele ama tudo e a todos por igual.

Minhas palavras comoveram quase todos os presentes de mente evoluída e até mesmo a mim. Sinceramente, não sei de onde as tirei. Foi como se uma força tivesse me possuído, usado minha voz e boca para expressá-las. Uma voz vinda do Além, uma voz do bem.

– Meritíssimo – concluí. – É só isso que eu tenho a dizer em minha defesa.

Por Deus, com Deus e sua bondade infinita e seu senso interminável de justiça, ganhamos a causa. Os gêmeos voltaram a ficar sob a minha guarda.

Assim que deixamos o tribunal, encontramos Dona Angelina, aguardando por seu motorista do lado de fora. Ela voltou-se para o filho e disse, seriamente, com uma forte dose de desapontamento:

– Você e essa "coisa" que chama de companheiro conseguiram convencer essa pobretona de terceiro mundo a passar para o lado de vocês. O que prova que o mal está realmente dominando a humanidade.

Falando muito respeitosamente, Tom perguntou:
– A senhora é feliz, mãe?
A mulher deu um sorriso amargo antes de responder?
– É claro que sou.
Tom com ar de dúvida, opinou:

– Não sei, não... Só vive para o trabalho, para acumular bens e mais bens que nunca tem tempo de aproveitar. Rechear contas bancárias, que nunca terá tempo de gastar. E eu lhe pergunto: para que tudo isso? E eu mesmo respondo: para fugir da vida. Não da vida em si, mas de algo que falta em sua vida.

– Nada me falta na vida, Tom! – respondeu a mulher voraz. – Tenho posses, jatos, iates, casas na praia, nos campos, apartamentos nas cidades mais importantes do mundo, uma renda milionária, nada me falta.

– Falta, sim.

A mulher apertou os olhos, concentrando-se.

– O que, se me permite perguntar?

A resposta de Tom foi direta:

– Falta Deus no seu coração. A senhora tem tudo e, ao mesmo tempo, nada.

Um olhar esquisito apareceu no rosto da mulher. Tom prosseguiu:

– Mas tudo poderia ser diferente. Melhor. A senhora poderia usar a igreja que construiu para ensinar os verdadeiros mandamentos de Cristo e de Deus... Falar das verdadeiras leis que regem o Universo. Ser um brilhante real, não um falso brilhante.

– É tarde demais, Tom. Estou velha demais para isso.

– Nunca é tarde, mamãe.

– Para mim é. O mais triste é perceber que não importam os milhões de dólares que você consiga juntar, o status invejável na sociedade que você tenha conseguido adquirir ao longo da vida, você acabará morrendo da mesma forma que os outros. Acabará num cemitério ao lado de pessoas de todas as espécies e estirpes, até mesmo de outras religiões. É duro saber que Deus não privilegia ninguém como faz o capitalismo e é isso que mais odeio nEle. Porque deveria privilegiar quem se destaca na sociedade, quem adquire rios e mais rios de dinheiro. Quem assume o poder.

– Mas Deus não é assim, mãe...

– Infelizmente. Se fosse...

– Mas não é.

Ela pendeu a cabeça, parecia agora uma mulher desolada, cuja vida está se extinguindo.

Vagaroso, muito vagarosamente, Tom foi até a ela e beijou-lhe os lábios. Cândido, falou:

– Você não está só, mamãe. Eu ainda estou aqui e você pode contar comigo para o que der e vier.

– Se posso, largue daquele moço. Daquela vida indecente que leva...

– Não ouse me pedir o impossível, mamãe.

Ela engoliu em seco.

Ele beijou-lhe a testa e se despediu.

– Tom?

Ele voltou-se e aguardou que falasse:

– Como pode trocar toda a fortuna por uma paixão descabida como essa?

A resposta dele brotou do âmago de seu coração:

– Porque nada vale mais do que o amor, mamãe. Ainda que seja encarado como proibido ou errado, como queira... nada vale mais do que o amor. Não que dinheiro não faça bem, faz. Mas ninguém deve dar-lhe mais importância do que realmente tem. É como um brilhante, ele só é capaz de enfeitar um dedo de uma mulher, jamais torná-la especial por isso.

Ele suspirou e completou:

– Se precisar de mim sabe aonde me encontrar.

Partiu, junto de nós, no carro dirigido por Enzo.

Assim que chegamos à casa de Tom e Enzo, depois de fazer um agrado nos gêmeos, eu disse:

– Tenho algo muito importante para dizer a vocês dois.

Tom e Enzo me olharam apreensivos.

– Não precisam ficar tensos, o que eu tenho a lhes dizer é bem legal.

– Então diga – agitou-se Enzo.

Tomei ar e prossegui:

– Se vocês me permitirem morar na edícula aqui do fundo da casa, ficará bem mais fácil para nós três criarmos os gêmeos.

Levou quase um minuto, para que o Tom realmente percebesse o que eu havia dito. Ainda assim, acreditou não ter ouvido certo. A frase não se coadunava comigo; pensou ele que deveria estar ouvindo coisas.

– Hei, Tom – disse eu, em bom tom – você ouviu certo, sim... Pretendo morar aqui nos fundos para que você e o Enzo possam ficar 24 horas por dia ao lado dos meninos. Como sempre quiseram.

Minhas palavras o despertaram.

– Você fala sério? – disse ele, com uma alegria renovada.

Enzo respondeu por mim, balançando a cabeça em concordância. Eu apenas presenteei-lhe com um sorriso muito doce.

Tom teve vontade de gritar, de rir, de chorar. Disse: "Meus filhos perto de mim!". E voltando-se para o companheiro acrescentou, emocionado: "Perto de nós, Enzo. Nossos filhos perto de nós!"

Nós três nos abraçamos e um champanhe foi aberto para brindar a ocasião. Eu, finalmente, estava agindo corretamente para com os dois e isso me alegrava muito o coração, até mesmo a minha alma.

Quando restamos somente eu e Enzo no recinto, ele me falou em tom de desabafo:

– Pensei que voltaria para o Brasil depois de tudo.

Respondi, encarando seus olhos bonitos:

– Não poderia fazer isso com vocês, Enzo. Você sabe que não.

– Obrigado pela consideração da sua parte. Mas e quanto a sua família?

– Irei sempre que possível visitá-los. Logicamente que os gêmeos ficarão com vocês, pelo menos até que tenham idade suficiente para viajar sem complicações.

– Sei. E quanto ao Luciano?

A pergunta me surpreendeu, de certo modo.

– O que tem ele?

– Você ainda o ama, não?

– Certos amores não são para serem vividos, meu caro Enzo. Acho que é isso que a vida quis me ensinar o tempo todo.

– Mas ele, segundo você me disse, se declarou para você.

– Sim. Mas ele mora no Brasil e eu aqui na América, agora.

– Mas ele disse que viria para cá se preciso fosse, desde que fosse para viver ao seu lado.

– Disse, mas será mesmo que ele seria capaz disso?

– Penso que por amor somos capazes de muito mais do que pensamos, Marina. Veja a minha história com o Tom. Veja a sua história com os gêmeos. Eu acho, particularmente, que você deveria rever seus conceitos e... ir atrás dele no Brasil e trazê-lo para cá.

– Para morar aqui? – ri. – Não me faça rir.

– Por quê?

– Porque...

– Nem você sabe ao certo o porquê.

Ri e falei:

– Além do mais ele é pobre. Jamais conseguiria o visto para entrar nos Estados Unidos.

– Tom daria um jeito. Faria uma carta para o consulado. Muita gente faz e consegue o visto por esse intermédio. Não custa tentar.

Fiz ar de paisagem.

Ele se aproximou de mim, abraçou-me e completou:

– Ouça a sua alma, Marina. Ouça bem o que ela diz! Ela quer a alegria de viver. A liberdade de ser e acontecer. De apreciar tudo que compõe a vida com entusiasmo. Expressar afeto, alegria e amor. Dançar e extravasar. Ter equilíbrio e paz. Autodomínio. Uma mente de pensamentos positivos e otimistas. Um peito sem angústia para não mais sofrer, apenas viver... VIVER com letras maiúsculas.

Ela quer tirar essa corda invisível que aperta o pescoço de cada um e enforca aos poucos. Quer que você fique livre desse colete invisível que aperta a boca do seu estômago e a sufoca. Quer dar um basta na pressão, opressão e depressão. Quer, enfim, que o melhor da vida a invada por inteiro... É isso que a alma quer...

No fundo é o mesmo que diz para todos. Se prestássemos melhor atenção a ela, as suas palavras, ordens... Todo mundo seria bem mais feliz.

– Suas palavras me comovem.

– É, minha cara... Depois de começar a ler Chico Xavier a gente fica mais inspirado pela alma e pela vida.

– Definitivamente vou querer ler sua obra nessa minha nova fase de vida. Se não todos os livros, pelo menos os mais famosos.

– Que bom!

Enzo tornou a me abraçar.

– Mas não se esqueça do que eu disse a respeito do Luciano, Marina. – continuou ele. – Você ainda gosta dele... Ele, ainda, ou melhor, agora gosta de você de verdade... Ouça a sua alma... Seu coração.

Olhei para ele com cara de quem diz: "Será mesmo que devo?".

Quando fiquei só em meu quarto, deite-me na cama para relaxar um pouco. Consegui tudo, menos relaxar. Minha mente estava agitada, meu coração parecia em disparada, estava, indubitavelmente, fora do meu normal.

Assim, levantei-me e caminhei até a janela. Olhei para o longe durante certo tempo, e, lentamente, uma ruga se formou em minha testa. Foi porque meus pensamentos voltaram-se para Luciano.

"Luciano...", pensei. Um calor subiu-me às faces, uma leveza súbita no coração fez meu espírito alçar voo.

"Como ainda posso gostar dele depois de tudo o que ele me fez passar?", refleti.

Andei, com a testa franzida, até o outro lado do quarto enquanto o conselho de Enzo voltou a relampejar em minha mente. Enzo, o sempre sensato Enzo, fazendo-me perceber melhor a vida e a mim mesma.

Uma semana depois...
Quando o Luciano me viu, um sorriso resplandeceu em sua face bronzeada.

– Marina, você aqui, que surpresa agradável!

Mordi os lábios, incerta se deveria lhe revelar o verdadeiro motivo que me levara até a ele novamente. Ele pareceu perceber a minha dificuldade e, por isso, aguardou até que eu dissesse algo, sem me forçar a ter pressa.

– Eu estou aqui para... – hesitei, e, assumindo a minha real personalidade, declarei –, você se tornou uma pessoa muito diferente da que conheci no passado. Ainda assim, mesmo que não tivesse mudado, melhorado, eu...

– Diga...

– É curioso...

Hesitei e me arrepiei novamente.

– Ainda assim eu gosto de você. Ora veja! – sibilei, indignada.

– Eu ainda o amo.

Engoli as palavras enquanto ele me olhava encantado.

– E isso não é bom? – perguntou-me ele, entusiasmado como um apaixonado.

– É péssimo – respondi secamente.

– Por quê?

– Porque me faz perceber que de fato o amor e o ódio andam de mãos dadas.

– Ele ensina muito mais do que isso, Marina.

– O quê?

Ele sorriu ante a aflição expressada pelo tom de minha voz.

– Que não existe amor sem perdão, assim como não existe luz sem escuridão. Que nossas verdades o tempo não apaga jamais... Que todos somos, no fundo, homens e mulheres Fênix, renascendo das cinzas tal como o pássaro mitológico. Que a lágrima não é só de quem chora, que nenhum amor é em vão, que ninguém desvia o destino, que sem amor eu nada seria..., nem você, nem ninguém.

Que Deus nunca nos deixa sós, que quando o coração escolhe... só o coração pode entender... Que a vida sempre se completa um dia.

Ele suspirou antes de completar:

— Que tudo, enfim, se encaixa na vida.

Havia triunfo em sua voz. Novamente mordi os lábios. Mais do que nunca eu parecia uma grande dama dos tempos passados diante do maior caso de amor de sua vida. No minuto seguinte, desabafei:

— Eu quis destruir você, Luciano Segabinassi. Durante todos esses últimos anos de minha vida, eu vivi para destruir você, no entanto, não era você exatamente que eu queria destruir, pelo que me fez, mas sim o amor que eu sentia por você... Agora sei que não consegui. Feliz ou infelizmente, eu ainda o amo. Sempre o amei.

Meu rosto parecia aliviado agora. Nunca em toda a minha vida, as palavras haviam saído de meus lábios com tão completa e forte veracidade e paixão.

Ele, me olhando com bondade, opinou:

— Não é maravilhoso quando a gente se descobre e consegue pôr para fora o que sentimos?

Meus olhos adquiriram o brilho de um brilhante. Dessa vez, porém, de um brilhante verdadeiro.

Suspirei.

— Eu penso – disse Luciano (Um diamante bruto que se tornou verdadeiro) – que nós dois poderíamos nos dar muito bem. Que nós dois deveríamos nos casar.

Diverti-me com a ideia. Na verdade, amei-a de paixão, todavia lhe fiz um alerta:

— Lembre-se, antes de qualquer coisa, que não posso te propiciar nada de bom financeiramente. Apesar de morar nos Estados Unidos, continuo tão pobre quanto fui no Brasil. Ainda mais agora, depois que fui demitida da igreja onde eu trabalhava e ganhava um bom salário. Se não fosse o Enzo e o Tom, eu estaria com uma mão na frente e outra atrás. Estou aqui com os últimos centavos de minhas economias e mais uma grana que o Enzo me emprestou. No momento, trabalho como empregada na casa dos dois, que é também minha casa, e, bem... é com esse dinheiro que me viro...

– Calma, Marina...

– Eu só estou alertando para que não pense que estou cheia da grana e se decepcione quando lá chegar.

– Eu também *tô* duro. Mas ainda tenho saúde para trabalhar. Você também e, com isso, poderemos nos sustentar, dar a volta por cima. Não dizem que a América é a terra das oportunidades?

– Acho que diziam isso antes da crise americana ou mundial, sei lá...

Mordi os lábios, concentrei-me novamente em seus olhos e perguntei:

– Você seria capaz, Luciano? Seria mesmo capaz de se mudar para os Estados Unidos para trabalhar num subemprego? Você, um garoto mimado, que sempre teve de tudo, do bom e do melhor?

– Já lhe disse na última vez em que esteve aqui que há muito tempo não tenho mais mimo e vaidade...

Suas palavras me deixaram arrepiada.

– Portanto – continuou ele, com um brilho divertido nos olhos –, só me resta pedir sua mão ao seu pai...

– Suponho – acrescentou, lentamente –, que eu deva pedir a ele você por inteira, afinal, de que me servirá somente a mão?!

Sacudi a cabeça, sorrindo, enquanto meu rosto iluminou-se. Ele também sorriu.

– Só que de nada adiantará pedir-lhe a mão e os pés, o corpo todo, o espírito e a alma se... – arrematou Luciano, cautelosamente.

– Se...? – murmurei.

O modo de Luciano se tornou um pouco mais animado.

– Se você não me disser agora, aqui e agora, que quer se casar comigo.

Um sorriso inesperado apareceu no meu rosto sério. Havia agora qualquer coisa de menina endiabrada no meu semblante.

Ajoelhando sobre uma perna, aos meus pés, Luciano tomou-me a mão direita, ergueu a cabeça, encarou meus olhos e perguntou:
– Marina Mendes Arcanjo você aceita se casar comigo?
Soltei uma risadinha. Uma risadinha amiga e infantil. Ele beijou o dorso da minha mão e acrescentou:
– Aceita se casar comigo para vivermos na alegria e na tristeza, na saúde e na doença e até mesmo além da vida?
Meus olhos já encharcados d'água verteram-se em lágrimas. De repente, eu sabia que aquilo que ele acabara de me dizer foi o que eu mais esperei ouvir de seus lábios e da própria vida. Eu só queria aquilo, bem mais que dez mil brilhantes valiosos, diamantes, rubis e outras pedras preciosas. Para mim nada valia mais do que o pedido de casamento do homem que eu tanto amava.
Inclinei-me na direção dele, com os olhos reluzentes. Ele se levantou e um beijo, um beijo quente, tão quente quanto um dia de verão dos trópicos, selou aquele nosso momento tão especial.

Quando a notícia de que eu e Luciano Segabinassi iríamos nos casar chegou aos ouvidos de nossos familiares, muitos se revoltaram. Os membros da família de Luciano tinham ódio de mim pelo que eu fizera a ele durante a cirurgia de redução de estômago. Os membros da minha família tinham ódio dele pelo que ele e sua família, especialmente sua mãe, indiretamente, me fizeram passar.
Por mais que a família dele o alertasse: "Você vai se arrepender... Arrepender amargamente de se casar com essa moça! Que vida você pode ter com uma mulher pobretona como ela?! Você está louco em querer se mudar para o exterior, um lugar distante, sem família, sem ninguém...".
E a minha dissesse: "Luciano não presta, Marina, já deixou mais do que claro para você que não vale um centavo, além do mais é um drogado", eu e Luciano permanecemos dispostos a nos casar. Estávamos ocupados demais, amando um ao outro, para ouvir opiniões geradas pelo rancor e pelo ódio das pessoas.

A única pessoa que realmente se mostrou contente com a nossa decisão de não casar foi Lorenzo. Para ele, só me casando com Luciano é que eu, verdadeiramente, reencontraria a paz e a felicidade que tanto ansiava, e tudo isso me ajudaria a ser também uma mãe mais positiva para os gêmeos.

Nosso casamento aconteceu num sábado de sol incandescente e lua brilhante. Um dia que marcou para sempre nossas vidas. Já que não podia entrar na igreja vestida de noiva como eu tanto queria, por causa daquela besteira que diz que divorciado não pode se casar com essas regalias, fizemos o casamento num bufê, e foram os filhos de Beatriz, que lindamente trajados para a ocasião, levaram as alianças até o altar improvisado.

Mamãe evitou olhar direto e reto para Dona Wilma, mãe de Luciano. Ainda ressentia pelo modo com que foi tratada no passado. Durante a recepção do casamento tudo transcorreu lindamente. Não foi nada luxuoso, mas tudo feito de coração.

Mamãe aproximou-se de mim e disse:
– É isso mesmo o que você queria, filha?
– Sim, mamãe. É o que eu sempre quis. Mas saiba que estou feliz, muito feliz, finalmente. Não é isso o que importa?
– É... Creio que sim.

Papai foi o próximo a me abraçar.
– Oh, minha querida como é bom vê-la realizando um sonho. O maior de todos.
– Obrigada, papai.
– Essa semana é também muito importante para nós. Pois estarei pagando a última parcela do BNH.
– Jura?
– Sim, filha. A casa agora é definitivamente nossa. E guardei um dinheirinho para dar um trato nela agora que é inteiramente nossa.
– Faça isso mesmo, papai. O senhor e a mamãe merecem.

A próxima a chegar até a mim foi Beatriz.
– Oh, minha irmã, estou tão feliz por você.

– Obrigada, Beatriz. E eu também estou muito feliz por vê-la totalmente recuperada e ao lado de seus filhos lindos, seu marido maravilhoso.

Ela sorriu e segredou no meu ouvido:
– Quem diria que depois de tudo você e Luciano acabariam juntos!
– A vida é mesmo imprevisível, minha irmã.
– Nem fale.
– Vou sentir tanto a sua falta...
– Que nada, Beatriz. Virei sempre vê-los, prometo. E quero que vocês também vão me ver. Quero levar a mamãe e o papai nas próximas férias dele para ficarem comigo em Chicago.
– Com que dinheiro, se você, no momento, está desempregada?
– Você disse bem: "no momento". Mas eu logo estarei trabalhando, o Luciano também... Na América só não trabalha quem não quer. Mesmo com a crise, há trabalho para todo mundo que esteja disposto a trabalhar.
– Só tenho a lhe desejar boa sorte, minha irmã. E que seja muito feliz.
– Serei, assim como você, Beatriz.

Nós duas nos abraçamos e choramos uma no ombro da outra.

Nossa lua de mel foi ali mesmo num hotel da cidade. Eu casara virgem e era feliz por ter-me casado assim. A manhã após a minha noite de núpcias surgiu com um sol esplendoroso. Daqueles que parece ter o poder de acender algo dentro de nós, nos fazer brilhar tão intensamente quanto ele.

Bocejei, espreguicei-me como um gato, esticando ao máximo cada músculo, enquanto uma sensação de alívio ia tomando conta de mim. Luciano ainda dormia, profundo, ao meu lado.

Levantei-me com cuidado para não despertá-lo e fui até o banheiro lavar meu rosto e escovar os dentes. Foi quando vi meu reflexo no espelho que, novamente, um alívio atingiu meu peito.

Lembrei-me do Enzo, do quão sensato e maravilhoso ele foi em ter impedido que eu cometesse suicídio por duas vezes. Se tivesse acabado comigo como o desespero e a depressão me sugeriram, eu não estaria vivendo tudo de bom do presente, um presente que viera para ficar. Ah, eu estava feliz, finalmente feliz... e me sentia uma vencedora, eu podia não ter conquistado o título de Miss Universo, mas ganhara algo muito mais valioso, a liberdade de ser eu mesma, mais lúcida e mais feliz, ao lado do homem que eu tanto amava.

Com a ajuda do Tom, conseguimos um visto para o Luciano e, assim, chegamos aos Estados Unidos.

Diante de Tom, declarei:

– Eu poderia morar no Brasil, Tom. Até pensei em fazer isso... seria melhor para o Luciano e para mim, mas... eu não podia, sabe, não podia separar os meninos de você e do Enzo, afinal, eles nasceram, porque vocês dois os quiseram mais do que tudo. Mais do que eu mesma... Não podia separá-los de mim também... Eu...

– Eu só tenho a agradecer a você, Marina, por ter levado nós dois em consideração desta vez.

– Era o mínimo que eu podia fazer depois de tudo que...

– Esqueça... Vamos pôr um ponto final nessa história.

Sorri, nos demos as mãos como dois amigos que refazem as pazes.

– Só tem um problema... – acrescentei –, eu e o Luciano precisamos arranjar um emprego.

– Vou ver se consigo alguma coisa para ele na empresa em que trabalho. Será um subemprego, você sabe, primeiro, por ele não ter o Green Card, e, segundo, por ele não saber falar inglês, ainda. Quanto a você, acho melhor ficar tomando conta dos meninos e te darei o dinheiro que teria de pagar para uma babá vir cuidar deles diariamente.

– Obrigada.

Ele parou, mordeu os lábios e completou:

— Você também me ensinou muito, Marina.
— Verdade?
— Sim. Eu era também muito prepotente e intolerante. Hoje sei que todos que entram na nossa vida entraram por uma boa razão, para nos ensinar algo de bom, de muito proveito.

Enquanto o Luciano dava um *upgrade* na edícula, juntei-me ao Enzo e comentei:
— Você foi um anjo na minha vida, Enzo. Graças a você, eu consegui dar, mais uma vez, um rumo melhor para ela. Você é formidável.
— Todos nós somos formidáveis, Marina. Todos nós... Como diz Chico Xavier: *"Deixe algum sinal de alegria, onde passes..."*
E diz também:
"A gente pode morar numa casa mais ou menos, numa rua mais ou menos, numa cidade mais ou menos, e até ter um governo mais ou menos.

A gente pode dormir numa cama mais ou menos, comer um feijão mais ou menos, ter um transporte mais ou menos, e até ser obrigado a acreditar mais ou menos no futuro.

A gente pode olhar em volta e sentir que tudo está mais ou menos...
TUDO BEM!
O que a gente não pode mesmo, nunca, de jeito algum... é amar mais ou menos, sonhar mais ou menos, ser amigo mais ou menos, namorar mais ou menos, ter fé mais ou menos, e acreditar mais ou menos.

Senão a gente corre o risco de se tornar uma pessoa mais ou menos."
E foi assim que eu comecei uma nova fase da vida, ao lado dos gêmeos, de Tom e Enzo que tanto fizeram por mim, e de Luciano que continuava a ser o amor da minha vida.

...

Nas semanas que se seguiram fui convidada por uma editora americana para transformar a minha história de vida num livro. Depois de muita relutância em aceitar o convite, acabei assinando o contrato e tive minha vida, então, transformada em um livro que acabou virando *Best Seller,* vendendo um milhão de cópias, só nos Estados Unidos, sem contar os países para os quais foi traduzido.

O fato me deu grande evidência na mídia. Por isso fui convidada a ser jurada em diversos concursos de beleza e até mesmo no concurso de Miss Universo. Com isso pude me reestruturar financeiramente. Apareciam convites para dar palestras e foi assim que conheci Ágatha, uma professora de metafísica residente em Los Angeles, Califórnia.

Ainda assim, eu e Luciano continuamos morando na casa de Tom e Enzo. O máximo que poderíamos fazer era alugar a casa ao lado, quando vagasse, para não distanciar os meninos dos pais. Descumprir um trato, uma promessa, isso eu não faria nunca mais na minha vida. Meu novo caráter não me permitia.

Haviam-se passado quase dois anos desde que eu havia me casado com o Luciano. O ano era 2012 e nossa vida não podia ser melhor. Ele era formidável para com os gêmeos e agora, para a nossa alegria, esperávamos um filho nosso, algo que nos alegrou muito, tanto quanto a nossas famílias e amigos nos Estados Unidos.

Foi pouco tempo depois de eu saber que estava grávida que algo inesperado aconteceu, transformando novamente nossas vidas.

Tom havia ido a uma reunião de negócios no centro da cidade, um encontro que terminou bem mais tarde do que o previsto. Ele seguia para o carro estacionado a poucos metros do escritório, num local ermo, sem muita luz, quando três moços, cada um carregando um taco de baseball na mão o cercaram.

– O que é isso? – perguntou ele, temendo o pior.

– Tom Mackenzie? – perguntou um deles.

Tom ia responder, mas mudou de ideia.

— É ele, sim — disse uma das figuras sinistras. — O florzinha...
— O que vocês querem? — perguntou Tom, começando a se apavorar.
— Você, seu gay imundo, vai aprender a ser homem agora — rosnou o outro entre dentes.
— Afastem-se de mim — pediu Tom sentindo o perigo se insinuar, recuando alguns passos.
— Tá borrando as calças de medo, *bichinha?* — zombou um dos moços impondo o taco para o alto.
— Quem os mandou?

Nem bem Tom fizera a pergunta, os três o atacaram. Por mais que ele tentasse se proteger e berrar por ajuda, foi levado ao chão, especialmente, quando um dos tacos acertou sua cabeça. O agito chamou a atenção dos passantes e, logo, os três atacantes saíram correndo, antes que a polícia chegasse.

Logo havia um cerco de pessoas em torno do corpo de Tom que jazia no chão.

— Vou chamar uma ambulância — disse um moço passando a mão no celular e discando 911, o número de emergência dos Estados Unidos.

— Que eles cheguem aqui o mais urgente possível — comentou uma moça horrorizada com o estado de Tom.

— Acho que não vai adiantar — comentou outro presente —, o pobre coitado, pelo tanto de sangue que está saindo de sua cabeça, deve ter morrido.

A ambulância chegou vinte minutos depois e os paramédicos, com todo cuidado, levaram Tom para o hospital mais próximo onde ele recebeu os devidos cuidados. Seu estado era crítico. Foi por meio de sua carteira que conseguiram chegar até sua casa e avisar Enzo. Ao ver a polícia, Enzo agitou-se:

— O que houve?
— Presumimos que é aqui que o senhor Tom Mackenzie mora, não?

– Sim – respondeu Enzo, apressado. – Aconteceu alguma coisa com ele?
– Infelizmente, sim.
Enzo, por pouco, não foi ao chão. Corri para a porta para ampará-lo. O policial então explicou o que houve.
– Meu Deus... – balbuciou Enzo, rompendo-se em lágrimas.
– Ele deve ter sido vítima desses vândalos que atacam gays. Que horror. Em que hospital ele está?
O homem pacientemente explicou. Voltando-se para mim, Enzo perguntou:
– Você vem comigo, Marina?
– É lógico que sim, Enzo – respondi rápido. – Só vou pedir para o Luciano ficar com os gêmeos.

Ao chegarmos ao hospital, o local já estava forrado de repórteres de TV e jornal querendo informações sobre o atentado. Enzo deu sua opinião, eu também dei a minha. Havia-me tornado uma espécie de celebridade depois do sucesso do meu livro.
Em seguida, chegou Dona Angelina acompanhada do marido. Voltou-se para Enzo e disse, afiada:
– A culpa é sua. Se meu filho morrer, a culpa é toda sua!
Não houve tempo de Enzo responder, uma repórter interrompeu os dois.
– Dona Angelina Mackenzie como a senhora explica o que aconteceu?
Os repórteres cercaram a mulher. Ela, estufando o peito, respondeu:
– Isso é resultado do que acontece quando nos voltamos contra os mandamentos de Deus.
A repórter a interrompeu novamente:
– Não sei se está sabendo, Dona Angelina, mas os três agressores foram apanhados pela polícia e acabaram confessando o crime. Afirmam não estarem arrependidos do que fizeram, pois

aprenderam na igreja que frequentam que ser gay é errado, imoral e indecente e, segundo a bispa, todos os gays devem ser punidos e exterminados da Terra. A igreja que eles frequentam é a da senhora, a bispa de que falaram é também a senhora. O que tem a dizer sobre tudo isso?

Pela primeira vez vi Dona Angelina perder o rebolado.

– Não tenho nada a declarar.

Nisso ouviu-se a voz de um dos defensores da comunidade gay.

– É isso que dá instigar as pessoas contra os outros. Gera violência em cima de violência. Deus, que eu o saiba, não instiga o mal, só o bem. Não quer a violência, quer a paz. A senhora pode fingir que não está sentindo nada, por ver seu filho em coma à beira da morte, por ter instigado isto aos que frequentam sua igreja, mas, sabemos, qualquer um pode ver, por meio dos seus olhos, espelho da alma, a dor que devasta o seu coração por se ver diante de algo tão abominável quanto agora.

Dona Angelina engoliu em seco. O marido a enlaçou e a puxou para um lugar no hospital onde pudessem ficar em paz.

– E o senhor, pastor, não tem nada a declarar? – perguntou um repórter.

O homem simplesmente fez que não com uma das mãos.

Eu jamais pensei que isso acontecesse na prática. Que religiões pudessem incutir na cabeça das pessoas um mal daqueles que quase matou Tom, destruiu a vida de seus pais, e dos três moços que o atacaram em nome de Deus, entre aspas. Os três acabaram condenados a cinco anos de prisão.

O acontecimento causou grande repercussão nos Estados Unidos e mundo afora. A igreja dos Mackenzie perdeu muitos fiéis e recebeu muitos processos, merecidamente. Dona Angelina caiu em profunda depressão, desde então. O marido também. E nenhum centavo do que eles tinham e continuavam a arrecadar com a desculpa do dízimo podia lhes comprar a paz tão desejada.

Tom, pela graça de Deus se recuperou e fizemos uma grande festa quando voltou para casa. Éramos uma família, ainda que moderna, uma família, e só tínhamos uma única intenção na vida: fazer o bem. Ser um brilhante verdadeiro, jamais um falso brilhante como muitos se tornavam.

E essa é a minha história. Parte dela pelo menos, porque ela não terminou aqui, continua, há ainda muito para eu viver e com a maior dignidade possível. Eu agora sou outra mulher, mais do que isso, um ser humano diferente, um espírito mais evoluído.

De repente, tudo me parecia maior do que sempre foi. As estrelas tinham um outro brilho, mais intenso e eram mais bonitas de se ver. Despertavam dentro de mim uma outra realidade. Conduziam-me a Deus.

"Quem pôs as estrelas no céu?", lembrei-me da antiga canção de ninar que minha mãe tanto cantou para embalar meu sono. "Foi Deus..."

"Quem pintou o universo? Foi Deus"

"Quem criou os mares e as planícies? Foi Deus"

"Quem encheu o mundo de flores para perfumar o ar? Foi Deus"

Tudo fora Deus. Em tudo estava Deus. E era bom tomar consciência disso.

Voltando os olhos para o passado, fiz outra importante descoberta: A vida me dera as pessoas certas para me ajudar a enfrentar os períodos difíceis. De alguma forma misteriosa, pôs sempre alguém ao meu lado, quando mais precisei.

"Graças a Deus", pensei, "eu agora era uma mulher de verdade... Um espírito mais evoluído..."

E era bom não me sentir mais inquieta e miserável, não mais andar infeliz pelas ruas, procurando por vingança, e me sentindo irritada e impaciente por ver que levaria muito tempo para realizá-la. Agora, graças a Deus, só me restava a paz...

Eu me tornara, definitivamente, um brilhante, assim como Beatriz um diamante verdadeiro.

Tudo passa...
Todas as coisas na Terra passam.
Os dias de dificuldade passarão...
Passarão, também, os dias de amargura e solidão.
As dores e as lágrimas passarão.
As frustrações que nos fazem chorar... Um dia passarão.
A saudade do ser querido que está longe, passará.
Os dias de tristeza...
Dias de felicidade...
São lições necessárias que, na Terra, passam, deixando no espírito imortal as experiências acumuladas.

Se, hoje, para nós, é um desses dias, repleto de amargura, paremos um instante. Elevemos o pensamento ao Alto e busquemos a voz suave da Mãe amorosa,

a nos dizer carinhosamente: "isto também passará".

E guardemos a certeza pelas próprias dificuldades já superadas que não há mal que dure para sempre, semelhante a enorme embarcação que, às vezes, parece que vai soçobrar diante das turbulências de gigantescas ondas.

Mas isso também passará, porque Jesus está no leme dessa Nau e segue com o olhar sereno de quem guarda a certeza de que a agitação faz parte do roteiro evolutivo da Humanidade e que um dia também passará.

Ele sabe que a Terra chegará a porto seguro porque essa é a sua destinação. Assim, façamos a nossa parte, o melhor que pudermos, sem esmorecimento e confiemos em Deus, aproveitando cada segundo, cada minuto que, por certo, também passará.

Tudo passa... exceto Deus. Deus é o suficiente!

A sua irritação não solucionará problema algum...
As suas contrariedades não alteram a natureza das coisas...
Os seus desapontamentos não fazem o trabalho que só o tempo conseguirá realizar.

O seu mau humor não modifica a vida...
A sua dor não impedirá que o sol brilhe amanhã sobre os bons e os maus...
A sua tristeza não iluminará os caminhos...
O seu desânimo não edificará ninguém...
As suas lágrimas não substituem o suor que você deve verter em benefício da sua própria felicidade...
As suas reclamações, ainda que afetivas, jamais acrescentarão nos outros um só grama de simpatia por você...
Não estrague o seu dia.
Aprenda a sabedoria divina,
A desculpar infinitamente, construindo e reconstruindo sempre...
Para o infinito bem!
Chico Xavier

Outros livros do autor
Nem que o mundo caia sobre mim

Mamãe foi uma mulher, mais uma dentre tantas, que nunca se ressentia do temperamento explosivo do marido, nunca se agarrava a sua própria opinião, nunca tentava impor uma conduta própria. Sacrificava, o tempo todo, suas vontades para satisfazer as dele. Em resumo: anulava-se totalmente diante dele. Por ele.

No entanto, quanto mais ela se sacrificava, menos ele lhe dava valor, mais e mais a ignorava e era ríspido com ela. Seu comportamento a deixava tiririca, pois não conseguia entender como alguém que tanto fazia o bem, podia ser tratado com tanto descaso.

Ela, Dona Rosa, quisera ser a mulher ideal para o marido, para ajudá-lo a enfrentar os períodos negros da vida, mas ele não reconhecia sua dedicação e grandeza.

Ficava sentada em silêncio, apertando os dentes, tentando não falar nada, porque sabia por amarga experiência que ao fazê-lo, o marido piorava seu mau humor imediatamente. O jeito era aguentar calada, aguentar e aguentar...

Todavia, mesmo assim, ele explodia. Muitas vezes, sem o menor motivo. E ela sempre se assustava, pois nunca sabia quando esses rompantes iam acontecer da mesma forma que os achava um exagero, um auê desnecessário.

Para comigo e meus dois irmãos papai não era muito diferente, não. Andava sempre impaciente demais para nos ouvir e apreciar nossa meninice e, por isso, mamãe acabava exercendo o papel de mãe e pai ao mesmo tempo.

O casamento dos dois chegou ao fim no dia em que mamãe pôs para fora, finalmente, aquilo que há muito estava entalado na sua garganta:

– Você jurou na frente do padre que viveria ao meu lado na alegria e na tristeza, na saúde e na doença... Você jurou diante de Deus!

Papai, com a maior naturalidade do mundo, respondeu, sem pesar algum:

– Se jurei, jurei em falso.

Sua resposta foi chocante demais para Dona Rosa. Jamais pensou que o homem por quem se apaixonara e jurara viver na alegria e na tristeza, na saúde e na doença, amando-o e respeitando-o, diante de Deus, pudesse lhe dizer aquilo. Algo que a feriu profundamente.

Mamãe, trêmula, tentou demonstrar em palavras a sua indignação, mas papai levantou-se do sofá e disse, com voz calma:
— Vou até o bar da esquina comprar um maço de cigarros e volto já.

Assim que ele passou pela porta, fechando-a atrás de si, mamãe levantou-se e dirigiu-se até lá. Abriu-a novamente e espiou pela fresta o marido, seguindo para a rua. Acompanhou-o com o olhar até perdê-lo de vista. Foi a última vez que o viu. As horas passaram, ela adormeceu, só se deu conta de que ele não havia voltado para casa no dia seguinte. Saiu às ruas a sua procura, mas ninguém o havia visto. Ele parecia ter se evaporado na noite. Restou-lhe apenas chamar a polícia para dar parte do seu desaparecimento...

"Nem que o mundo caia sobre mim" vai surpreender o leitor com uma história bem atual, que fala de dramas humanos, cheia de reviravoltas. Impossível adivinhar seu rumo e o final surpreendente e inspirador.

E O AMOR RESISTIU AO TEMPO...

Diante do olhar arguto de Caroline sobre si, examinando-o de cima a baixo, o rapaz pareceu se encolher. Meio sem jeito, quase encabulado, perguntou:
— É verdade que sou seu filho?

Os olhos dela apresentaram leve sinal de choque. Mas foi só. No geral se manteve a mesma.
— Ah! — exclamou com desdém. — É isso?

Ele assentiu com a cabeça, torcendo o chapéu em suas mãos.
— Quem lhe disse isso?
— Agatha. Primeiramente foi ela. Depois minha mãe - sua irmã - acabou confirmando. Ela não queria, mas eu insisti. Precisava saber da verdade.
— Pra que?
— Ora, porque mereço saber quem foram meus pais. Sempre quis saber, desde que morava no orfanato.
— Sei...

Caroline fez bico e se concentrou novamente nos cabelos.
— A senhora precisa me dizer, por favor, se é mesmo verdade que sou filho da senhora... Que pensei durante todos esses anos ser minha tia.

A mulher de trinta e cinco anos ficou quieta por um instante como se estivesse meditando. Por fim, disse autoritária:
– Sim, é verdade...
O rosto do rapaz se iluminou.
Caroline, voltando a escovar os cabelos, completou:
– É verdade e, ao mesmo tempo, não.
O rapaz fitou-a com um ar de quem está mesmo querendo entender. Ela prosseguiu:
– Você nasceu mesmo de mim, mas... foi um equívoco. Um grave equívoco.
Se estas palavras o surpreenderam, as seguintes o magoaram profundamente:
– Foi uma brincadeira do destino. Um desatino do destino.
Ela riu.
– Onde já se viu me fazer dar à luz a uma criança... Aleijada?
O romance "E o amor resistiu ao tempo" fala sobre os sofrimentos que cada um passa por causa das convenções sociais, dos preconceitos, egoísmos em geral e, principalmente, de quando o passado volta à sua vida para assombrar o presente.

Com uma narrativa surpreendente, o romance responde às perguntas existencialistas e profundas que a maioria de nós faz ao longo da vida: por que cada um nasce com uma sorte diferente? Por que nos apaixonamos por pessoas que nos parecem conhecidas de longa data sem nunca termos estado juntos antes? Se há outras vidas, pode o amor persistir e triunfar, enfim, de forma mais lúcida e pacífica, após a morte?

Uma comovente história que se desenvolve ao longo de três reencarnações. Para reflexão no final, inspirar o leitor a uma transformação positiva em sua existência.

A VIDA SEMPRE CONTINUA...

Geórgia perde totalmente o interesse pela vida depois da morte de seu alguém especial. Foram meses de sofrimento até sua partida e muitos outros depois. Só lhe resta agora chorar e aguardar a própria morte, diz ela para si mesma. Acontece então algo surpreendente: uma tia que não via há mais de vinte anos deixa-lhe como herança, a casa no litoral na qual viveu com o marido nos últimos anos de vida. Por causa desta herança, Geórgia é obrigada a ir até o local para decidir o que será feito de tudo aquilo. Acontecimentos misteriosos vão surpreendê-la e resgatá-la do caos emocional, da depressão pós-luto, e dar uma nova guinada em sua vida, na sua existência dentro do cosmos.

A OUTRA FACE DO AMOR

Eles passavam a lua de mel na Europa quando ela avistou, ao longe, pela primeira vez, uma mulher de rosto pálido, vestida de preto da cabeça aos pés, olhando atentamente na sua direção. Então, subitamente, esta mulher arrancou uma rosa vermelha, jogou-a no chão e pisou até destruí-la.

Por que fizera aquilo?

Quem era aquela misteriosa e assustadora figura?

E por que estava seguindo o casal por todos os países para os quais iam?

Prepare-se para viver emoções fortes a cada página deste romance que nos revela a outra face do amor, aquela que poucos pensam existir e os que sabem, preferem ignorá-la.

A SOLIDÃO DO ESPINHO

Virginia Accetti sonha, desde menina, com a vinda de um moço encantador, que se apaixone por ela e lhe possibilite uma vida repleta de amor e alegrias.

Evângelo Felician é um jovem pintor, talentoso, que desde o início da adolescência apaixonou-se por Virginia, mas ela o ignora por não ter o perfil do moço com quem sonha se casar.

Os dois vivem num pequeno vilarejo próximo a famosa prisão "Écharde" para onde são mandados os piores criminosos do país. Um lugar assustador e deprimente onde Virginia conhece uma pessoa que mudará para sempre o seu destino.

"A Solidão do Espinho" nos fala sobre a estrada da vida a qual, para muitos, é cheia de espinhos e quem não tem cuidado se fere. Só mesmo um grande amor para cicatrizar esses ferimentos, superar desilusões, reconstruir a vida... Um amor que nasce de onde menos se espera. Uma história de amor como poucas que você já ouviu falar ou leu. Cheia de emoção e suspense. Com um final arrepiante.

SEM AMOR EU NADA SERIA...

Em meio a Segunda Guerra Mundial, Viveck Shmelzer, um jovem alemão do exército nazista, apaixona-se perdidamente por Sarah Baeck, uma jovem judia, residente na Polônia.

Diante da determinação nazista de exterminar todos os judeus em campos de concentração, Viveck se vê desesperado para salvar a moça do desalmado destino reservado para sua raça.

Somente unindo-se a Deus é que ele encontra um modo de protegê-la, impedir que morra numa câmara de gás.

Enquanto isso, num convento, na Polônia, uma freira se vê desesperada para encobrir uma gravidez inesperada, fruto de uma paixão avassaladora.

Destinos se cruzarão em meio a guerra sanguinária que teve o poder de destruir tudo e todos exceto o amor. E é sobre esse amor indestrutível que fala a nossa história, transformada neste romance, um amor que uniu corações, almas, mudou vidas, salvou vidas, foi no final de tudo o maior vitorioso e sobrevivente ao Holocausto.

Uma história forte, real e marcante. Cheia de emoções e surpresas a cada página... Simplesmente imperdível.

SÓ O CORAÇÃO PODE ENTENDER

Tudo preparado para uma grande festa de casamento quando uma tragédia muda o plano dos personagens, o rumo de suas vidas e os enche de revolta. É preciso recomeçar. Retirar as pedras do caminho para prosseguir... Mas recomeçar por onde e com que forças? Então, quando menos se espera, as pedras do caminho tornam-se forças espirituais para ajudar quem precisa reerguer-se e reencontrar-se num mundo onde **só o coração pode entender**. É preciso escutá-lo, é preciso aprender a escutá-lo, é preciso tirar dele as impurezas deixadas pela revolta, para que seja audível, límpido e feliz como nunca foi...

Uma história verdadeira, profunda, real que fala direto ao coração e nos revela que o coração sabe bem mais do que pensamos, que pode compreender muito mais do que julgamos, principalmente quando o assunto for amor e paixão.

NINGUÉM DESVIA O DESTINO

Heloise ama Álvaro. Os dois se casam, prometendo serem felizes até que a morte os separe.

Surge então algo inesperado.

Visões e pesadelos assustadores começam a perturbar Heloise. Seriam um presságio? Ou lembranças fragmentadas de uma outra vida? De fatos que marcaram profundamente sua alma?

Ninguém desvia o destino é uma história de tirar o fôlego do leitor do começo ao fim. Uma história emocionante e surpreendente. Onde o destino traçado por nós em outras vidas reserva surpresas maiores do que imaginam a nossa vã filosofia e as grutas do nosso coração.

SE NÃO AMÁSSEMOS TANTO ASSIM

No Egito antigo, 3400 anos antes de Cristo, Hazem, filho do faraó, herdeiro do trono se apaixona perdidamente por Nebseni, uma linda moça, exímia atriz. Com a morte do pai, Hazem assume o trono e se casa com Nebseni. O tempo passa e o filho tão necessário para o faraó não chega. Nebseni se vê forçada a pedir ao marido que arranje uma segunda esposa para poder gerar um herdeiro, algo tido como natural na época. Sem escolha, Hazem aceita a sugestão e se casa com Nofretiti, jovem apaixonada por ele desde menina e irmã de seu melhor amigo.

Nofretiti, feliz, casa-se, prometendo dar um filho ao homem que sempre amou e jurando a si mesma destruir Nebseni, apagá-la para todo o sempre do coração do marido para que somente ela, Nofretiti, brilhe.

Mas pode alguém apagar do coração de um ser apaixonado a razão do seu afeto? **Se não amássemos tanto assim** é um romance comovente com um final surpreendente, que vai instigar o leitor a ler o livro outras tantas vezes.

A LÁGRIMA NÃO É SÓ DE QUEM CHORA

Christopher Angel, pouco antes de partir para a guerra, conhece Anne Campbell, uma jovem linda e misteriosa, muda, depois de uma tragédia que abalou profundamente sua vida. Os dois se apaixonam perdidamente e decidem se casar o quanto antes, entretanto, seus planos são alterados da noite para o dia com a explosão da guerra. Christopher parte, então, para os campos de batalha prometendo a Anne voltar para casa o quanto antes, casar-se com ela e ter os filhos com quem tanto sonham.

Durante a guerra, Christopher conhece Benedict Simons de quem se torna grande amigo. Ele é um rapaz recém-casado que anseia voltar para a esposa que deixara grávida. No entanto, durante um bombardeio, Benedict é atingido e antes de morrer faz um pedido muito sério a Christopher. Implora ao amigo que vá até a sua casa e ampare a esposa e o filho que já deve ter nascido. Que lhe diga que ele, Benedict, os amava e que ele, Christopher, não lhes deixará faltar nada. É assim que Christopher Angel conhece Elizabeth Simons e, juntos, descobrem que quando o amor se declara nem a morte separa as pessoas que se amam.

POR ENTRE AS FLORES DO PERDÃO

No dia da formatura de segundo grau de sua filha Samantha, o Dr. Richard Johnson recebe uma ligação do hospital onde trabalha, solicitando sua presença para fazer uma operação de urgência numa paciente idosa que está entre a vida e a morte.

Como um bom médico, Richard deixa para depois a surpresa que preparara para a filha e para a esposa para aquele dia especial. Vai atender ao chamado de emergência. Um chamado que vai mudar a vida de todos, dar um rumo completamente diferente do almejado. Ensinar lições árduas...

"Por entre as flores do perdão" fará o leitor sentir na pele o drama de cada personagem e se perguntar o que faria se estivesse no lugar de cada um deles. A cada página viverá fortes emoções e descobrirá, ao final, que só as flores do perdão podem nos libertar dos lapsos do destino. Fazer renascer o amor afastado por uma tragédia.

Uma história de amor vivida nos dias de hoje, surpreendentemente reveladora e espiritual.

QUANDO O CORAÇÃO ESCOLHE

(Publicado anteriormente com o título: "A Alma Ajuda")

Sofia mal pôde acreditar quando apresentou Saulo, seu namorado, à sua família e eles lhe deram as costas.

– Você deveria ter-lhes dito que eu era negro – observou Saulo.
– Imagine se meu pai é racista! Vive cumprimentando todos os negros da região, até os abraça, beija seus filhos...
– Por campanha política, minha irmã – observou o irmão.

Em nome do amor que Sofia sentia por Saulo, ela foi capaz de jogar para o alto todo o conforto e *status* que tinha em família para se casar com ele.

Ettore, seu irmão, decidiu se tornar padre para esconder seus verdadeiros sentimentos.

Mas a vida dá voltas e nestas voltas a família Guiarone aprendeu que amor não tem cor, nem raça, nem idade, e que toda forma de amor deve ser vivida plenamente. E essa foi a maior lição naquela reencarnação para a evolução espiritual de todos.

QUANDO É INVERNO EM NOSSO CORAÇÃO

Clara ama Raymond, um humilde jardineiro. Então, aos dezessete anos, seu pai lhe informa que chegou a hora de apresentar-lhe Raphael Monie, o jovem para quem a havia prometido em casamento. Clara e Amanda, sua irmã querida, ficam arrasadas com a notícia. Amanda deseja sem pudor algum que Raphael morra num acidente durante sua ida à mansão da família. Ela está no jardim, procurando distrair a cabeça, quando a carruagem trazendo Raphael entra na propriedade.

De tão absorta em suas reflexões e desejos maléficos, Amanda se esquece de observar por onde seus passos a levam. Enrosca o pé direito numa raiz trançada, desequilibra-se e cai ao chão com grande impacto.

– A senhorita está bem? – perguntou Raphael ao chegar ali.

Amanda se pôs de pé, limpando mecanicamente o vestido rodado e depois o desamassando. Foi só então que ela encarou Raphael Monie pela primeira vez. Por Deus, que homem era aquele? Lindo, simplesmente lindo. Claro que ela sabia: era Raphael, o jovem prometido para se casar com Clara, a irmã amada. Mas Clara há muito se encantara por Raymond, do mesmo modo que agora, Amanda, se encantava por Raphael Monie.

Deveria ter sido ela, Amanda, a prometida em casamento para Raphael e não Clara. Se assim tivesse sido, ela poderia se tornar uma das mulheres mais felizes do mundo, sentia Amanda. Se ao menos houvesse um revés do destino...**Quando é inverno em nosso coração** é uma história tocante, para nos ajudar a compreender melhor a vida, compreender por que passamos certos problemas no decorrer da vida e como superá-los.

SEM AMOR EU NADA SERIA...

Em meio a Segunda Guerra Mundial, Viveck Shmelzer, um jovem alemão do exército nazista, apaixona-se perdidamente por Sarah Baeck, uma jovem judia, residente na Polônia.

Diante da determinação nazista de exterminar todos os judeus em campos de concentração, Viveck se vê desesperado para salvar a moça do desalmado destino reservado para sua raça.

Somente unindo-se a Deus é que ele encontra um modo de protegê-la, impedir que morra numa câmara de gás.

Enquanto isso, num convento, na Polônia, uma freira se vê desesperada para encobrir uma gravidez inesperada, fruto de uma paixão avassaladora.

Destinos se cruzarão em meio a guerra sanguinária que teve o poder de destruir tudo e todos exceto o amor. E é sobre esse amor indestrutível que fala a nossa história, transformada neste romance, um amor que uniu corações, almas, mudou vidas, salvou vidas, foi no final de tudo o maior vitorioso e sobrevivente ao Holocausto.

Uma história forte, real e marcante. Cheia de emoções e surpresas a cada página... Simplesmente imperdível.

NENHUM AMOR É EM VÃO

Uma jovem inocente e pobre, nascida numa humilde fazenda do interior do Paraná, conhece por acaso o filho do novo dono de uma das fazendas mais prósperas da região. Um rapaz elegante, bonito, da alta sociedade, cercado de mulheres bonitas, estudadas e ricas.

Um encontro que vai mudar suas vidas, fazê-los aprender que **nenhum amor é em vão**. Todo amor que acontece, acontece porque é a única forma de nos conhecermos melhor, nos perguntarmos o que realmente queremos da vida? Que rumo queremos dar a ela? Pelo que vale realmente brigar na nossa existência?

VIDAS QUE NOS COMPLETAM

Vidas que nos completam conta a história de Izabel, moça humilde, nascida numa fazenda do interior de Minas Gerais, propriedade de uma família muito rica, residente no Rio de Janeiro.

Com a morte de seus pais, Izabel é convidada por Olga Scarpini, proprietária da fazenda, a viver com a família na capital carioca. Izabel se empolga com o convite, pois vai poder ficar mais próxima de Guilhermina Scarpini, moça rica, pertencente à nata da sociedade carioca, filha dos donos da fazenda, por quem nutre grande afeto.

No entanto, os planos são alterados assim que Olga Scarpini percebe que o filho está interessado em Izabel. Para afastá-la do rapaz, ela arruma uma desculpa e a manda para São Paulo.

Izabel, então, conhece Rodrigo Lessa, por quem se apaixona perdidamente, sem desconfiar que o rapaz é um velho conhecido de outra vida.

Uma história contemporânea e comovente para lembrar a todos o porquê de a vida nos unir àqueles que se tornam nossos amores, familiares e amigos... Porque toda união é necessária para que vidas se completem, conquistem o que é direito de todos: a felicidade.

SUAS VERDADES O TEMPO NÃO APAGA

No Brasil, na época do Segundo Reinado, em meio às amarguras da escravidão, Thiago conhece a bela Melinda Florentis, moça rica de família nobre e europeia. Disposto a conquistá-la, trama uma cilada para afastar o noivo da moça e assim se casa com ela.

Essa união traz grandes surpresas para ambos, mostrando que atraímos na vida o que almejamos, porém, tudo na medida certa para contribuir com nossa evolução espiritual.

Assim que o veículo parou, ela voltou-se para o marido e disse:
– Desça!
– Para quê? – replicou Thiago, seriamente.
– Porque estou mandando! Desça!
Ele soltou um riso sarcástico e manteve-se onde estava, encarando-a desafiadoramente.
– Se não desceres por bem, descerás por mal – acrescentou ela, dirigindo um olhar matreiro para o escravo que se encontrava

sentado ao lado do cocheiro, e a quem ela pedira para acompanhá-los no passeio. Era um negro, como se diz, três por quatro, dava dois de Thiago. O marido percebeu aonde ela queria chegar, e duvidou que ela fosse capaz.

– Tu não serias... – desdenhou ele.
– Desça agora! – bramiu Melinda, irritando-se.

Diante do olhar da mulher e do negro, Thiago achou por bem ouvir seu bom senso e acatar o que ele dizia. Assim, desceu. Logicamente, ele o fez com toda a raiva que explodia por dentro e que já transparecia em seu semblante avermelhado e suarento.

O estado de Thiago se agravou ao ouvir a esposa ordenar:
– Cata uma flor para mim.

Ele não conseguiu conter o riso.
– Não sejas ridícula!
– Quero receber uma flor do senhor meu marido. Todas as mulheres gostam de receber flores, não sabias? Gostam de homem romântico. Eu não sou exceção. Quero ser tratada com romantismo!

Os ouvidos de Thiago mal podiam acreditar no que ela estava falando. Seus olhos mal podiam acreditar no que estavam vendo acontecer com sua vida. Por ora, seu bom senso dizia para acatar o que ela mandava. Era o mais sensato a ser feito. Ele soltou um suspiro enojado, passou a língua pelos lábios ressequidos, e, balançando a cabeça positivamente, foi até a margem da estrada colher uma flor. Voltou até ela e entregou-lhe.

Melinda balançou a cabeça negativamente. O cenho do marido fechou-se, agravando seu ódio e fazendo seu sangue borbulhar por dentro de sua pele bronzeada.

– O que foi? – inquiriu ele, irritado.

Ela franziu o nariz, a testa, o rosto todo, ao dizer:
– Não gostei dessa... quero outra!
– Ora, vamos!

Ela deu de ombros, e tornou a falar:
– É feinha! Quero uma flor mais formosa, mimosa...

"Ela quer brincar, é isso, ela quer brincar comigo. Vou entrar na brincadeira dela até minha sorte mudar", disse Thiago para si. E assim, ele colheu outra flor.

Melinda repetiu o mesmo que dissera em relação à primeira flor colhida, durante um bom tempo, por cerca de uns quinze ou vinte minutos. Thiago estava quase a ponto de devorá-la de ódio. Tanto era o ódio que sua vista queimava, parecendo ter areia dentro dos olhos, e sua cabeça latejava profundamente, como se fosse explodir a qualquer momento. Melinda só foi gostar da vigésima flor que ele colheu e ofereceu a ela.

— Essa é bonita. Esta está à minha altura! Mas não deve vir só... todo homem apaixonado entrega uma flor para a mulher amada, e em seguida dá-lhe um beijo...

O marido travou os dentes para conter a fúria.

— O beijo... falta o beijo! — repetia ela, solenemente.

Thiago apoiou-se no degrau da carruagem, esticou o rosto até o dela e beijou-a no rosto.

— Ah... $\bar{a}, \bar{a}$! Nos lábios! — corrigiu Melinda.

Como um escravo obediente, Thiago atendeu a seu pedido.

— Agora está melhor! Está perfeito! — agradeceu a esposa, forjadamente envaidecida.

Quando Thiago ia se ajeitar na carruagem, ela o deteve com a mão direita.

— Espera! Desça outra vez!

Ele novamente a fuzilou com o olhar, mas obedeceu submisso. Fez-se um breve silêncio. Enquanto isso, Melinda ficou cheirando a flor e deliciando-se com seu perfume.

— Vamos, Melinda... a chuva não tarda a desabar... — ralhou ele.

Ela voltou seus belos e grandes olhos escuros para o jovem, cuja natureza havia embalsamado de beleza física, e, em meio a um sorriso e uma voz singela, acrescentou:

— Tu tens andado desleixado, meu amor... andas muito desleixado contigo mesmo, engordaste razoavelmente... não quero que te tornes um barrigudo... Não, não, não! Ainda é muito cedo para isso. Quero que recuperes a boa forma, e para recuperá-la não há nada melhor que andar, andar faz muito bem para a saúde...

Sem mais, Melinda fez sinal para que o cocheiro seguisse caminho.

— Perdeste o juízo?! Tu não vais me deixar neste fim de mundo! Enlouqueceste?! — berrou Thiago, aflito, enquanto começou a correr atrás da landau.

– Se quiseres vir correndo atrás do carro, vem, meu anjo, faz tão bem quanto andar... além do que mantém a mente ocupada. Tu sabes, não sabes? Mente vazia, oficina do diabo!

– Espera-me! – gritou ele, impondo a mesma força na voz que impunha nas pernas.

Em meio a uma gargalhada ardida, Melinda acrescentou:

– Será hilário vê-lo correndo atrás da landau pelas ruas da Corte. Digno de palmas ou apupos.

A gargalhada da esposa logo se dissipou em sua garganta e um semblante ferino tomou-lhe o rosto.

As palavras de Melinda começaram a paralisar as pernas de Thiago, e logo o veículo foi ganhando distância até se perder da vista dele. Thiago então se viu resfolegando-se, suando em profusão, petrificado de tensão. Era mais pavor que tensão.

Voltou o olhar para o local onde estava. A paisagem dura e pouco hospitaleira, com seu ajuntamento de árvores pontiagudas e vegetação cerrada que era tão bonito de se ver ao Sol, à noite dava-lhe medo. Lembrou-se de que sempre tivera medo de ficar só em meio às plantações no período noturno. Só lhe restava caminhar a pé a distância que se estendia até a cidade, um entrelaçado interminável de escuridão.

Esta é uma história emocionante para guardar para sempre no seu coração. Um romance que revela que **suas verdades o tempo não apaga** jamais, pois, geralmente, elas sempre vêm à tona e, ainda que sejam rejeitadas, são a chave da libertação pessoal e espiritual.

Leia também
Coleção Mulheres Fênix

Solidão, nunca mais
A história de Carla

Coleção Mulheres Fênix

As pazes comigo, farei
A história de Júlia

Coleção Mulheres Fênix
O AMOR TUDO SUPORTA?
A história de Raquel

Coleção Mulheres Fênix
ENTRE O MEDO E O DESEJO
A história de Cláudia & Deusdete

AMOR INCONDICIONAL
Um livro repleto de lindas fotos coloridas com um texto primoroso, descrevendo a importância do cão na vida do ser humano, em prol do seu equilíbrio físico e mental. Um livro para todas as idades! Imperdível!

GATOS MUITO GATOS
Um livro repleto de lindas fotos coloridas com um texto primoroso sobre a importância de viver a vida sem medo de ser feliz. Um livro para todas as idades.

ENTRE OUTROS...
visite o nosso site: www.barbaraeditora.com.br

Para adquirir um dos livros ou obter informações sobre os próximos lançamentos da Editora Barbara, visite nosso site:

www.barbaraeditora.com.br
E-mail: barbara_ed@2me.com.br
ou escreva para:

BARBARA EDITORA
Rua Primeiro de Janeiro, 396 – 81
Vila Clementino – São Paulo – SP
CEP 04044-060
(11) 5594 5385

Contato c/ autor: americosimoes@2me.com.br
Facebook: Américo Simões
Orkut: Américo Simões
Blog: http://americosimoes.blogspot.com.br